Oscar storia

Erika Bestenreiner

L'IMPERATRICE SISSI

Storia e destino di Elisabetta d'Austria e dei suoi fratelli

Traduzione di Silvia Orsi

OSCAR MONDADORI

Titolo originale dell'opera: *Sisi und ihre Geschwister*

I edizione Le Scie ottobre 2003
I edizione Oscar storia febbraio 2005

ISBN 978-88-04-53783-0

Questo volume è stato stampato
presso ELCOGRAF S.p.A.
Stabilimento - Cles (TN)
Stampato in Italia. Printed in Italy

Anno 2018 - Ristampa 11 12 13 14

librimondadori.it
anobii.com

INDICE

La famiglia dell'imperatrice Elisabetta

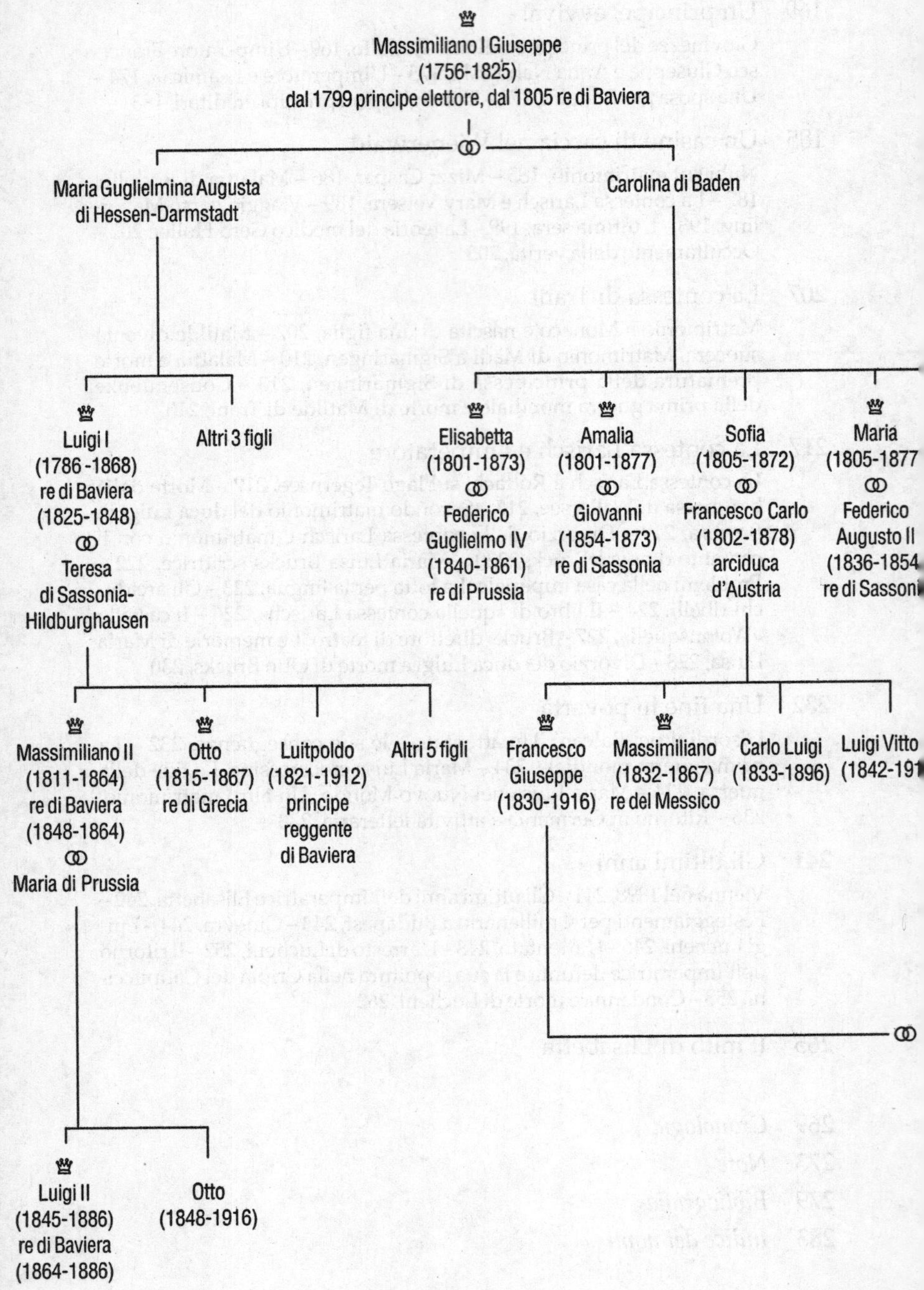

Maria Anna
(1753-1824)
sorella di Massimiliano I Giuseppe
ꝏ
Guglielmo di Birkenfeld-Gelnhausen
1° duca in Baviera

Pio Augusto
duca in Baviera
ꝏ
Amalia Luisa
principessa di Arenberg

Ludovica (1808-1892) ꝏ Massimiliano Giuseppe («Max») (1809-1888) duca in Baviera

- ♛ Luigi «Louis» (1831-1891) ꝏ Enrichetta Mendel baronessa di Wallersee
- Guglielmo (n. e † 1832)
- Elena «Néné» (1834-1890) ꝏ Massimiliano principe di Thurn und Taxis
- ♛ Elisabetta «Sissi» (1837-1898)
- Carlo Teodoro «Gackel» (1839-1919) ꝏ Sofia di Sassonia; ꝏ Maria José di Braganza
- ♛ Maria Sofia (1841-1925) ꝏ Francesco II (1836-1894) re di Napoli e delle Due Sicilie
- Matilde «Spatz» (1843-1925) ꝏ Luigi conte di Trani
- Sofia Carlotta (1847-1897) ꝏ Fernando Filippo Maria d'Orléans duca d'Alençon
- Massimiliano Emanuele (1849-1893) ꝏ Amalia di Sassonia-Coburgo

Figli di Elisabetta «Sissi»:

- Sofia (1855-1857)
- Gisella (1856-1932) ꝏ Leopoldo principe di Baviera
- Rodolfo (1858-1889) ꝏ Stefania principessa del Belgio
- Maria Valeria (1868-1924) ꝏ Francesco Salvatore arciduca d'Austria

L'IMPERATRICE SISSI

PROLOGO

La punta della lima tagliente trapassò il soprabito nero, il corsetto, la camicetta di batista e, senza incontrare resistenza, si conficcò nella pelle, recise le fasce muscolari e raggiunse il cuore. La donna cadde all'indietro, ma l'impatto con il terreno fu attutito dall'imponente acconciatura. L'aiutarono a rialzarsi e pulirono il vestito inzaccherato. Dapprima si mostrò stupita, chiese che cosa volesse quell'uomo orribile e se le avesse rubato l'orologio. Turbati e sgomenti, proseguirono fino all'imbarcadero e salirono sul battello. Fu solo a quel punto che la contessa di Hohenems – così era stata registrata in albergo – crollò a terra. Il battello tornò a riva, la contessa fu stesa su una barella improvvisata e trasportata in albergo, dove il medico poté soltanto constatarne la morte. Elisabetta, imperatrice d'Austria, regina d'Ungheria e di Boemia, di Dalmazia e di Galizia, margravia di Moravia e contessa del Tirolo, signora di Trieste e regina di Gerusalemme, era stata assassinata.

L'attentatore, un anarchico italiano di nome Luigi Lucheni, fu catturato. Era orgoglioso di aver ucciso quella testa coronata e si augurò eroicamente di essere condannato a morte. In origine il suo bersaglio non era l'imperatrice, ma il principe Enrico d'Orléans, pretendente al trono di Francia, il quale però aveva cambiato idea e non era andato a Ginevra. Anche Enrico sarebbe stato comunque una seconda scelta, dato che al primo posto della lista dell'anarchico c'era il nome di Umberto re d'Italia, ma il nullatenente Lucheni non aveva denaro sufficiente per pagarsi il viaggio fino a

Roma. Seguendo un impulso improvviso, al posto del re d'Italia aveva ucciso l'imperatrice d'Austria. La ferita da lui inferta era così piccola che il sangue fluì molto lentamente, provocando a Elisabetta una morte dolce. Se non si fosse trovata a Ginevra quel 10 settembre, non sarebbe successo. Era suo destino trovarsi nel posto sbagliato al momento sbagliato.

Una circostanza altrettanto imprevista, e di portata epocale, era stata anche quella che aveva fatto entrare la quindicenne Elisabetta, chiamata Sissi, nei libri di storia. Il giovane Francesco Giuseppe avrebbe dovuto infatti fidanzarsi con la sorella maggiore, Elena. C'era già un accordo in tal senso tra le famiglie, prima che gli occhi del ventitreenne monarca si posassero sulla graziosa Elisabetta. I giovani sono fatti così. Come sarebbe stata diversa la storia della casa d'Absburgo – e, di conseguenza, la storia mondiale – se Francesco Giuseppe avesse preso un'altra decisione...

Una settimana dopo il terribile avvenimento sul lago di Ginevra, il corteo funebre si mosse con antico fasto di gusto barocco dalla cappella del castello di Vienna, dove la defunta era stata composta nella bara, verso la chiesa dei Cappuccini, vicino al Neuer Markt. In realtà, l'imperatrice aveva espresso il desiderio di essere sepolta in riva al mare, e in cima alle sue preferenze c'era la prediletta isola di Corfù. Un'aspirazione – peraltro quanto mai insolita – che il principe Montenuovo, gran ciambellano di corte che vigilava severamente sul cerimoniale della casa d'Absburgo, non prese neppure in considerazione. L'ultima dimora di un'imperatrice non poteva che essere la Cripta dei Cappuccini. Colei che per tutta la vita aveva tentato di sottrarsi a ogni tipo di etichetta, da morta dovette sottomettersi. In chiesa l'aspettavano il marito, l'imperatore austroungarico Francesco Giuseppe, e l'imperatore tedesco Guglielmo II, che gli era affettuosamente vicino. Dietro di lui, le due figlie, le arciduchesse Gisella e Maria Valeria, e i famigliari dell'imperatrice.

In quell'anno, il 1898, soltanto quattro degli otto figli del duca «Max» (Massimiliano Giuseppe) in Baviera e di sua moglie Ludovica erano ancora in vita: i fratelli di Elisabetta, Luigi e Carlo Teodoro, e le sorelle Maria Sofia e Matilde, ai quali Sissi era stata strettamente legata per tutta la vita. E dei quali aveva talvolta, senza saperlo e senza volerlo, influenzato l'esistenza, solo per il fatto di essere la moglie di uno dei sovrani più potenti d'Europa.

POSSENHOFEN, CASA PATERNA PIÙ O MENO IRREPRENSIBILE

I genitori: il duca Max e la principessa Ludovica

Il matrimonio dei genitori di Elisabetta, il duca Max in Baviera e la principessa Ludovica – la minore delle figlie del re di Baviera Massimiliano I Giuseppe –, fu uno di quei classici matrimoni principeschi dall'esito poco felice. Come spesso accade, cuore e politica non vanno d'accordo. Ludovica avrebbe scelto un principe della casa lusitana di Braganza, il quale però non era ben accetto giacché esistevano poche probabilità che potesse sedere un giorno sul trono del Portogallo. Quando, contrariamente alle aspettative, l'evento si realizzò, era ormai troppo tardi: la fidanzata era già in procinto di salire all'altare. Probabilmente il desiderio di Ludovica di sposare il principe portoghese era fin da principio senza speranza, poiché suo padre e il nonno di Max, il duca Guglielmo in Baviera, avevano da tempo deciso il matrimonio dei due giovani.

Per Max le cose non erano molto diverse. Essendo all'epoca innamorato di una giovane borghese, non aveva nessuna voglia di sposare Ludovica, alla quale, si dice, confessò schiettamente che non solo non l'amava ma che non l'avrebbe mai amata. È probabile che tale franca ammissione non abbia aumentato la disponibilità della ventenne a unirsi in matrimonio con un uomo di questo tipo. Comunque, dato che la politica viene sempre prima dell'amore, era inutile opporsi, e ai due rampolli di stirpe ducale non rimase altro che imboccare la strada che il destino aveva loro indicato.

In effetti, nessuno dei due voleva sposarsi. Il 9 settembre 1828, quando salirono all'altare nella chiesa del castello di Tegernsee, sul lago omonimo, la gente disse che sembrava andassero a un funerale e che al momento del sì, invece di guardarsi negli occhi, voltarono entrambi il capo dall'altra parte.

E non era solo per un'antipatia personale che Ludovica era portata a respingere Max, ma anche perché si sentiva retrocessa di rango sociale. Le sue sorelle maggiori – Elisabetta, Amalia e Maria – dopo il matrimonio erano diventate regine: la prima si era sposata con il re Federico Guglielmo IV di Prussia; la seconda con il re Giovanni di Sassonia; la terza con il successore di quest'ultimo, Federico Augusto II. E infine Sofia aveva scelto come marito l'arciduca Francesco Carlo, secondo le previsioni futuro imperatore d'Austria. Un calcolo che, come vedremo, era stato fatto senza tener conto dell'allora onnipotente cancelliere, il principe Metternich. Con il matrimonio, Sofia era almeno entrata nella potente casa d'Absburgo, cosa non disprezzabile, mentre Ludovica, benché figlia di un re, doveva accontentarsi di un duca in Baviera.

Il duca Max in Baviera

Quell'«in» al posto del «di» Baviera costituiva una sottile ma pesante differenza. Questi duchi «in» Baviera discendevano dal conte palatino Giovanni Carlo di Birkenfeld-Gelnhausen, il cui figlio Giovanni, nato da un matrimonio non di pari livello, aveva dovuto combattere per anni per la successione. Il seguito della generazione di questo albero genealogico comprende i nomi di Guglielmo, Pio e, infine, Massimiliano, chiamato Max, il fidanzato appunto della principessa Ludovica, che, come abbiamo detto, non riuscì a rendere felice.

Tra i due giovani non c'erano soltanto differenze di rango. Erano diversi anche umanamente. E non avevano niente da dirsi. Max, come quasi tutti gli uomini spensierati, aveva interessi in molti campi: letterario, storico, geografico e musicale. La sua biblioteca contava 27.000 volumi. Con lo pseudonimo di «Phantasus» pubblicava poesie e novelle, ma anche riflessioni storiche che spaziavano dall'imperatore Federico III all'attualità, nonché resoconti dei numerosi viaggi che lo portarono fino in Oriente. Davanti alle piramidi cantò gli *gstanzl,** accompagnandosi con la cetra. Per settimane cavalcò nel deserto a dorso di cammello in compagnia delle guide e dall'Egitto portò con sé quattro bambini neri che aveva comprato al mercato degli schiavi. Gran parte della popolazione di Monaco, divertita dalle singolari passioni del duca, seguì con interesse il rito del loro battesimo. Non c'è da stupirsi quindi che abbia trasmesso questo amore per l'insolito, questo anelito di libertà che lo animava, a qualcuno dei suoi figli. Un'eredità che si manifestò in modo impressionante in Elisabetta, futura imperatrice d'Austria. Anche lei scelse come compagno di giochi per la figlia Valeria il nanetto nero Rustimo, che si dice avesse ricevuto in dono dallo scià di Persia. Per documentare il fatto li fece fotografare insieme.

Elisabetta ereditò dal padre anche l'irrequietezza, la voglia di viaggiare e il desiderio di libertà, ma non la gioia di vivere, la spensieratezza e la capacità di trarre il meglio da quello che si ha. Al contrario, era spesso malinconica, afflitta da una sempre più profonda depressione che la induceva persino a meditare il suicidio.

Il ricco patrimonio avuto in eredità dalla madre, una principessa Arenberg che possedeva fra l'altro proprietà in Francia e un palazzo a Parigi, permetteva al duca Max uno stile di vita grandioso, senza alcun dovere di corte. Si circondava di eruditi borghesi, prevalentemente bavaresi, e di artisti, il famoso «circolo d'Artù», con i quali beveva, suonava e discuteva. L'etichetta non rientrava nelle sue preoccupazioni. Il suo abbigliamento preferito erano i pan-

* Canti popolari bavaresi di quattro versi con gorgheggio finale. (Tutte le note a piè di pagina sono a cura del traduttore.)

taloni in pelle e lo strumento musicale prediletto la cetra, che gli meritò il soprannome di «Max della cetra». A notte fonda cantava *gstanzl* i cui versi, come è usuale in questo genere di composizioni, non erano propriamente quelli che si ascoltano nei salotti.

L'unica sua poesia che ci è rimasta è intitolata *La mia cetra*:

La cosa che amo di più
è sonar la mia cetra quaggiù.
Per me è più cara dell'oro
fatica mi costa il tesoro.
Mi dona coraggio e allegria
del padron si compiace suvvia!
Con lei sono sempre contento
lei sola comprende il mio intento.
Che gli uomini sian come sono
da mane a sera io la suono...

Ogni volta che suonava la cetra riceveva un mare di complimenti e provava un grande piacere quando riusciva a non farsi riconoscere. Si dice che il duca Max abbia portato più di una volta la figlia Elisabetta a queste feste campagnole, dove lui suonava la cetra in incognito, mentre lei ballava e raccoglieva nel grembiule le monete gettatele dai contadinelli. Pare che ne conservasse alcune e che, mostrandole alle dame di corte, fosse solita dire: «Ecco l'unico denaro guadagnato onestamente». Si tratta certo soltanto di un aneddoto, che forse però contiene un briciolo di verità.

In Ludwigstraße, nel cortile del palazzo ducale progettato dall'architetto Leo von Klenze in stile Alto Rinascimento, Max aveva fatto allestire un circo dove gli ospiti potevano ammirare gli audaci numeri dei clown e del duca stesso, che si esibiva come acrobata cavallerizzo. I cavalli erano il suo hobby preferito: «Se non fossimo principi, saremmo diventati cavallerizzi» si dice abbia esclamato. Nel palazzo il duca aveva voluto anche un café chantant in stile parigino, in cui un affresco lungo 44 metri aveva fatto scalpore e suscitato lunghe discussione fra gli ospiti, che si dividevano in favorevoli e contrari. Il pittore monacense Schwanthaler vi aveva rappresentato senza pudori la vita dell'antichità.

Ogniqualvolta rientrava da uno dei suoi innumerevoli viaggi, Max non dimenticava di assolvere i doveri coniugali. Ludovica era peraltro una moglie veramente graziosa, e dieci figli, di cui otto sopravvissuti, sono la prova tangibile del perfetto accordo fra i due coniugi almeno su questo. Nel 1831 nacque il primo maschio, Luigi; nel 1834 la prima femmina, Elena. Nel 1837 venne alla luce Elisabetta, nel 1839 Carlo Teodoro. Nel 1841 fu la volta di Maria Sofia, nel 1843 di Matilde. La figlia minore, Sofia Carlotta, nacque nel 1847; il figlio minore, Massimiliano Emanuele, nel 1849.

Con grande rabbia della moglie, Max amava spassarsela con una graziosa contadinella. Quando da questa relazione nacque un figlio, il duca si fece carico del suo mantenimento e risarcì la madre con generosità. Era anche consuetudine che due figli nati da relazioni extraconiugali avessero il permesso di mangiare con lui, mentre i rampolli legali, seguendo l'etichetta, dovevano chiedere l'autorizzazione. È ovvio che la duchessa Ludovica non fosse felice delle avventure amorose del marito ed esprimesse in modo adeguato il proprio disappunto, atteggiamento che spesso induceva il duca ad abbandonare il focolare domestico il più velocemente possibile.

Anche se Max dava spesso adito alle critiche delle persone del suo rango, la popolazione lo amava. Era un uomo di loro gusto, privo di superbia, senza orgoglio di classe. Insomma, era uno di loro.

La duchessa Ludovica in Baviera

La sfera d'azione della duchessa, che era un tipo semplice e casalingo, era limitata alla casa e alla camera dei ragazzi, mentre i contatti sociali si svolgevano nell'ambito della parentela. A Ludovica non rimaneva quindi che far buon viso a cattivo gioco e tollerare le scappatelle del consorte. Ci volle del tempo perché imparasse a farlo, ma non riuscì mai a superare completamente le umiliazioni che il marito continuò a infliggerle per tutta la vita. Nei primi anni di matrimonio aveva passato le giornate a piangere, raccontò in seguito ai figli. E le sorelle conoscevano a memoria la litania delle sue lamentele.

I figli crebbero in una condizione di notevole libertà, soprattutto in estate nel castello di Possenhofen. Mentre il palazzo di Monaco era arredato con molto lusso, con pavimenti ricoperti dai legni più pregiati e le pareti abbondantemente ornate di quadri, Possenhofen era una villa di campagna, con le scale in legno e i soffitti bassi, in cui non esistevano regole severe. Non soltanto ai cani della duchessa era consentito fare tutto quello che volevano, anche ai figli sembrava di essere in paradiso. C'erano un grande giardino, che arrivava fino alla riva del lago Starnberg, natura e animali, lepri, galline, porcellini d'India e agnelli. Qui i ragazzi potevano correre all'impazzata, cavalcare, remare, nuotare e andare in barca a vela. E se il padre era a casa, li portava per boschi e prati, una magnifica occasione per sfuggire alle noiose lezioni dei precettori. I maestri facevano del loro meglio per insegnare quanto bisognava apprendere, ma mancavano della necessaria autorevolezza per imporre il proprio volere. E la stessa cosa valeva per Ludovica. La cultura generale dei figli lasciava quindi molto a desiderare.

Con il padre, invece, giocavano e si divertivano. Elena, chiamata Néné, ed Elisabetta lo accompagnavano nel bosco, a caccia, e si arrampicavano sui monti. Sissi, contrariamente a Néné, era un'eccellente amazzone, che non lasciava fare nulla ai servitori e con passione strigliava e puliva da sola il proprio cavallo. Il duca era contento, e Ludovica poteva strillare quanto voleva contro questa pratica da contadini.

Elisabetta era la beniamina del duca, che trovava in lei tante inclinazioni che corrispondevano alla propria natura: l'amore per i cavalli e l'equitazione, per la natura e le montagne. Ma la predilezione di Elisabetta per il padre, che ne aveva forgiato in gioventù il temperamento, diminuì con il passare degli anni. Insoddisfatta del matrimonio e della vita di imperatrice, maturò una grande comprensione per la madre, che non era mai stata felice del ménage coniugale. E allora addossò la colpa al padre.

Tutti amavano «Possi», così chiamavano la villa, e vi tornarono sempre, anche molto tempo dopo essersi sposati. Soprattutto quando erano oppressi da preoccupazioni o quando non sapevano cosa fare, allora il piccolo castello sul lago Starnberg era il luogo in cui speravano di trovare consolazione, sostegno e aiuto.

FIDANZAMENTO A BAD ISCHL

I genitori di Francesco Giuseppe: il duca Francesco Carlo e la principessa Sofia di Baviera

Il 2 dicembre 1848 l'imperatore d'Austria Ferdinando I abdicò e lasciò il trono al nipote, l'allora diciottenne Francesco Giuseppe. Il giovane era il figlio maggiore della principessa bavarese Sofia, sorella di Ludovica, che sposando Francesco Carlo era diventata arciduchessa d'Austria. Quando, all'età di diciannove anni, si era trovata per la prima volta di fronte al futuro marito, Sofia aveva fatto ogni sforzo per nascondere la sua delusione. L'arciduca Francesco Carlo, secondogenito del celebre imperatore Francesco I, non era infatti molto dotato, né fisicamente né intellettualmente. L'aspetto esteriore era tutt'altro che appariscente e la testa un po' troppo grossa gli conferiva un'aria da sempliciotto. Interessato unicamente alla caccia, era felice quando poteva scorrazzare per Vienna con un tiro a sei. Bisogna riconoscere però che era un uomo leale, giacché ammetteva con franchezza di non capire nulla di politica e di non avere altro desiderio che quello di stare in pace.

Il matrimonio con l'arciduca che amava la tranquillità era però ormai deciso e non si poteva fare marcia indietro. L'unico conforto per l'ambiziosa e intelligente Sofia consisteva nella fondata speranza di diventare imperatrice d'Austria.

L'imperatore Ferdinando I

In Austria tutti pensavano che Francesco Carlo sarebbe stato il successore del padre, dato che Ferdinando, il figlio maggiore, rappresentava l'infelice esito di secolari connubi all'interno della casa d'Absburgo. Affetto da una grave forma di epilessia, con una testa abnorme, un viso dai lineamenti irregolari e la bocca quasi sempre aperta, aveva capacità intellettive estremamente limitate. Nessuno credeva che sarebbe mai potuto salire al trono.

Ma i suoi precettori si adoperarono con una pazienza infinita per migliorarne le condizioni. Ci volle un intero anno di esercizi prima che Ferdinando fosse in grado di tenere in mano un bicchiere e di riempirlo versando il liquido da una caraffa, e un altro perché potesse salire una scala. E quando, contro ogni aspettativa, il tempo e la fatica sortirono qualche risultato, il potente cancelliere Metternich usò tutta la sua influenza per far valere il principio di successione. Ferdinando era il figlio maggiore, quindi era lui il futuro imperatore.

Un pretendente al trono doveva anche sposarsi. La prescelta fu la principessa Maria Anna del regno di Piemonte e Sardegna, che non era bella ma virtuosa e devota, qualità che in questo caso erano davvero indispensabili. Aveva ventotto anni e, in base alla concezione dell'epoca, passava già per una vecchia zitella. Quando l'imperatore Francesco vide il figlio partecipare alla cerimonia nuziale a Schönbrunn, pare abbia mormorato facendo un profondo sospiro: «Che Dio abbia misericordia!».

È poco probabile che Ferdinando, il quale con enorme fatica era riuscito a imparare a riempire un bicchiere e salire le scale, sia riuscito a consumare il matrimonio, sicché per tutta la vita Maria Anna fu per il marito un'infermiera più che una moglie.

Pur defraudata della sua speranza di diventare imperatrice, l'arciduchessa Sofia cominciò a intravedere un futuro più roseo. Se non poteva diventare imperatrice, sarebbe almeno diventata la madre di un imperatore e avrebbe dato all'Austria quell'erede al trono che Maria Anna non avrebbe mai messo al mondo. Più facile a dirsi che a farsi. Alcuni anni di tentativi con il marito Francesco Carlo, non particolarmente dotato dal destino, avevano dato come unico risultato cinque aborti. A quel punto il medico di corte le prescrisse una cura di bagni termali a Bad Ischl. Casuale o no, il risultato si vide il 18 agosto 1830: Sofia diede alla luce il primogenito. Era l'agognato erede al trono, al quale seguirono altri tre figli. Dato che fu fatto un collegamento fra le acque salmastre dei bagni termali e la fortunata nascita, il bambino fu scherzosamente denominato «Salzprinze» (principe salato).

La madre orgogliosa si diede da fare fin dal primo momento per allevare Francesco Giuseppe, questo il nome che gli fu imposto, come un futuro imperatore – «per grazia di Dio» e «rigidamente conservatore» –, cioè secondo i suoi principi e quelli della casa d'Absburgo.

A causa della gravidanza di Sofia, il piccolo e incantevole centro di Bad Ischl fu annoverato tra i beni camerali, poiché la famiglia imperiale lo scelse come luogo prediletto di soggiorno. Dato che gli Absburgo erano cultori dell'arte venatoria, la presenza nei dintorni di ricche riserve di caccia non fu di secondaria importanza. E dove si fermava l'imperatore, non mancava il bel mondo e tutti coloro che ritenevano di appartenervi.

La rivoluzione del 1848 e gli avvenimenti a essa collegati favorirono le aspirazioni di Sofia. Grazie alla sua energia riuscì a far abdicare l'imperatore Ferdinando e a convincere il marito Francesco Carlo a rinunciare al trono. Non a caso Sofia venne definita «l'unico uomo della corte imperiale».

La rinuncia al trono: Francesco Giuseppe diventa imperatore

«Motivazioni essenziali ci hanno condotto a prendere la decisione definitiva di abbandonare la corona imperiale a favore del nostro amato nipote, il serenissimo arciduca Francesco Giuseppe, dopo che il padre di quest'ultimo, Sua Altezza arciduca Francesco Carlo, ha dichiarato di aver definitivamente rinunciato al diritto di successione al trono a favore del suddetto figlio»[1] proclamò l'imperatore Ferdinando la mattina del 2 dicembre 1848 nel salone di gala del palazzo arcivescovile di Olmütz (oggi Olomouc), dove la corte imperiale si era rifugiata allo scoppio dei moti rivoluzionari a Vienna. Francesco Giuseppe, in uniforme bianca e pantaloni rossi, si chinò davanti al suo predecessore. Ferdinando si piegò verso di lui e gli pose le mani sul capo. «Dio ti benedica, rimani coraggioso, Dio ti proteggerà»[2] si racconta abbia detto. Forse era veramente felice di essersi tolto il peso del governo dell'impero.

Si realizzava così un profondo desiderio dell'arciduchessa Sofia. Ecco la toilette da lei indossata in quella felice occasione, descritta con le sue stesse parole: «Vestito di moiré bianco; acconciatura in rosa e bianco; braccialetto e orecchini con turchesi e diamanti, che mio marito mi aveva donato in occasione della nascita del caro Franzi [il nomignolo con cui veniva chiamato in famiglia Francesco Giuseppe]; un bouquet con turchesi e diamanti appuntato sul vestito, una sciarpa indiana rossa e dorata». Anche se non era diventata imperatrice, Sofia era però abbastanza intelligente da riconoscere che il marito non era all'altezza del ruolo di guida di un impero. Invece di essere la moglie di un monarca insignificante, preferì quindi agire come potente madre dell'imperatore. Sofia non si limitò all'attività di attento supervisore degli affari di governo del suo Franzi, in modo da condurlo nella direzione da lei ritenuta giusta, ma lo aiutò anche in ciò che riteneva suo dovere: scegliere una moglie degna e un'imperatrice che rappresentasse adeguatamente la monarchia absburgica.

Francesco Giuseppe, con i suoi capelli biondi, i bei lineamenti del viso e la figura slanciata, era diventato un giovane particolarmente avvenente, al quale donava moltissimo l'uniforme che era solito indossare. E, cosa ancor più importante, era sovrano dell'impero più vasto d'Europa, secondo solo a quello russo. Si estendeva infatti dal Polo Sud alla Dalmazia, dalla Lombardia occidentale fino alla Bucovina.

Il suo «grande titolo» era impressionante: «Francesco Giuseppe I, per Grazia di Dio Imperatore d'Austria, Re di Ungheria e Boemia, Re della Lombardia e di Venezia, della Dalmazia, della Croazia, della Slavonia, della Galizia, della Lodomiria e dell'Illiria, Re di Gerusalemme eccetera, Arciduca d'Austria; Granduca di Toscana e Cracovia; Duca di Lorena, di Salisburgo, Steyer, Carinzia, Carniola e Bucovina; Granduca di Transilvania; Margravio di Moravia; Duca della Slesia superiore e inferiore, di Modena, Parma, Piacenza e Guastalla, di Auschwitz e Zator, di Teschen, del Friuli, di Ragusa e di Zara; Conte Sovrano d'Absburgo e del Tirolo, di Kyburg, Gorizia e Gradisca; Duca di Trento e Bressanone; Margravio della Lusazia superiore e inferiore e in Istria; Conte di Hohenems, Feldkirch, Bregenz, Sonneberg eccetera; Signore di Trieste, di Cattaro e della Marca slovena; Gran Vojvoda della Vojvodina, Serbia e così via...».[3] E non era tutto.

La sua sovranità era assoluta, poiché non esisteva né Parlamento né Costituzione. I ministri non disponevano di alcun potere, erano soltanto consiglieri che potevano esternare la propria opinione. L'esercito gli era completamente sottomesso. Nel 1851 Francesco Giuseppe abolirà la «Costituzione di marzo» concessa nel 1849, che prevedeva un Consiglio dell'impero con due Camere: la Camera alta e la Camera bassa. «Abbiamo gettato a mare il contratto, l'Austria adesso ha un solo padrone» scrisse in una lettera alla madre. E Sofia annotò a margine: «Dio sia lodato».[4]

L'ex imperatore Ferdinando e la moglie Maria Anna ritornarono a Praga e si stabilirono nel castello di Hradčany. Ferdinando diede prova di buona salute, raggiungendo la rispettabile età di ottantadue anni. Anche la sua condizione intellettuale migliorò nettamente: perlomeno riuscì a far rifiorire i beni trascurati del nipote, il duca di Reichstadt, ottenendo in breve tempo considerevoli guadagni che andarono ad aumentare notevolmente il suo patrimonio.

Il duca di Reichstadt era l'unico figlio dell'imperatore Napoleone Bonaparte e della sorella di Ferdinando, Maria Luigia. Alla sua nascita il padre orgoglioso gli aveva dato l'appellativo di «re di Roma»; alla caduta di Napoleone, quando il bambino aveva quattro anni, era stato portato dal nonno materno al castello imperiale di Vienna dove aveva ricevuto il titolo di duca di Reichstadt. Adesso si chiamava Francesco e non aveva alcun ricordo del padre. Il duca morirà di tubercolosi all'età di ventun anni.

Una fidanzata per Francesco Giuseppe

I primi tentativi compiuti dall'arciduchessa Sofia di trovare una fidanzata adatta al suo Franzi non furono coronati da successo. L'arciduchessa Elisabetta, figlia del conte palatino, sarebbe certamente piaciuta a Francesco Giuseppe. Ma il cuore è una cosa, la politica un'altra. Elisabetta era ungherese e Sofia odiava profondamente gli ungheresi. Un popolo inquieto e sempre in rivolta, un'aristocrazia che gelosamente ribadiva i propri diritti acquisiti e non era mai andata d'accordo con la sovranità absburgica, che la governava da secoli. E quali conseguenze aveva avuto la ribellione ungherese del 1848! Un'imperatrice proveniente dal casato ungherese era inammissibile agli occhi di Sofia, che doveva quindi dissuadere il figlio da quest'idea.

La principessa di Sassonia Sidonia, d'altra parte, non piaceva a Francesco Giuseppe. Il partito numero tre, la nipote del re di Prussia, la bella principessa Anna, sarebbe andata a genio al giovane imperatore, ma la Prussia non aveva alcuna intenzione di legarsi agli Absburgo. In caso di contrasto sul governo della Germania, eventualità più che verosimile, il matrimonio tra una principessa prussiana e un imperatore austriaco avrebbe costituito un ostacolo sulla strada di una possibile soluzione. Tutti i tentativi di mediazione della regina-zia erano quindi destinati al fallimento.

Sofia si rivolse allora alla sua parentela. La figlia maggiore della sorella Ludovica aveva l'età giusta per Francesco Giuseppe. È vero che Elena, duchessa in Baviera, non era un partito di particolare valore per un imperatore d'Austria, ma perlomeno la sua famiglia era cattolica e si vedeva di buon occhio un'unione con i fedeli alleati dell'Austria all'interno della Confederazione germanica. Il fatto che Elena e Francesco Giuseppe fossero cugini primi, e quindi parenti stretti, non turbava Sofia. I matrimoni tra consanguinei erano una consuetudine nei casati principeschi, malgrado le frequenti conseguenze negative. E tra gli Absburgo e i Wittelsbach era già accaduto molte volte.* La necessaria dispensa papale era una pura formalità.

Anche se continuavano a manifestarsi infelici esempi di danni permanenti nei figli nati da matrimoni tra consanguinei, all'epoca non era ancora del tutto noto il pericolo insito in tali connubi.

Ludovica, che non era soltanto molto legata alla sorella maggiore ma la amava profondamente, anzi la adorava, si sentì alquanto lusingata da quella proposta. Sua figlia Néné imperatrice d'Austria... Anche il solo pensiero era troppo bello per essere vero. Era più di quanto avesse mai sognato.

Nonostante gli stretti rapporti di parentela, i due giovani si conoscevano appena. Ludovica, insieme ai quattro figli più grandi, aveva fatto visita alla sorella una volta sola, quando la famiglia imperiale, durante la rivoluzione del 1848 a Vienna, era fuggita nella più tranquilla Innsbruck. In quell'occasione Francesco Giuseppe aveva appena degnato d'uno sguardo l'acerba diciottenne Néné, mentre la piccola Sissi aveva fatto amicizia con il cugino Carlo Luigi. Avevano subito simpatizzato, e il distacco era

* L'unione fra Elisabetta e Francesco Giuseppe fu la ventunesima tra membri delle due famiglie.

stato difficile per entrambi. La zia Sofia, invece, non piacque a Sissi e neppure ai fratelli. Aveva sempre qualche appunto da fare a ognuno di loro. Obiettivo delle sue critiche fu in particolare il fatto che Elena non conoscesse il francese. In generale giudicò che l'istruzione dei figli del duca bavarese lasciava alquanto a desiderare, cosa che disse apertamente alla sorella. In questo modo, le ragazze non sarebbero mai diventate dei buoni partiti (il francese era di fatto la lingua delle classi elevate).

Ludovica aveva dovuto prendere atto con vergogna del rimprovero della sorella, ma a quelle parole non aveva fatto seguire i fatti. Probabilmente l'arciduchessa vi avrà pensato quando prese in considerazione l'idea di un'unione con il ducato di Baviera. Si trattava di difetti a cui, con un po' di fatica, si poteva porre rimedio. E poi Elena, quella ragazza seria, un po' fragile e più matura della sua età, le sembrava comunque adatta al figlio.

Da quel momento in poi, a Monaco e a Possenhofen tutto prese a girare intorno a Elena. Doveva imparare le lingue, soprattutto migliorare il francese, doveva cavalcare e ballare, anche se non ne aveva voglia, partecipare ai ricevimenti e abituarsi a stare in mezzo alla gente. E non bisognava neppure trascurare la storia e la genealogia austriaca, né dimenticare le regole delle cerimonie imperiali, che alla corte di Vienna erano tenute in grande considerazione. La povera Néné, che non aveva mai avuto uno spiccato interesse per lo studio, trascorreva giorni e notti sui libri e si sforzava di mandare a memoria le nozioni impartitele dagli insegnanti. Bisognava poi occuparsi del corredo, dato che Néné doveva essere presentata degnamente. Arrivarono a casa le sarte, furono scelte le stoffe, soprattutto di colore chiaro perché si accordavano bene con i capelli scuri della ragazza.

La futura coppia avrebbe dovuto incontrarsi liberamente nei possedimenti di Bad Ischl e fidanzarsi. Così almeno avevano stabilito le madri. Per non rendere la cosa troppo evidente, Ludovica portò con sé la sorella minore di Elena, Elisabetta.

Sissi aveva alle spalle un romanzetto con un giovane conte. Erano state prese in tempo le misure necessarie e il giovane era stato allontanato da lei. Quando, poco tempo dopo, egli morì, Sissi ne fu molto colpita. Un cambiamento le avrebbe fatto bene, e il viaggio doveva apparire come una visita tra parenti. Un errore fatale.

Beninteso, l'invito a Bad Ischl riguardava anche il duca Max – così prevedeva l'etichetta – ma egli declinò cortesemente l'invito (non poteva sopportare Sofia, e l'antipatia era reciproca).

Il viaggio verso la stazione termale austriaca, iniziato il 16 agosto 1853, fu ostacolato da contrattempi, poiché Ludovica dovette fermarsi a causa di un attacco di emicrania. Quindi non solo arrivarono in ritardo, ma anche senza i valletti che portavano i bagagli con gli splendidi abiti di Néné. E la cosa fu particolarmente spiacevole perché durante il viaggio la duchessa e le figlie erano vestite a lutto per la morte di un parente, il duca reggente Giorgio Carlo di Sassonia-Altenburg, fratello del re, una circostanza quest'ultima che imponeva alla corte di portare il lutto per quattro settimane. Era proprio necessario? si sarà probabilmente chiesta l'arciduchessa Sofia quando infine arrivarono la sorella e le nipoti. Vestirsi a lutto per un lontano parente, che conoscevano appena? La zia scrutò Elena con disappunto. La ragazza non aveva certo un bell'aspetto in quell'abito nero abbottonato fino al collo... Per di più sembrava molto pallida e seria, come se piangesse davvero la perdita di una persona cara.

Adesso, però, non c'era molto da fare, perché il tempo stringeva. Non poteva far altro che mandare in aiuto la sua cameriera personale, perché in tutta fretta acconciasse i capelli di Néné. In fondo era lei la persona più importante, e non si poteva certo far aspettare l'imperatore che doveva fare la sua comparsa al tè con la madre. La giovane Elisabetta, invece, si pettinò da sola e si raccolse i capelli in due lunghe trecce. I lineamenti raffinati, dai tratti ancora infantili ma che lasciavano presagire la futura bellezza, e l'esile figura la rendevano molto attraente. E il semplice vestito nero le stava meravigliosamente. Cosa che non si poteva dire di Elena. La consapevolezza che sarebbe stata al centro dell'attenzione e che le ore successive sarebbero state decisive per la sua vita futura era probabilmente la causa di un certo nervosismo. La ragazza fece comunque una buona impressione a Sofia. Era cortese e riservata, e parlava solo quando era interrogata. La zia era convinta che la nipote, dopo un adeguato periodo di formazione, si sarebbe trasformata in una degna imperatrice. Viceversa, Sissi era molto disinvolta, parlava come al solito, si comportava come una ragazzina e pensava giustamente che in quel luogo niente la riguardasse.

E così accadde. Quello che si chiama *coup de foudre*, l'amore a prima vista. Almeno per Francesco Giuseppe, perché Sissi non era consapevole dell'impressione che aveva suscitato nel giovane imperatore. Era perfino imbarazzata dal fatto che durante il tè e poi alla cena egli continuasse a fissarla, invece di svolgere il suo compito di commensale che doveva rivolgersi alla giovane seduta accanto a lui, che era stata indicata come sua fidanzata. Elena, cioè. Ma questo non succedeva.

Il mattino seguente Sofia tentò invano di bollare come assurda l'entusiastica infatuazione di Francesco Giuseppe nei confronti del fascino di Elisabetta. Come è dolce, fresca come una mandorla appena sgusciata, e le sue labbra sono come fragole, le diceva il figlio. Sofia era spaventata. Suo figlio con quella monella di quindici anni? Anche se doveva ammettere che quella monella aveva un aspetto incantevole.

Esaltò i pregi di Elena, sottolineandone la bella figura, i lineamenti nobili, il comportamento signorile. Ma era come se parlasse al muro. Il giovane, che fino allora aveva riconosciuto l'autorità materna e aveva seguito ciecamente i suoi consigli, questa volta non la ascoltò.

Il fidanzamento

Il ballo alla vigilia del compleanno di Francesco Giuseppe fece maturare la decisione. La sala era decorata con ghirlande di fiori, le signore indossavano preziosi abiti da sera, i gioielli brillavano in mezzo alle acconciature fantasiose. Gli uomini erano in frac o in alta uniforme, come di solito era l'imperatore. Ludovica aspettava l'inizio delle danze con gioia: il cotillon che l'imperatore avrebbe ballato con Elena avrebbe mostrato a tutti che era la sua fidanzata. Il vestito di Néné era ormai pronto da settimane e ora doveva soltanto essere accuratamente stirato. Per Sissi era stato scelto un vestitino rosa, semplice e adatto a una fanciulla, appropriato ai suoi quindici anni. Quella era la grande serata di Néné...

Le due ragazze entrarono nella sala a fianco della madre. Elena indossava un favoloso vestito di seta bianca, con foglie d'edera che le coronavano la fronte, Sissi un semplice vestito bianco e rosa di mussolina e, come unico ornamento, aveva nei capelli castano dorati uno spillone con diamante che tratteneva le pesanti trecce. Il contrasto non poteva essere maggiore. Entrambe erano belle, alte e slanciate, con una folta capigliatura: da una parte Elena, elegante e signorile, dall'altra l'affascinante fanciulla Sissi, nel semplice abito di foggia infantile. In sala l'atmosfera era elettrica, e nessuno poteva ignorare la direzione degli sguardi dell'imperatore. Già dalla vigilia la gente aveva continuato a mormorare e dovunque le dicerie trovavano terreno favorevole.

A mezzanotte giunse il grande momento. Francesco Giuseppe non ballò il cotillon con Elena, come previsto, ma con Elisabetta, e offrì a lei il bouquet e in seguito tutti gli altri mazzolini che avrebbe dovuto dare alle altre signore con le quali doveva ballare. Tutti compresero cosa significasse. Tutti. A parte Sissi, che non capiva quello che le stava capitando.

Perfino l'arciduchessa Sofia non poteva fare a meno di

essere colpita dal fascino di Elisabetta, e così raccontò la sua impressione alla sorella Maria: «Quando ballava con l'imperatore aveva un portamento estremamente elegante, ineccepibile, modesto e nel contempo grazioso e a tratti quasi umile. Sembrava un bocciolo di rosa che si schiude sotto i raggi del sole mentre era accanto all'imperatore durante il cotillon. ... La imbarazzava solo la gente che si affollava intorno a loro».[5]

Il giorno seguente l'imperatore domandò alla madre di chiedere alla duchessa Ludovica la mano di Sissi. Sofia cadde dalle nuvole, vedendo andare in frantumi i suoi bei progetti. Aveva intuito qualcosa di spiacevole, ma non credeva che per il figlio si trattasse di una cosa così seria. Gli illustrò nuovamente i pregi di Elena: come fosse intelligente, ragionevole, una personalità già così salda, mentre Elisabetta era ancora una bambina, che doveva essere educata. Ma Francesco Giuseppe era innamorato. Il giovane imperatore non era completamente digiuno di relazioni amorose. Le cosiddette «donne igieniche», scelte accuratamente per ragioni mediche dal ciambellano, lo avevano introdotto alle pratiche dell'amore fisico, com'era in uso a corte da molto tempo. Non aveva mai avuto però alcuna relazione personale, che non sarebbe stata assolutamente gradita. Adesso, invece, erano in gioco il cuore e il sentimento. E qual è il ragazzo, imperatore o artigiano che sia, disposto a seguire le indicazioni materne, per quanto ragionevoli e comprensibili?

La zia Ludovica, per contro, non si fece pregare a lungo per esaudire il desiderio del nipote. E come avrebbe potuto? Era così felice e orgogliosa che un imperatore avesse scelto una delle sue figlie. Forse come madre le sarà dispiaciuto per Néné, ma in fin dei conti per lei era indifferente su quale delle due sarebbe caduta la scelta. L'importante era che una sua figlia sarebbe diventata imperatrice.

Sissi disse di sì, pur con qualche esitazione. Pensava di essere troppo insignificante per l'imperatore d'Austria e l'importanza del marito la terrorizzava. Pare abbia detto:

«Voglio tanto bene all'imperatore! Se solo non fosse imperatore!».[6] Un'affermazione significativa, che descriveva efficacemente il destino che l'attendeva. «A un imperatore non si risponde picche» osservò la duchessa Ludovica. Sarebbe stato il colmo se la figlia avesse rifiutato l'onore della preferenza di uno dei più potenti uomini d'Europa. Le perplessità che anche lei nutriva nei confronti della giovinezza e dell'inesperienza di Sissi furono presto dissipate. Sissi era stata presa in custodia dalla zia. «Zia Sofia la trova davvero simpatica e le vuole già molto bene; è una vera consolazione per me poterla affidare alla mia cara sorella come a una seconda madre»[7] scrisse quel giorno Ludovica ad Augusta di Baviera.

La mattina del 19 agosto, alle 8 in punto, l'imperatore si presentò nell'albergo dove alloggiava la fidanzata per invitarla alla colazione di famiglia che si sarebbe svolta nel salone di Sofia. Alle 11 andarono insieme a messa nella chiesa parrocchiale, dove l'arciduchessa madre diede la precedenza alla futura imperatrice, come prescriveva il protocollo. Fu intonato l'inno nazionale. «*Gott behalte, Gott beschütze unseren Kaiser, unser Land*» (Dio conservi, Dio protegga il nostro imperatore, la nostra terra) cantava la gente all'esterno della chiesa. «Questa è la mia fidanzata» disse l'imperatore e chiese al parroco la benedizione.

Sembrò così confermata la profezia fatta in occasione della sua nascita: Elisabetta, partorita il 24 dicembre, non era soltanto un «Gesù Bambino» ma era anche «nata con la camicia», e quando vide la luce aveva già due denti. Non erano forse anche questi segni della sua fortuna?

Sissi era inginocchiata a fianco dell'imperatore Francesco Giuseppe. La testa le ronzava. Non sapeva cosa fare. Si sentiva soltanto confusa e insicura. L'imperatore le piaceva, anche se i suoi abbracci la spaventavano più che renderla felice. Tutto accadeva troppo in fretta.

Alla sera, tutta Bad Ischl risplendeva alla luce di un'immensa quantità di candele e lampade le cui luci avevano i colori austriaci e bavaresi. La bandiera della Baviera sventolava accanto a quella absburgica. E nel cielo notturno apparvero in una corona nuziale completamente illuminata le iniziali «FJ» e «E».

Il 21 agosto 1853 il «Münchner Neueste Nachrichten» scrisse: «Ieri, 20 agosto, all'una ha avuto luogo il fidanzamento ufficiale dell'imperatore d'Austria con la principessa Elisabetta Amalia Eugenia, la secondogenita del duca Max in Baviera. Al festoso evento hanno partecipato l'imperatore e la futura sposa, i genitori dell'imperatore e la madre dell'illustre sposa, la moglie del duca Max. Gli illustri genitori della nobile sposa il 9 settembre festeggeranno i 25 anni del loro matrimonio che ebbe luogo il 9 settembre 1828 a Tegernsee». Forse è legittimo dubitare che la coppia fosse realmente in procinto di festeggiare con gioia le nozze d'argento...

E il giorno seguente il giornale aggiunse: «Grande è stato lo stupore quando ieri si è diffusa la lieta notizia del fidanzamento di Sua Maestà l'imperatore Francesco Giuseppe con Sua Altezza Reale la principessa Elisabetta duchessa in Baviera. Una calorosa partecipazione a questo lieto evento nella beneamata famiglia della casa reale è stata espressa da tutti, e le conseguenze di questa nuova unione con la potente Casa imperiale absburgica sono una nuova garanzia del rafforzamento dei legami amichevoli tra i due Stati vicini. S.M. l'imperatore Francesco Giuseppe, che è salito al trono austriaco in tenerissima età e in un'epoca di gravissime angustie, ha compiuto il 18 agosto ventiquattro anni. Possa il suo governo essere felice e il suo matrimonio benedetto».

Sono in pochi a occuparsi dei sentimenti che in quei giorni provava Elena, originariamente la prescelta, nel vedere che tutte le attenzioni erano rivolte alla sorella minore. Secondo la Hamann era «turbata e infelice», dato che rapidamente si era sparsa la voce che in realtà la sposa sarebbe dovuta essere lei. Se Ludovica avesse osservato la figlia maggiore, avrebbe avuto tutti i motivi per preoccuparsi. In particolare per quanto riguardava il futuro. Si sarebbe trovato un pretendente per la fidanzata piantata in asso? Si può facilmente immaginare quanto delusa e afflitta fosse Néné. E quanto fosse adirata nei confronti di Sissi, quella monella intrigante che sembrava un'acqua cheta che non fa male a una mosca, per poi fare gli occhi dolci all'imperatore e strapparle il marito da sotto il naso. Non è che Francesco Giuseppe significasse molto per lei, lo conosceva appena. Quello che la addolorava, che le bruciava il cuore era la vergogna di essere stata rifiutata. Che affronto! E davanti a tutti, poi. Chissà i pettegolezzi alle sue spalle, quella gioia che la gente prova per il dolore altrui. Poteva ancora farsi vedere in pubblico? Com'era straziante il solo fatto di dover andare in giro sulla stessa carrozza con Francesco Giuseppe, Sissi e l'arciduchessa Sofia, poiché i due fidanzati non dovevano assolutamente essere lasciati da soli, cosa quanto mai sconveniente. Elena continuava a pensare che al posto della sorella avrebbe dovuto esserci lei e che, invece, era soltanto oggetto di sguardi compassionevoli.

A Possenhofen fervono i preparativi

Al termine delle due settimane passate a Bad Ischl la famiglia del duca in Baviera intraprese il viaggio di ritorno a Possenhofen. Di colpo la vita di Sissi cambiò. Tutto quello che prima valeva per Elena, adesso valeva per lei. Come fidanzata di Francesco Giuseppe doveva imparare e memorizzare ciò che in fondo non le interessava. La cosa più difficile era mettersi di punto in bianco a studiare le lingue, soprattutto a perfezionare il francese. Fino a quel momento aveva conversato in inglese con Elena soltanto perché gli altri non capissero, ma in genere a Monaco e a Possenhofen si parlava il dialetto bavarese. Ora quella dorata libertà era finita, il tempo stringeva e doveva essere impiegato utilmente. Solo le ore che trascorreva con il conte János Majláth, professore di storia austriaca, risvegliavano il suo interesse. Era la prima volta che incontrava un ungherese.

A Monaco e a Vienna i diplomatici erano indaffaratissimi. Dovevano essere regolate le questioni finanziarie, e per il matrimonio dovevano essere richiesti il consenso del re di Baviera e la dispensa papale. Nel frattempo la duchessa si dedicava alla preparazione del corredo della sposa. Elisabetta era visibilmente innervosita da tutta quella febbrile attività che la circondava, ed era sempre più angustiata dall'idea dell'imminente distacco dai suoi famigliari. Anzi, non voleva neppur pensare alla prospettiva di dover lasciare la casa paterna. L'ambasciatore prussiano, che assistette alla partenza di Sissi, descrive con precisione l'atmosfera: «La giovane duchessa, in tutto il suo splendore e la sua maestosità, sembra nella posizione di chi aspetta a fianco dell'illustre sposo imperiale, ma trova doloroso il distacco da quella che finora è stata la sua patria e dalla cerchia dei suoi famigliari, e questo si manifesta in una leggera ombra che vela il viso pieno di grazia giovanile e di bellezza della Serenissima Altezza la principessa [Elisabetta]».[8]

Anche la duchessa Ludovica, pur con tutto il suo orgoglio, cominciò a preoccuparsi per la figlia. Sissi, una ragazza indubbiamente graziosa ma ancora una bambina, abituata alla libertà agreste di Possenhofen, sarebbe stata a proprio agio in un ambiente estraneo, avrebbe soddisfatto le esigenze del severo cerimoniale di corte?

Nozze a Vienna

«Alle 8 del mattino di domani è prevista la partenza della serenissima sposa dell'imperatore, la principessa Elisabetta in Baviera» riferiva il «Münchner Neueste Nachrichten» del 19 aprile 1854. «Gli illustri genitori e i fratelli intraprenderanno il viaggio con la serenissima sposa.»

La legazione austriaca era splendente nelle divise di colore verde. All'altezza del primo piano era stato appeso un tabellone con le iniziali dei nomi degli sposi intrecciate. «"FJ" dentro un manto di ermellino su uno stemma nero e giallo e "E" su uno azzurro, sopra entrambi la corona imperiale, dall'alto sventolano la bandiera austriaca e quella bavarese con gli emblemi dei due casati» scrisse il «Münchner Neueste Nachrichten», informando che alla sera ci sarebbero stati fuochi d'artificio e musica per festeggiare l'evento.

Dopo aver salutato il re e la regina di Baviera, il sindaco di Monaco e la moglie, e altri notabili, la futura imperatrice d'Austria iniziò il suo viaggio su una carrozza trainata da sei cavalli. Lungo Ludwigstraße, dal palazzo paterno fino all'arco di trionfo, procedette lungo due ali di folla. Risuonavano grida di evviva. La sposa, «visibilmente commossa», ringraziava e faceva cenni di saluto. «La madre, profondamente emozionata, era in lacrime» riferì il giornale. Il viaggio proseguì fino a Straubing, e da qui sul Danubio, a bordo del battello a vapore *Stadt Regensburg* addobbato a festa, fino a Linz, dove l'imperatore aveva preparato una singolare sorpresa per la sposa. Dopo averla ricevuta a Linz, Francesco Giuseppe tornò nottetempo a Vienna dove era previsto il saluto ufficiale.

«Linz annega in un mare di giubilo» registrò la stampa. Puntualmente, all'ora prestabilita, il *Franz Joseph*, a bordo del quale era nel frattempo salita la futura imperatrice, attraccò a Nussdorf solennemente pavesato. L'imperatore salì per primo sul ponte incontro alla sposa. «Fu un momento particolarmente toccante, infinitamente bello, quando la madre del monarca abbracciò la principessa che brillava per la sua grazia e poi la condusse verso l'imperatore. Elisabetta indossava un vestito di seta rosa, una mantella di cachemire bianco e un cappello di seta rosa con velo bianco» riferirono i giornali. Tutti potevano vedere quanto l'imperatore fosse felice e fiero di stringere finalmente tra le braccia la sua sposa. La gente esultante affollava i lati delle strade, addobbate con bandiere e archi di trionfo. Le bande suonavano. Sugli striscioni campeggiava la scritta VIVA LA ROSA DI BAVIERA.[9]

La gente si rallegrava che finalmente nella Hofburg entrasse di nuovo una giovane imperatrice. Vienna preparò alla sposa un'accoglienza entusiasmante. Tutti erano concordi nel sostenere che l'imperatore avrebbe avuto una moglie straordinariamente bella. Fu soltanto per colpa sua se Sissi perse in seguito la benevolenza del popolo.

Poi tutti si recarono al castello di Schönbrunn dove era alloggiata la famiglia della sposa. Qui a Elisabetta, esausta dopo un viaggio durato quasi quattro giorni e gli interminabili festeggiamenti, fu presentata la sovrintendente del castello, una donna attempata, dall'aspetto austero, scelta personalmente dall'arciduchessa Sofia, che le fece l'impressione di una severa governante. Porse a Elisabetta uno spesso fascicolo intitolato *Avvertenze per tutti i sudditi* che conteneva le istruzioni che la futura imperatrice avrebbe dovuto imprimersi nella mente. Il protocollo aveva stabilito il cerimoniale nei minimi dettagli, e nulla era lasciato al caso. Il fascicolo conteneva anche precise indicazioni su chi avesse diritto all'«ingresso grande» e chi a quello «piccolo», privilegio concesso in base al posto e al grado occupati nella gerarchia nobiliare. Durante il fidanzamento Francesco Giuseppe aveva prudentemente chiarito a Elisabetta che non avrebbe più potuto rivolgersi alla zia e suocera con il confidenziale «tu», ma con il più rispettoso «Lei», come del resto faceva lui stesso. Per tutta la vita l'imperatore userà il «tu» soltanto con la moglie e le figlie.

Il giorno seguente, domenica, alle 5 del pomeriggio entrarono nella Hofburg le carrozze addobbate a festa, con le ruote dorate e i pannelli delle porte dipinti da Rubens, tirate da otto palafreni. La parte superiore delle porte era in vetro, in modo che anche il popolo potesse vedere la sposa, che ringraziava degli applausi con un «incantevole» sorriso, mentre «rispecchiava con il volto delizioso la festosa eccitazione di questo giorno».

L'indomani, alle 18.30, un festoso scampanio annunciò l'avvicinarsi del corteo degli sposi alla chiesa di Sant'Agostino. L'imperatore, che indossava l'uniforme bianca di feldmaresciallo, era accompagnato dal suo capo di gabinetto.

La sposa era tra l'arciduchessa Sofia e la duchessa Ludovica. «Aveva un vestito di seta bianca ricamato d'oro e d'argento, con una cintura incastonata di pietre preziose, mentre sulla folta capigliatura spiccava il diadema che l'arciduchessa Sofia aveva portato il giorno in cui si era sposata. Alle braccia e al collo luccicavano gioielli di perle e brillanti, e sul diadema era posata una corona di rose fresche.»[10] Francesco Giuseppe aveva fatto dono del diadema alla sposa durante una delle sue visite a Possenhofen. Sissi l'aveva accolto con un doveroso ringraziamento, ma non era certo entusiasta all'idea di dover portare il giorno del suo matrimonio un gioiello della suocera.

Una gran folla era accalcata nella chiesa per partecipare allo straordinario avvenimento. La luce di innumerevoli candele brillava sulle pareti, sugli abiti ingioiellati dei magnati ungheresi e dei nobili più potenti del paese. Celebrava la cerimonia nuziale l'arcivescovo di Vienna, il cardinale Rauscher. Quando gli sposi, dopo lo scambio degli anelli, si strinsero la mano, risuonò la prima salva, seguita da una seconda all'inizio del *Te Deum* e da una terza allorché Francesco Giuseppe ed Elisabetta uscirono dalla chiesa per recarsi alla Hofburg. Una lunga e faticosa serie di congratulazioni attendeva la sposa: i dignitari e gli appartenenti all'aristocrazia del castello, i generali e tutti quelli che avevano l'onore di porgere le loro felicitazioni formavano un corteo composto secondo un rigoroso ordine di rango, mentre Elisabetta, seduta su un trono, riceveva il baciamano.

Come in trance, lasciava che tutto accadesse, cercando costantemente di vincere la timidezza. Non era orgogliosa né felice. Tutta la cerimonia era per lei un vero tormento e solo a fatica riuscì a non scoppiare a piangere. Non le piaceva essere osservata e trovava insopportabile che vecchie signore si inchinassero di fronte a lei, che aveva appena sedici anni. Invano le avevano spiegato che adesso era la prima donna dello Stato ed era per questo che le veniva reso omaggio. Non abituata alla curiosità della gente, la sua naturale soggezione sarebbe aumentata con l'età. Era ormai tardi quando andarono a cena, alla quale per fortuna parteciparono soltanto i famigliari.

Una carrozza portò la coppia di novelli sposi al castello di Laxenburg. Secondo il cerimoniale, Elisabetta fu accompagnata dalla madre in camera da letto, dove fu preparata per la notte dalla sovrintendente del castello e da quattro cameriere. Mezz'ora dopo l'arciduchessa Sofia condusse il figlio, così come prescriveva il protocollo.

Sissi aveva la testa affondata nel cuscino e stava dormendo, annotò Sofia nel suo diario, come «un uccello spaventato che si nasconde nel proprio nido».[11] Non è scritto da nessuna parte se Elisabetta fosse al corrente di quanto era solito accadere durante la prima notte di nozze. A quei tempi le ragazze, aristocratiche o borghesi che fossero, non ricevevano spiegazioni. Molti anni dopo la principessa Stefania, moglie del principe Rodolfo, raccontò la catastrofica esperienza della sua prima notte di matrimonio, interpretando così i sentimenti provati da tante altre ragazze: «Che notte! Che tormento, che orrore! Non sapevo nulla; mi avevano condotto come una bambina ingenua all'altare. ... credetti di morire di delusione».[12] Si può ipotizzare che le ragazze dei ceti inferiori, date le condizioni degli alloggi, ricevessero invece, benché in modo involontario e non intenzionale, qualche «lezione dimostrativa». Al castello imperiale si credette di sapere che il matrimonio della nobile coppia fu consumato soltanto la terza notte, il che fa pensare al grande rispetto dell'imperatore per la giovane moglie, che non volle assillare eccessivamente.

L'imperatore Francesco Giuseppe prese una decisione sbagliata?

A questa domanda occorre dare, purtroppo, una risposta affermativa. Obiettivamente sarebbe stato meglio per tutti gli interessati se Francesco Giuseppe avesse scelto Elena. Elisabetta infatti, nonostante i pregi, la bellezza e lo charme, non fu né una buona moglie né una madre premurosa. E non fu neppure un'imperatrice che assolse gli obblighi contratti nei confronti del suo paese. Ebbe certamente dei contrasti con l'arciduchessa Sofia, che voleva fare di lei un'imperatrice secondo il suo progetto. Come risultato di questi tentativi, Sofia è passata alla storia come il prototipo della suocera cattiva, della «donna malvagia», come la chiamava Sissi in segreto.

Dobbiamo quindi supporre che Elena – la seria, ragionevole Elena – sarebbe andata maggiormente d'accordo con lei, perché sarebbe stata più disponibile, avrebbe seguito il protocollo e il cerimoniale senza fiatare, considerandolo il naturale dovere di un'imperatrice. E, non da ultimo, perché sarebbe stata orgogliosa della sua prestigiosa posizione. Dopotutto, anche Francesco Giuseppe sarebbe stato più felice, con al fianco una donna comprensiva e con figli i cui caratteri ereditari si sarebbero combinati diversamente. Come sarebbe stata diversa la storia della casa d'Absburgo – e, di conseguenza, la storia mondiale – se la duchessa Ludovica non avesse portato Elisabetta a Bad Ischl. Come anni dopo nell'incontro mortale con Lucheni a Ginevra, Sissi si era trovata nel posto sbagliato al momento sbagliato, ed era rimasta vittima di un atto imprevisto. Vedremo più avanti quali conseguenze ebbe la decisione di Francesco Giuseppe di sposare Elisabetta sulle prospettive matrimoniali della cognata Elena.

IL MATRIMONIO MORGANATICO

Il duca Luigi in Baviera e Henriette Mendel

Veni vidi vici. Così si potrebbe descrivere una storia cominciata per amore e conclusasi con un matrimonio detto «morganatico» perché la sposa era borghese. E per giunta attrice, cosa oltremodo equivoca. Con un'artista dello spettacolo ci si diverte, e il rapporto termina con un regalo d'addio o con una liquidazione, qualora vi siano state delle conseguenze. Ma mai e poi mai ci si sposa. Men che meno quando ci si chiama Luigi in Baviera e, in quanto primogenito, si è l'erede diretto del duca Max in Baviera.

Nel 1831 Luigi, chiamato «Louis», primo figlio del duca Max in Baviera e della moglie Ludovica, era il più allegro cavaliere del IV reggimento cavalleggeri «König» di stanza ad Augusta, nel quale prestava servizio attivo. Seguiva in questo la tradizione di famiglia, dato che anche il padre era «colonnello-proprietario» di un reggimento di cavalleggeri. Luigi era alto e snello, e l'uniforme elegante e colorata ne esaltava il fascino. Il suo interesse era principalmente rivolto al teatro e in quel mondo, piuttosto che a casa o a corte, preferiva passare il suo tempo. In questo ambiente conobbe la giovane attrice Henriette Mendel.

Nata nel 1833 e di umili origini, Henriette era la quarta dei dodici figli di Johann Adam Mendel e della moglie Anna Sofia. Il padre, cacciatore del duca d'Assia a Darmstadt, dopo anni di fedele servizio era riuscito a ottenere dal duca l'appoggio necessario perché Henriette diventasse attrice e la sorella Elise cantante. Anche se non particolarmente dotata, Henriette si dedicava anima e corpo a quel mestiere, ricoprendo i ruoli secondari di «giovinetta» e di «amante sentimentale» prima a Darmstadt e poi ad Augusta, ove godette di larga popolarità per la sua bellezza e la sua grazia. I soldati e gli ufficiali del reggimento apprezzavano gli attori del teatro di Augusta. Agli occhi di molti, le attrici – «gente errante» – erano una facile preda. Nei circoli borghesi una donna del palcoscenico non sarebbe stata vista favorevolmente in famiglia. Era perciò un fatto eccezionale che un duca appartenente alla famiglia reale cercasse di ottenere i favori di un'attrice.

«Aveva galoppato con stivali e speroni verso il cuore di lei»[1] raccontò poi la loro figlia.

La nobile famiglia, che certamente aveva ben presto saputo della relazione fra Luigi e Henriette, si mostrò in principio indifferente. Un giovane deve sfogarsi, questa era la loro opinione, e quale donna era più adatta di un'attrice? Un giorno Luigi avrebbe seguito la tradizione famigliare e avrebbe scelto un partito del suo stesso rango. Come primogenito e discendente era obbligato a farlo.

Ma Luigi non si curava della tradizione. Amava Henriette e solo Henriette, e con lei non voleva avere una semplice relazione ma unirsi in matrimonio. Nel frattempo la donna aveva abbandonato le scene e viveva con Luigi ad Augusta, in Maximilianstraße.

Il 24 febbraio 1858, alle 10.15, Henriette diede alla luce una bambina, e nel registro parrocchiale il padre risulta essere il duca Luigi in Baviera. La neonata fu battezzata il 25 febbraio nella chiesa dei Santi Ulrico e Afra con il nome di Maria Luisa Elisabetta dal cappellano Jakob Türk. La madrina era la duchessa Luisa (Ludovica) in Baviera, che si fece rappresentare da Amalie Kolb, la moglie del medico. Non si può quindi affermare che la casa ducale ostentasse un rifiuto. Avremo ancora occasione di incontrare il cappellano Türk, forse un figlio illegittimo del re Luigi I.

Luigi dovette comunque combattere per quella relazione. Non aveva alcun ruolo nella successione del regno di Baviera, ma nessuno voleva accettare l'idea che in futuro una borghese potesse entrare a far parte della famiglia. A intercedere per Luigi fu sorprendentemente la madre, che pensava alla propria infelice unione con un partner dello stesso rango, ma soprattutto la sorella Sissi.

Quest'ultima aveva un bel daffare con l'arciduchessa Sofia, ma anche con l'etichetta e il protocollo. Aveva quindi la più grande comprensione per il desiderio del fratello di dare un calcio alle convenzioni e di sposare la donna che amava. Lo appoggiò in ogni occasione. E si dice che sia intervenuta personalmente con il re Massimiliano II di Baviera. Come risultato di queste manovre Luigi rinunciò al diritto di primogenitura, il che significava la perdita di entrate cospicue e la rinuncia al diritto di successione sul trono di Baviera, nel suo caso una mera formalità.

Tale diritto l'avrebbe eventualmente potuto esercitare il principe Carlo Teodoro, feldmaresciallo dell'esercito reale bavarese e unico fratello del re Luigi I, se non si fosse sposato – per ben due volte – con una borghese. «La nobiltà d'animo delle mie due mogli mi ha abbondantemente ripagato della loro mancanza di nobile discendenza» disse in seguito al cugino Luigi. «Sono stato fortunato, e questo è più di quanto hanno potuto dire molti che si sono sposati con persone dello stesso rango.»[2] Forse anche questo aveva spinto Luigi a seguirne l'esempio.

La baronessa di Wallersee

Il 9 maggio 1859 Henriette diede alla luce un secondo figlio, maschio, e il 19 maggio il re Massimiliano la fece entrare nella nobiltà bavarese con il titolo di baronessa di Wallersee. Qualche giorno dopo fu celebrato il matrimonio con il duca Luigi in Baviera, sicché i figli furono legittimati. Il giorno successivo al matrimonio il neonato fu battezzato con il nome di Carlo Emanuele barone di Wallersee, ma dopo soli tre mesi morì di enterite, allora una delle più frequenti cause di morte infantile. La piccola Maria Luisa rimase così l'unica figlia della coppia. L'imperatrice Elisabetta provò molta compassione per la loro infelicità. Sapeva bene cosa significasse perdere un figlio: la sua primogenita, la piccola Sofia, era morta all'età di due anni.

Benché Henriette avesse ricevuto il titolo di baronessa, nei suoi confronti non era mutato l'atteggiamento di quella parte della famiglia, fiera della propria appartenenza all'aristocrazia, che continuava a considerarla un'intrusa, un'ospite indesiderata. L'imperatrice Elisabetta si sentì ancor più obbligata a proteggere la cognata, che stimava personalmente, e a prendere le sue difese in ogni occasione.

Anche se Henriette, grazie alla sua disponibilità e sensibilità, suscitava dovunque andasse attenzione e simpatia, per la società bavarese ufficialmente non esisteva. I matrimoni morganatici non erano registrati. Anche Luigi veniva quindi disprezzato da molti degli appartenenti al suo stesso rango.

Una nuova casa in Maximilianstraße diventò la sede di rappresentanza della famigliola, a cui si aggiungevano una casetta per l'estate sul lago Starnberg e un capanno di caccia sui monti per Luigi, appassionato dell'arte venatoria.

Quest'ultimo mantenne i contatti con il mondo dello spettacolo, e in una veste tanto singolare quanto inopinata. Ricoprì spesso il ruolo di direttore di scena. Con il suo matrimonio non convenzionale aveva dimostrato di non dare troppo peso ai divieti di corte, ma sulla scena era importante che l'etichetta venisse correttamente seguita. Una principessa non doveva mai essere sola, doveva sempre essere accompagnata da una dama di corte...

La simpatia dell'imperatrice per la famiglia del fratello si riversò nel tempo anche sulla piccola Maria Luisa di Wallersee. Forse Elisabetta trovò un'anima gemella nella nipote che preferiva giocare con gli animali anziché con le bambole e che frequentava spesso le scuderie. Nel corso degli anni seguì il cammino di Maria Luisa, finché accadde qualcosa che le divise per sempre.

Maria Sofia duchessa in Baviera

Dopo che Elisabetta – più o meno felicemente – era salita al trono imperiale in Austria, Ludovica si adoperò per trovare un fidanzato attraente anche per sua figlia Maria Sofia. Ai suoi occhi, «attraente» significava che il prescelto doveva avere in vista, in un futuro non troppo lontano, una corona regale. In questo la duchessa non poteva contare sull'aiuto del marito, che spesso, se si trovava in casa, derideva le sue «ruffianerie». Alla fine del 1857 le manovre andarono in porto.

Il 17 dicembre il «Münchner Neueste Nachrichten» riferì da Vienna: «Il principe di Napoli giungerà in città nella seconda metà del mese prossimo e all'inizio di febbraio si recherà in Baviera. Le nozze con la principessa Elena, sorella della nostra imperatrice, avranno luogo in autunno». La notizia conteneva parecchi errori, in particolare per quanto riguardava l'identità della sposa. Non si trattava di Elena, infatti, ma dell'allora diciassettenne principessa Maria Sofia. E poi il principe non si sarebbe recato di persona in Austria. Ludovica era comunque fiera della richiesta di matrimonio, giacché il futuro re di Napoli era un partito formidabile per una duchessa in Baviera.

In teoria si trattava sicuramente di un buon partito, ma Ludovica ignorava davvero la situazione in cui versava ormai da anni il regno di Napoli? O la considerava incredibile?

Il regno di Napoli e delle Due Sicilie

Il paese aveva alle spalle una storia di continui mutamenti. Inizialmente vicereame spagnolo, nel 1735 era passato ai Borbone di Spagna, ai quali era stato riassegnato dal Congresso di Vienna dopo l'intermezzo napoleonico. Il titolo del sovrano era in quel momento «re di Napoli e delle Due Sicilie» (la «seconda» Sicilia comprendeva alcune delle odierne regioni dell'Italia meridionale: Campania, Calabria e Basilicata).

Il regno non godeva certo di stabilità. Il regime autocratico causava sommosse e attentati, e il re Ferdinando II manteneva il potere con la violenza.

Una fitta rete di informatori si occupava di rendere inoffensivi gli elementi sospetti, mentre la repressione da lui ordinata durante la rivolta di Messina gli valse l'appellativo di «Re Bomba». Nel 1848, anno dei moti rivoluzionari, una sommossa poté essere domata soltanto grazie all'aiuto degli austriaci. Il trono sul quale sarebbe salita la futura regina accanto al marito Francesco II vacillava dunque pericolosamente.

Anche se Maria Sofia, come la sorella, era molto avvenente, il matrimonio veniva celebrato soprattutto per motivi politici. In seguito a queste nozze, infatti, Francesco sarebbe diventato cognato del potente imperatore austriaco, e l'Austria, governata da un monarca assoluto, era già corsa in difesa del regno di Napoli.

Come era consuetudine nei matrimoni principeschi, la sposa aveva visto il futuro marito soltanto in una miniatura d'avorio spedita da Napoli. Ma grazie alle informazioni ricevute da Elisabetta tramite parenti della casa absburgica che regnavano in Italia, Maria Sofia sapeva che l'aspetto del giovane era stato dipinto in modo molto lusinghiero. Non molto ben disposta quando il matrimonio fu combinato, adesso poteva solo sperare che tutto andasse per il meglio.

Matrimonio per procura a Monaco

Il 23 dicembre 1858, sul «Münchner Neueste Nachrichten» comparve la seguente notizia: «Verso le 3 del pomeriggio è stata presentata ufficialmente la solenne richiesta di Sua Altezza Reale il principe delle Due Sicilie della mano di Sua Altezza, la principessa Maria Sofia, duchessa in Baviera, tramite il conte di Ludolf, procuratore personalmente responsabile per questo atto». E il 9 gennaio 1859: «Il solenne matrimonio per procura dell'erede al trono delle Due Sicilie con la principessa Maria Sofia ha avuto luogo l'8 gennaio 1859 nella cappella del castello dedicata a Ognissanti. In rappresentanza dello sposo, Sua Altezza Reale il principe Luitpoldo».

La stampa forniva come al solito un minuzioso resoconto dell'evento – il castello reale in festa, le dame in abito di gala, il principe Leopoldo che, accompagnato dal conte di Ludolf e dal cavalier Bianchini, attaché dell'ambasciatore, entrò in chiesa alle 7.15 in punto – e riferiva che le «Altezze Reali il duca e la duchessa in Baviera con la principessa Maria Sofia in mezzo ai genitori» avevano preso posto «sulla tribuna preparata al lato dell'epistola». Al loro seguito c'erano «i sovrani e tutto il castello», che passavano «sotto l'arco della guardia del corpo in parata». Anche in questa occasione non mancava il lato militaresco: «All'arrivo dei sovrani nella cappella del castello, furono sparati sessanta colpi di cannone».

Il cerimoniale era, come sempre, complesso e ordinatissimo: «Dopo che Sua Maestà ebbe dato l'ordine che venisse fatto entrare il vescovo che avrebbe celebrato il matrimonio, il celebrante all'altare benedisse gli anelli. A quel punto Sua Altezza Reale il principe Luitpoldo si sistemò sull'inginocchiatoio preparato appositamente per lui. Allora Sua Altezza Reale il duca Luigi, in qualità di testimone, fu invitato ad accompagnare la serenissima sposa alla sinistra dello sposo. Il parroco della chiesa di San Luigi lesse la procura nella traduzione tedesca». Seguì l'esortazione a pronunciare il sì, rivolta prima al principe Luitpoldo, poi alla sposa. Gli anelli benedetti furono scambiati, le mani intrecciate, e sulla stretta di mano il vescovo impartì la benedizione. La cerimonia terminò con il *Te Deum*. Nell'appartamento reale si tenne poi un pranzo di famiglia.

Matrimoni di questo tipo erano molto in voga nelle famiglie principesche. Le distanze fra gli Stati erano ragguardevoli e la condizione delle strade pessima. In genere un viaggio durava delle settimane. A Maria Sofia fu perlomeno risparmiata la cerimonia secondo la tradizione medievale, nella quale la sposa e il rappresentante dello sposo dovevano andare a letto insieme, ovviamente vestiti e in presenza di testimoni. Per il compimento simbolico del matrimonio era sufficiente il contatto con la mano e il piede della sposa. In epoche precedenti, tra la sposa e lo «sposo» veniva posta una spada. Come la sorella Elisabetta, anche Maria Sofia dovette partecipare ai solenni festeggiamenti. Il corpo diplomatico e tutta l'alta nobiltà di Monaco, che avrebbero partecipato a uno spettacolo di gala nel teatro del castello e al ballo a corte, dovevano essere ricevuti. Anche lei, come Elisabetta, avrà espletato controvoglia queste formalità?

Nello stesso momento, e sul giornale la notizia veniva data nella stessa pagina, il primo contingente militare austriaco, una truppa di 30.000 uomini, si stava dirigendo sul fronte lombardo-veneto.

Maria Sofia, principessa di Calabria, in viaggio verso il futuro regno

Il 13 gennaio, dopo il pranzo di mezzogiorno, Maria Sofia salì con il fratello Luigi sul treno che, via Lipsia e Praga, l'avrebbe portata a Vienna. Qui, nella Nordbahnhof addobbata a festa, fu ricevuta dai sovrani, dall'arcivescovo e da parecchi dignitari, e accompagnata attraverso la città fino al castello imperiale. La stampa non si lasciò sfuggire neppure questo evento. «Per le strade si è radunata una folla numerosa in abiti eleganti e il bel tempo ha favorito il viaggio della nobile fanciulla» registrava il giornale del 16 gennaio 1859.

La partenza di Maria Sofia per Trieste, che doveva essere immediata, fu rinviata. Suo suocero, Ferdinando II re di Napoli e delle Due Sicilie, stava male. Anche se i bollettini medici erano contraddittori e apparivano improntati a un grande ottimismo, il sovrano non si sarebbe più ripreso.

Maria Sofia non era certo rattristata per questo ritardo ed Elisabetta, felice di avere la sorella accanto a sé, fece di tutto per rendere piacevole e vario il soggiorno a Vienna. La madre Ludovica temeva che la figlia si abituasse a quella vita, e che poi il viaggio a Napoli le risultasse troppo faticoso. Ogni volta che un famigliare andava a trovarla, Elisabetta rifioriva. Non lamentava i dolori che normalmente la affliggevano, il che faceva pensare che fossero di natura psichica e non fisica.

Ma arrivò anche la fine di gennaio. Maria Sofia, accompagnata dall'imperatrice e dal duca Luigi, salì su un treno speciale per Trieste, dove le due sorelle assistettero a una cerimonia di carattere medievale.

La grande sala del governatorato era stata divisa a metà da una corda, che rappresentava simbolicamente il confine tra la Baviera e Napoli. Due gambe del tavolo si trovavano «in Baviera», le altre due «a Napoli». Maria Sofia doveva sedersi sulla sedia nella zona bavarese, mentre le delegazioni delle due potenze, ognuna dalla propria parte, si scambiavano i documenti necessari osservando le formalità previste dalle corti. Dopo che Maria Sofia si fu congedata dalla zona bavarese, la corda fu tolta e la sposa andò a sedersi nella zona napoletana. Fatte le presentazioni, i delegati della sua nuova patria l'accompagnarono allo yacht *Fulminante*, ancorato nel porto. Qui le due sorelle riuscirono finalmente a salutarsi, versando molte lacrime. Issate le vele, la nave fece rotta verso Bari. Maria Sofia, principessa di Calabria, principessa ereditaria del regno di Napoli e delle Due Sicilie, era sola. Una ragazza di diciassette anni, che fino al giorno prima era sempre vissuta in famiglia, si trovava adesso completamente sola. La gente che la circondava era straniera e straniera era la lingua di cui capiva appena qualche parola. L'unico essere vivente che aveva potuto portare con sé dalla sua patria era un canarino.

Il re Ferdinando, che malgrado tutte le notizie ottimistiche era gravemente ammalato ed era destinato a morire, si era messo in viaggio verso Bari, ma era talmente debole che non poté ricevere la nuora. E il rientro a Napoli dovette essere rimandato.

A Bari, per la prima volta, Maria Sofia si trovò di fronte il principe ereditario. La sua delusione non poteva essere maggiore. Francesco, principe di Calabria – questo era il suo titolo –, aveva un aspetto molto diverso da quanto lei avesse immaginato. E ben presto scoprì anche quanto fosse infantile. Vittima di una sorta di mania religiosa, il suo interesse si rivolgeva unicamente alla letteratura ecclesiastica e alle leggende sui santi. Orfano di madre, che non aveva neppure conosciuto, il bambino era stato cresciuto dalla matrigna Maria Teresa d'Austria – di cui Francesco continuava ad avere una gran paura – la quale fin da principio aveva approfittato della sua debolezza e aveva cancellato in lui qualsiasi traccia di volontà.

E non era tutto. Altrettanto presto Maria Sofia capì che l'uomo che era diventato suo marito non era in grado di consumare il matrimonio a causa di un'anomalia fisica, in termini medici una fimosi. Il problema sarebbe stato facilmente risolvibile con un semplice intervento chirurgico, ma evidentemente il suo blando desiderio erotico non riusciva a vincere la paura dell'operazione.

Il matrimonio religioso fu celebrato a Bari, dove la corte continuava a trattenersi per la presunta «lieve» indisposizione del re. La documentazione storica della prima notte di nozze è discordante. Secondo una prima versione dei fatti, quella che generalmente tutte le donne sognano come la più bella notte della loro vita, Maria Sofia la trascorse da sola in un vecchio letto a baldacchino, circondata da un lusso freddo e deprimente. Secondo un'altra, restò nella camera matrimoniale, chiusa a chiave come voleva la tradizione, insieme al marito intimidito, che per quasi tutto il tempo continuò a piangere, inginocchiato in preghiera. Secondo un'altra ancora, nella stanza matrimoniale chiusa a chiave Francesco ebbe la nausea per tutta la notte e Maria Sofia soffrì di diarrea e conati di vomito. Qualunque cosa sia veramente successa quella notte, quel che è certo è che fu una prima notte di nozze molto diversa da quella che la sposa aveva immaginato.

Il 9 marzo la famiglia reale giunse nel porto di Castellammare, da dove il re fu trasportato in barella fino a Caserta e lì operato di un «tumore alla coscia». Che cosa gli fosse realmente successo, non fu mai scoperto... Secondo l'enciclopedia Brockhaus, soffriva dei postumi di un attentato, di cui comprensibilmente non si voleva parlare.

Maria Sofia era ovunque circondata da lusso e sfarzo: a Napoli, nel Palazzo Reale di Capodimonte dove c'erano più di 100 stanze, e anche nella reggia di Caserta, dove la corte alla fine si trasferì. Costruito un secolo prima per il re Carlo III in stile tardo barocco e con dimensioni gigantesche per fare concorrenza al castello di Versailles, il Palazzo Reale di Caserta aveva 1200 stanze ed era immerso in un parco di 120 ettari, al cui interno si potevano ammirare la cascata dei Delfini, le fontane di Cerere e di Eolo, e in fondo la Grande cascata, tutte abbellite da un'infinità di statue di pietra raffiguranti ninfe e dèi dell'antichità. Il palazzo rappresentava in ogni particolare lo spirito dell'Ancien Régime che ancora governava il regno di Napoli, come se la Rivoluzione francese non ci fosse mai stata.

Alcune settimane dopo l'arrivo di Maria Sofia a Napoli, il re Ferdinando II morì. Il potere passò nelle mani di Francesco, il primogenito, che però non aveva voce in capitolo dal momento che la politica veniva diretta nel solito modo assolutistico e ultraconservatore dalla vedova del sovrano defunto, la regina Maria Teresa. Così, anche la principessa Maria Sofia divenne regina, almeno formalmente. Ma non lo fu per molto.

Guerra in Italia

Il processo di unificazione dell'Italia era inarrestabile e riguardava non soltanto il regno di Napoli e delle Due Sicilie, ma anche i possedimenti absburgici: i granducati di Toscana e di Modena, e il regno lombardo-veneto, appartenente alla monarchia austriaca. Nel 1848, l'anno dei moti rivoluzionari, ci fu come prima azione a Milano il boicottaggio dei sigari austriaci. Il feldmaresciallo Radetzky, allora ottantaduenne, era riuscito a ristabilire la pace con le vittorie nella pianura padana, ma non a impedire che l'Italia continuasse a essere in fermento. Quando, nel 1856, la coppia imperiale visitò il regno, si trovò in una terra nemica. La nobiltà lombarda li ignorò, i cittadini nelle stazioni mostrarono apertamente la loro avversione e, in occasione della rappresentazione di gala alla Scala di Milano, i notabili cittadini mandarono la servitù a insultare il monarca e la consorte. Il fratello minore dell'imperatore, l'arciduca Ferdinando Massimiliano, che aveva sostituito Radetzky come governatore generale del capoluogo lombardo, tentò una linea più morbida ma non ebbe successo. E quando si rifiutò di seguire il rigido indirizzo ordinatogli da Vienna, fu rimpiazzato da un generale.

L'unità d'Italia si realizzò con l'appoggio della Francia, che aveva interesse a cacciare l'Austria dal paese. A questo scopo Cavour, presidente del Consiglio dello Stato di Piemonte e Sardegna, stipulò un'alleanza segreta con il re francese Napoleone III. Siccome non volevano essere portati sul banco degli imputati come aggressori, decisero che la monarchia absburgica doveva essere fatta oggetto di ogni sorta di provocazioni fino al punto di farle perdere la pazienza e di costringerla ad aprire le ostilità. Il prezzo per l'appoggio in questa operazione era la cessione alla Francia di Nizza e della Savoia, e il re piemontese Vittorio Emanuele II era disposto a pagarlo.

L'Austria si comportò proprio come era nei desideri dei due alleati. Raccolse il guanto di sfida, e i militari invocarono la guerra. D'altra parte era impossibile continuare a sopportare ogni sorta di provocazioni da questo piccolo vicino ribelle. La monarchia non aveva alleati. Bismarck aveva interesse a indebolirla per consolidare il predominio della Prussia nella coalizione tedesca. E la Russia era adirata contro Francesco Giuseppe. Nel 1848 l'aveva aiutato con massicce operazioni militari a sconfiggere i ribelli ungheresi. In seguito, durante la guerra di Crimea contro Turchia, Francia e Inghilterra, quando era stata la Russia ad aver avuto bisogno di appoggio, l'Austria si era limitata a dichiarare la propria neutralità. Lo zar si risentì. Fino alla fine la monarchia absburgica sperimenterà dolorosamente l'inimicizia della Russia.

Dunque l'Austria era sola. Di per sé il fatto non sarebbe stato così negativo, poiché era superiore militarmente al piccolo Piemonte, perlomeno fino a quando le truppe francesi erano in marcia di avvicinamento. Ma il comandante supremo delle forze armate austroungariche, il conte Gyulai, aveva un compito superiore alle sue forze. Poco dotato quanto a capacità organizzative, era pieno di timori. E proprio la sua esitazione nel prendere una decisione gli fece perdere tempo prezioso.

Allora Francesco Giuseppe assunse personalmente il comando delle proprie «Armate, schierate contro il nemico». Voleva infatti «continuare alla testa delle mie valorose truppe la lotta che l'Austria è costretta a sostenere per salvaguardare il proprio onore e i propri diritti».[1]

Ma il giovane imperatore non era Cesare né tantomeno Napoleone. In campo militare attribuiva grande importanza alle splendide parate e alle manovre dalle quali, anche durante la vecchiaia, poteva rendersi conto del potenziale offensivo delle sue truppe, come testimoniano numerose lettere indirizzate alla «cara buona amica» Katharina Schratt.

A Solferino, però, non si svolse né una parata né una manovra. Lì si faceva sul serio. La battaglia contro le truppe del regno di Piemonte e Sardegna si concluse con una sconfitta, sicché l'Austria perse la Lombardia e i principati italiani. Causa della sconfitta non fu l'esercito ma l'incapacità del comando, che favorì la vittoria di Napoleone III e del suo alleato, il regno di Piemonte e Sardegna.

Il sovrano francese confessò in seguito al principe di Coburgo che per quella vittoria doveva soltanto ringraziare il caso. Le sue truppe erano mal equipaggiate e inferiori al nemico. Era certo che l'Austria avrebbe vinto, se Francesco Giuseppe avesse impiegato le riserve. L'imperatore era un uomo illustre, ma purtroppo privo di forza di volontà. Le elezioni in Toscana, a Modena e a Parma portarono presto a uno schiacciante successo del nazionalismo italiano. Vittorio Emanuele entrò in Firenze e Garibaldi, alla testa dei suoi volontari, conquistò il Sud e si mise in marcia verso Napoli.

Tutte le richieste di aiuto rivolte dalla giovane regina alla sorella e al cognato a Vienna rimasero senza risposta. I fratelli Luigi e Carlo Teodoro si recarono nella capitale per discutere quali aiuti si potessero offrire, ma anche la situazione della coppia imperiale non era delle più felici: Francesco Giuseppe non poteva fare granché neppure per il suo paese. Non era mai stato così poco amato come dopo questa sconfitta, che oltre alla perdita di territori era costata un gran numero di morti e feriti.

Elisabetta era disperata. Il destino della sorella minore e la propria impotenza fiaccarono il suo precario stato di salute e minarono a tal punto la sua unione coniugale che decise all'improvviso di andare a rifugiarsi a Possenhofen con la figlioletta Gisella, di appena tre anni.

Problemi matrimoniali a Vienna

A Vienna Elisabetta non si trovava a proprio agio, non si sentiva a casa. Era appena uscita dall'infanzia ed era finita a precipizio in un matrimonio, era passata dalla tranquilla Monaco e dalla campagna di Possenhofen all'austero fasto del castello imperiale e alla cupa Laxenburg.

Anche il suo comportamento era stato passivo. A Vienna la pietra di inciampo maggiore era senz'altro costituita dalla suocera Sofia che, in modo pedante, cercava di educare la giovane imperatrice. Ma non era questa l'unica difficoltà. Elisabetta non aveva potuto portare da casa neppure un persona di sua fiducia. Era circondata da estranei, e anche le dame di compagnia erano state scelte dall'arciduchessa. Sissi supponeva, non del tutto a torto, che avessero il compito di osservarla e spiarla per poi riferire tutto a Sofia.

L'unico suo riferimento era il marito, per il quale nei primi anni di matrimonio nutrì sicuramente i sentimenti più teneri: sentiva la sua mancanza e desiderava stare con lui più spesso di quanto accadesse.

Francesco Giuseppe, però, era il sovrano di un impero immenso e quindi aveva dei doveri da adempiere. A questo era stato educato, e questo considerò per tutta la vita il suo compito più importante. Il che significava recarsi di buon mattino al castello e rincasare soltanto la sera. E si aspettava che Sissi lo capisse. Lei sapeva quanto lui l'amasse! Ma Sissi non capiva. Si sentiva sola e infelice.

Un giorno, proprio all'inizio del matrimonio, era andata a trovarlo alla Hofburg, e per questo era stata aspramente rimproverata dalla suocera. Che cosa le era saltato in mente di correre dietro al marito... Era un comportamento sconveniente, soprattutto per un'imperatrice.

Dagli innumerevoli paragrafi del cerimoniale spagnolo del castello che le era stato dato risultava che erano davvero poche le cose di sua competenza. Per esempio, era inequivocabilmente chiaro che doveva indossare un paio di scarpe soltanto una volta, cosa che le appariva insensata e, soprattutto, un enorme spreco; doveva sapere, inoltre, che al tavolo del castello non veniva servita una bevanda volgare come la birra, neppure quella bavarese di casa sua. L'imperatrice aveva soltanto il permesso di centellinare un bicchiere di vino. E questa era una limitazione pesante per Sissi, che era nativa di Monaco e ricordava le numerose visite fatte con il padre alle birrerie di campagna, dove bevevano con gusto grandi sorsate dal boccale.

Per Francesco Giuseppe, invece, queste norme erano naturali, dato che era abituato a osservarle fin dall'adolescenza. Elisabetta vi si atteneva «obbedendo alla necessità, più che al proprio impulso». Per tutta la vita conservò però un'intima ribellione alle regole e, appena possibile, seguiva l'istinto di fuggire, dapprima nell'amata «Possi» e poi nel vasto mondo. Si rifugiava nella poesia, componendo versi nostalgici che rispecchiavano il suo stato d'animo. Questa lirica fu composta due settimane dopo il matrimonio:

> Mai avessi lasciato il sentiero
> che alla libertà m'avrebbe guidato,
> mai mi fossi smarrita
> imboccando l'ampia via della vanità!
> Destata mi sono in una prigione
> le mani serrate da tristi catene.
> Più struggente è la mia brama
> e più tu, o libertà, le spalle mi volti.
> Destata mi sono dal sortilegio
> che l'anima m'imprigionava,
> invano maledico il baratto
> che perderti m'ha fatto, o libertà![2]

Molto è stato scritto sulle lotte sostenute dall'imperatrice Elisabetta contro la suocera a proposito dei figli. La severa arciduchessa dovette però riconoscere che la giovane imperatrice assolveva puntualmente il suo compito dinastico. Un anno dopo il matrimonio, nel 1855, nacque la prima figlia, alla quale venne imposto il nome di Sofia, quello dell'arciduchessa, che era anche la madrina (si dice che, al riguardo, Elisabetta non fu neppure interpellata). Un anno più tardi nacque la seconda figlia, Gisella. Del fatto che fossero entrambe femmine non si poteva certo rimproverare la madre. Nel 1858 nacque finalmente il tanto desiderato erede al trono.

Già per la piccola Sofia ci furono aspri contrasti. La nonna aveva scelto il personale per le «camere dei bambini», i cui locali non erano adiacenti alle stanze dei genitori ma a quelle della nonna, a un altro piano. Anche Gisella fu affidata alle cure dell'arciduchessa, che era sempre presente quando la giovane mamma faceva visita ai figli. Le proteste di Sissi furono vane. L'imperatore Francesco Giuseppe cercò una mediazione, ma anch'egli riteneva che sua madre avesse soltanto buone intenzioni e una maggiore esperienza nell'educazione dei bambini rispetto alla giovane moglie.

Alla fine Elisabetta decise, contro il volere dell'arciduchessa, di portare le figlie con sé durante un viaggio in Ungheria. Una decisione funesta. Le bambine si ammalarono. Gisella, la minore, guarì, mentre la piccola Sofia morì.

«La nostra piccina è adesso un angelo nel cielo ... Siamo distrutti»[3] telegrafò l'imperatore alla madre da Budapest.

Sissi era disperata, e passò molto tempo prima che si calmasse. Si sentiva colpevole della morte della figlia e da quel momento non oppose più resistenza al predominio della suocera. La conseguenza fu che si impegnò a cercare un rapporto più intenso con i figli.

Appena possibile l'imperatrice si rifugiava a Possenhofen. Nella primavera del 1860 vi rimase molto a lungo, fin quando dovette tornare il 18 agosto per il compleanno dell'imperatore. L'accompagnarono il fratello Carlo Teodoro e la sorella Matilde, perché Elisabetta non voleva incontrare da sola il marito e l'arciduchessa Sofia, irritati per la sua lunga assenza. L'esaurimento nervoso e le cure dimagranti avevano indebolito a tal punto le sue condizioni che il medico diagnosticò una pericolosa affezione polmonare e consigliò un lungo soggiorno al Sud. La scelta cadde sull'isola di Madera. Il viaggio dell'imperatrice diede adito a molte chiacchiere, poiché nessuno credette alla tubercolosi. Ben presto si parlò di una malattia venerea che Francesco Giuseppe avrebbe trasmesso alla moglie. Pur se una diagnosi precisa non venne mai fatta, sembra storicamente assodato che egli tirasse talvolta le somme del suo infelice matrimonio e cercasse consolazione altrove. Esistono anche molte prove che tra i sintomi presentati dall'imperatrice vi fossero i segni di una reazione nevrotica, di un disturbo psicosomatico, come è dimostrato dal fatto che, appena lasciava Vienna e i bambini, guariva. Di colpo gli attacchi di tosse, la febbre e il senso di debolezza svanivano. Le erano particolarmente odiosi Vienna, la Hofburg e i doveri imposti dalla vita di corte.

Elisabetta si trattenne a Madera quasi sei mesi, prima di tornare dal marito e dai figli. «Voglia solo Iddio che Sissi gli conceda ora una felice vita domestica ... Purché lei sappia apprezzare e godere questa felicità dopo la lunga privazione e purché lui trovi in lei tutto ciò che si merita e di cui ha tanto bisogno come balsamo e ristoro per lenire tutte le pesanti e dolorose avversità dovute alla sua posizione, tutta l'ingratitudine che ha dovuto conoscere»[4] scrisse Sofia il 21 maggio 1861.

Il suo desiderio non fu esaudito. Dopo quattro giorni Elisabetta si ammalò nuovamente. Il medico, il dottor Skoda, diagnosticò una tisi galoppante e le consigliò un nuovo soggiorno al Sud. La scelta questa volta cadde sull'isola di Corfù.

A quel punto tutti pensarono a una malattia che avrebbe potuto mettere in pericolo la sua vita. «Triste separazione dalla nostra povera Sissi, forse per sempre» scrisse l'arciduchessa Sofia nel suo diario. «Lei piangeva ed era estremamente commossa e mi ha chiesto perdono perché, forse, non si era comportata con me come avrebbe dovuto. Non riesco a esprimere il dolore che ho provato, mi si spezza il cuore.»[5]

Dato che la condizione della moglie non migliorava neppure al Sud, l'imperatore chiese aiuto alla cognata Elena. Per la sorella di Elisabetta, che nel frattempo si era felicemente sposata e aveva due figli, non fu una cosa semplice intraprendere il lungo e faticoso viaggio fino a Corfù. Ma l'amore fraterno ebbe la meglio, e infatti, subito dopo il suo arrivo, la salute di Sissi migliorò.

Elisabetta tornò a Vienna dopo un anno di permanenza a Corfù e a Venezia, una cura a Kissingen e una visita a Possenhofen, dove si trovava anche la sorella Maria Sofia che stava attraversando un momento difficile. La popolazione la ricevette con sentimenti contrastanti. Era ammalata oppure no? Compativano soprattutto l'imperatore, perché il destino gli aveva riservato una moglie così volubile.

Per Francesco Giuseppe, anche la situazione politica non era delle migliori. Nell'ottobre 1860 l'imperatore, malgrado la netta disapprovazione dell'arciduchessa Sofia che vi vedeva l'inizio del tramonto dell'impero, aveva fatto alcune concessioni al popolo. Tra queste la cosiddetta «Patente di febbraio», che prevedeva che in futuro avrebbe condiviso il potere con una Camera alta (composta sia da membri di diritto ereditario sia da membri eletti) e con una Camera dei deputati, composta da appartenenti alla curia.

Nella primavera del 1864 l'arciduca Ferdinando Massimiliano, fratello di Francesco Giuseppe, diventò re del Messico. Per tutta la vita aveva sofferto la sua condizione di fratello minore e, dopo la nascita del principe erede al trono, aveva fatto un passo indietro nella linea della successione. Essere comandante supremo della flotta austriaca e vivere nel castello di Miramare a Trieste, in riva all'Adriatico, non soddisfaceva né la sua ambizione né quella della moglie Carlotta, figlia del re del Belgio. Massimiliano Ferdinando, adesso re del Messico, non sapeva in quale impresa si era andato a cacciare accettando l'allettante offerta fattagli da Napoleone III, che sperava di accrescere il proprio potere nella regione avendo un governatore suo alleato. Sorretto da una minoranza di conservatori che millantava di aver sottomesso tutto il Messico e sostenuto dalla forza delle baionette francesi, Massimiliano Ferdinando entrò nella capitale. La realtà era ben diversa. Nel paese era in corso una guerra civile in cui prevalevano i repubblicani, e nessuno voleva un sovrano. Men che meno gli Stati Uniti, ai quali non piaceva l'idea di avere un re europeo davanti alla porta di casa. Perciò anche l'imperatore francese, incalzato dal suo Parlamento, perse interesse per il Messico e ritirò le proprie truppe. La fine fu quanto mai rapida. Circondato dai nemici, Massimiliano Ferdinando fu sconfitto e, in base alla legge marziale, fucilato come usurpatore.

La notizia, che giunse in Europa nel luglio 1867, ebbe sulla corte l'effetto di una bomba. Nessuno riteneva possibile che un indio di nome Juárez, che si era innalzato al potere sovrano, avrebbe osato far giustiziare come un delinquente comune un nobile, appartenente a una delle più antiche case regnanti. Francesco Giuseppe apprese quell'orrenda notizia con terrore e disperazione. Forse era angustiato dalla propria coscienza, dato che era stato lui a mandare il fratello in Messico dopo averlo pregato di rinunciare ai suoi diritti di arciduca austriaco. Massimiliano Ferdinando era molto amato, tant'è che parecchi lo avrebbero preferito a Francesco Giuseppe come imperatore austriaco. Inoltre era stato lo stesso Francesco Giuseppe a richiamare un contingente di volontari, che stava per salpare da Trieste in aiuto del sovrano in pericolo, perché gli Stati Uniti avevano posto il veto. L'Austria era veramente intimorita da una simile minaccia?

La morte di Massimiliano colpì soprattutto l'arciduchessa Sofia. Il secondogenito era sempre stato il figlio preferito, e non si sarebbe più ripresa da questo colpo del destino.

Ma adesso torniamo a parlare di Maria Sofia.

Maria Sofia regina di Napoli

La giovane regina aveva da tempo capito i segni dei tempi. Per salvare ciò che forse si poteva ancora salvare, era ormai arrivato il momento di trasformare lo Stato in una monarchia costituzionale e concedere più libertà al popolo ribelle. La suocera, però, rifiutava categoricamente questa idea. Era impensabile governare con il popolo, rinunciare al potere assoluto che Dio stesso concedeva ai re per diritto di nascita. Bisognava restare attaccati alla tradizione, a qualunque costo, e alla corte di Napoli bisognava restare attaccati al sostegno delle truppe svizzere. Maria Teresa non stabiliva soltanto lo stile della politica, i suoi intrighi raggiungevano anche la sfera più intima dei rapporti della giovane coppia. A proposito dell'ascesa al trono di Francesco II, il 29 maggio 1859 il «Münchner Neueste Nachrichten» scrisse: «Se il nuovo re di questa bella terra, cogliendo il momento favorevole, si unisse all'Austria, rinunciasse all'attuale sistema di governo e al dominio assoluto e prendesse in considerazione il volere del popolo, potrebbe essere di stimolo per gli altri Stati e gli altri governi dell'Italia, contrastando non soltanto il desiderio di guerra, di conquista e di predominio del bizzarro re di Sardegna, ma intralciando così anche gli odiosi piani di Napoleone».

Pare che il re Vittorio Emanuele II abbia fatto al sovrano napoletano una singolare proposta: lui avrebbe cacciato gli austriaci da Venezia e Napoli, in compenso, avrebbe ricevuto un pezzo del regno pontificio, un'offerta che Francesco rifiutò con sdegno. Per lui non esisteva alcuna unificazione italiana, esisteva soltanto l'unità di Napoli. Evidentemente non aveva ancora capito che il suo regno non era più unito, anzi non era neppure più un regno, dato che le truppe svizzere si erano ribellate e lo Stato si trovava ormai in piena rivoluzione.

Nel maggio 1860 Garibaldi intraprese la famosa «spedizione dei Mille», che in men che non si dica conquistò tutta la Sicilia. Soltanto la cittadella di Messina rimase fedele al re. Il numero degli insorti che seguirono Garibaldi aumentava di giorno in giorno e mostrava al mondo quanto fosse traballante il trono dei Borbone. Il 7 agosto venne diramato da Napoli il seguente comunicato: «Circa sessanta garibaldini sono sbarcati per organizzare la rivoluzione in Calabria». Gli ambasciatori dei vari Stati, prendendo atto della situazione, invitarono le loro famiglie ad andarsene. Il 21 agosto Garibaldi sbarcò sul continente. Ad accoglierlo andò non solo il popolo, ma anche l'esercito. Ben presto la situazione nella capitale diventò insostenibile.

Il 3 settembre il re rivolse un proclama all'esercito, o meglio a quanto ne era rimasto, che recitava: «Mi appello al vostro senso dell'onore, alla vostra fedeltà e alla stessa ragione perché possiate vendicare l'onta fatta alla libertà, la ferita del tradimento, mediante una serie di gloriose battaglie e di nobili imprese. Siete in numero sufficiente per fronteggiare il nemico che combatte soltanto con la seduzione e l'inganno. ... Permetterete che il vostro sovrano cada dal trono per colpa vostra e vi esporrete a una tale vergogna?».[6]

Nel contempo il re ordinò alle fortezze di Capua e di Messina di resistere. Tutti gli ufficiali della marina regia furono condannati per alto tradimento e destituiti. Fece eccezione soltanto l'equipaggio della fregata *Partenope*, che aveva portato il re a Gaeta.

I bollettini offrono il resoconto della situazione: «Il 4 settembre a Napoli è scoppiata la rivolta. A Sapri (nel golfo di Policastro) è stato proclamato il regno di Vittorio Emanuele. ... Firenze, 7 settembre. Il re si è imbarcato ieri sera alle 8 per Gaeta. È probabile che il re scioglierà il giuramento delle truppe. ... Il giorno successivo tutta la Calabria fu abbandonata dalle truppe del re. La ritirata minaccia di coinvolgere in breve tempo anche le altre province. ... La rivolta è qui molto più popolare che in Sicilia. Le masse si sollevano e prendono le armi».[7]

La difesa della fortezza di Gaeta

La coppia reale e la vedova con i nove figli avevano lasciato la capitale dello Stato e si erano ritirati nell'ultima fortezza che distava dieci miglia da Napoli ed era circondata da alte mura. Qui la famiglia risiedeva nell'antico palazzo dei Borbone. Due mesi dopo entrarono in città Garibaldi e Vittorio Emanuele II, che in quell'occasione fu proclamato re di Napoli. «La bandiera piemontese sventolava su tutte le fortezze di Napoli. Garibaldi trovò nell'arsenale un'"enorme" quantità di materiale e ottanta milioni in banca. Alla sera era tutto illuminato. Il nunzio e la maggior parte degli ambasciatori seguirono il re a Gaeta» riferì la stampa.

Le notizie relative all'esercito del re erano contraddittorie: secondo una versione, gli erano rimasti fedeli fra i 25.000 e i 30.000 uomini; secondo un'altra, l'esercito si era completamente dissolto.

Prima di partire per Gaeta, pare che Francesco II abbia avuto una violenta discussione con l'«energico» fratello, il conte di Trani, che pretendeva di difendere il trono fino all'ultimo sangue. In un messaggio giunto da Torino si poteva leggere: «Il re si oppose e rinunciò egli stesso ai suoi possedimenti».[8]

Vittorio Emanuele fece tabula rasa anche in campo economico. Tutti i beni della casa reale furono confiscati, tutte le terre che appartenevano al re o che aveva ereditato per maggiorascato furono dichiarate proprietà nazionale.

Una settimana dopo ebbe inizio il bombardamento di Gaeta, che durò tre mesi. Soltanto un battaglione di soldati francesi davanti alla costa impedì il blocco totale della città e garantì i rifornimenti necessari. Napoleone III era un po' a disagio di fronte al rapido rafforzamento dell'Italia. Nella fortezza si diffuse la fame e si propagarono i contagi. La regina vedova decise che ne aveva abbastanza. Stabilì perciò di abbandonare quella terra inospitale. Francesco e Maria Sofia attesero invece, nonostante le circostanze ostili, i bombardamenti e il dilagare di tifo e colera. Abitavano nella Favorita, avendo a disposizione soltanto l'essenziale, secondo la descrizione della contessa Larisch: una branda e un inginocchiatoio. Incurante della pioggia di fuoco e del pericolo, Maria Sofia stava in piedi sui bastioni della fortezza tenendo stretto in mano lo stemma gigliato dei Borbone. Correva in aiuto dei feriti, curava i malati e divideva le provviste con i soldati. Secondo una notizia riportata da un giornale di Baden-Baden, anche il cognato conte di Trani incitava i difensori e dava loro coraggio. Rimasero al loro posto finché non ci fu più nulla da fare.

Anche la cittadella di Messina oppose una strenua resistenza. Sempre secondo quanto riferirono i giornali, una fregata francese procurò gli approvvigionamenti per due mesi. Ormai, però, la fortezza di Gaeta era allo stremo. Un comunicato dell'8 gennaio affermava: «Da sabato il fuoco continua in modo spaventoso, le bombe hanno colpito molte case, il palazzo vescovile è crollato». E poco dopo: «Anche oggi fuoco infernale, rinforzato da circa venti mortai».

Era ormai arrivato il momento di pensare alla capitolazione. Dapprima Francesco II chiese una sospensione dei bombardamenti per una pausa di riflessione (si era rivolto direttamente a Napoleone III). Dopo il cessate il fuoco, l'assedio riprese con nuovo vigore il 20 gennaio e il 22 Gaeta veniva attaccata anche dal mare. La marina napoletana che aveva rifiutato di difendere Gaeta fu deferita al tribunale di guerra. Soltanto il nunzio apostolico e gli ambasciatori di Austria, Baviera, Sassonia e Spagna resistettero con i difensori, mentre i diplomatici russi, prussiani e portoghesi avevano fatto ritorno a Roma.

La resistenza della fortezza, comunque, non era ancora stata spezzata. Un comunicato del 25 gennaio proveniente da Gaeta ci ricorda i bollettini di guerra di tempi più recenti, nei quali molte notizie venivano «edulcorate»: «Martedì mattina fuoco terribile da terra. Metà delle batterie piemontesi sono state però annientate. Ci sono stati dieci morti e cinquanta feriti. L'entusiasmo dei soldati è incredibile». E il 31 gennaio: «Nella notte scorsa sono cadute duemila bombe sulla fortezza senza causare danni».

Anche la notizia di una polveriera saltata in aria fu minimizzata nella distruzione di un «piccolo magazzino provvisorio dove era riposta la polvere per due cannoni». «In molti punti ci sono stati danni limitati. Il fuoco nemico non ha centrato l'obiettivo». In ogni caso, «il re e la guarnigione sono imperturbabili».[9]

La realtà era invece diversa. Il fuoco concentrato da tutti i lati aveva distrutto molte case, ucciso due generali e provocato un gran numero di feriti. Cinquanta persone risultavano disperse a causa delle esplosioni. Bisognava cercare nuovamente un armistizio per curare i feriti, recuperare i dispersi e seppellire i morti. Il comandante dell'esercito piemontese concesse una tregua, che però interruppe quando furono riparate le brecce nelle mura della fortezza.

«Gaeta ha capitolato» comunicava un telegramma del 13 febbraio. «Il generale Enrico Cialdini occuperà domani la fortezza e la città dopo la partenza del re e della sua famiglia. La guarnigione rimarrà prigioniera di guerra fino alla resa di Messina e di Civitella del Tronto. La corvetta *Mouette* si recherà a Gaeta per imbarcare il re Francesco e la consorte.»

«I soldati piangevano, almeno la maggior parte, il re era immobile» si leggeva il 14 febbraio. «Quando la nave partì, la batteria della fortezza salutò il sovrano con ventun colpi di cannone. Le bandiere furono ammainate per tre volte e la guarnigione gridò "Viva il re".»[10] A Gaeta caddero 11.000 uomini e 25 generali furono fatti prigionieri, la fortezza fu depredata di una notevole quantità di materiali, tra cui 60.000 fucili. La città ne soffrì in modo straordinario. «La capitolazione arrivò all'improvviso» riportavano le notizie del 13 febbraio da Parigi. «Non ci si aspettava che gli assedianti avrebbero guadagnato terreno. Lo spirito delle truppe non è stato certamente consono al coraggio della regina, e i soldati non si sono battuti fino allo stremo delle forze.»

A proposito del coraggio e della risolutezza della regina Maria Sofia, il poeta Oskar von Redwitz ha composto una poesia piena di entusiasmo, nello stile dell'epoca. Le lettrici e i lettori non devono esserne privati.

L'eroina di Gaeta

Tu bella giovane regina
su un duro trono di roccia
i popoli guardano verso te
che porti una pesantissima corona.
Nella notte cupa del tradimento
come splendi luminosa sul paese,
come vigili forte e fedele
tu fiera in mezzo all'onta.

Tu eroina di Gaeta.
Voi tutti uomini spergiuri,
rossi di vergogna guardate verso il mare,
guardate la rocca di Gaeta,
la signora resiste, maestosa!
Il suo capo circondato da lampi rosso fuoco,
intorno volano schegge di metallo,
resiste e sorride in mezzo alla morte,
un nuovo cavaliere è nato.
Tu eroina di Gaeta.
Spesso il suo signore la spinge a fuggire,
lei rifiuta la vile fuga,
non brama salvarsi, vuol stare con lui,
con lui spartire ogni cosa.
Con la fedeltà vuol superare
per lui il tradimento del suo regno.
Essere conforto e consiglio,
per la monarchia vincere o morire.
L'eroina di Gaeta.
O regina della cavalleria,
hai solo diciannove anni,
nel nostro tempo così debole
così esperta in coraggio.
I tedeschi ti ringraziano,
pieni di stupore ti onorano,
tu perla delle principesse tedesche,
tu orgoglio splendente della Baviera.
Tu eroina di Gaeta.
Tu donna forte, così debole è il tuo corpo,
Tu regina dell'amore,
Tu diventerai la più fedele delle mogli
nel libro della storia.
E fulgido nell'aurea saga degli eroi
sempre brillerà il tuo nome,
resisti con l'aiuto di Dio, nella morsa del bisogno,
non lasciarti derubare della gloria.
Tu eroina di Gaeta.

Il re, la famiglia e la corte, o perlomeno chi in questo frangente poteva essere considerato appartenente alla corte, furono alloggiati nello Stato pontificio, nel quartiere che poi venne denominato Quirinale. In seguito il papa Pio IX mise a loro disposizione Palazzo Farnese, a custodia del quale fu posta un'unità di zuavi della guardia papale al comando del conte Armand de Lavayss.

Ma le battaglie non erano finite. Gaeta si era infatti arresa, ma il comandante della cittadella di Messina rifiutò la capitolazione. Si arrese soltanto il 13 marzo dopo un bombardamento da parte della flotta nemica durato quattro giorni. Cinque generali e cinquecento uomini furono fatti prigionieri, mentre il bottino fu di trecento cannoni.

Il re Francesco aveva già dato ordine alle fortezze e ai corpi volanti di sospendere l'inutile resistenza e di non spargere altro sangue. Ai suoi diplomatici nelle altre corti aveva però indirizzato una nota di protesta, nella quale «con amarezza estrema» osservava che le monarchie europee lo avevano piantato in asso.

L'ultimo baluardo del regno, la fortezza di Civitella del Tronto, si arrese il 21 marzo. L'edificio era ormai un ammasso di macerie.

L'imperatrice Elisabetta, che all'epoca si trovava a Madera, era estremamente preoccupata per la giovane sorella, dalla quale da tempo non riceveva notizie. Il benessere di Maria Sofia le stava molto a cuore. L'arciduchessa Sofia era invece più preoccupata del colpo mortale inferto al regno di Napoli che del destino della nipote. «Adesso anche l'ultima nostra consolazione, l'ultimo splendore del principio monarchico è scomparso»[11] scrisse dopo la triste fine di Gaeta. Per il suo coraggioso contributo alla difesa dell'ultima roccaforte dei Borbone, Maria Sofia ricevette dal papa l'ordine della Rosa aurea. Maria Sofia entrò dunque nella storia come «eroina di Gaeta».

Ma di lei parleremo ancora.

IL DUCA MEDICO

Matrimonio del duca Carlo Teodoro in Baviera con la principessa Sofia di Sassonia

Carlo Teodoro duca in Baviera, il secondogenito del duca Max e di Ludovica, era nato nel 1839, meno di due anni dopo Elisabetta: questa esigua differenza d'età aveva fatto di lui il compagno di giochi preferito della sorella maggiore. Era il fratello prediletto ed era anche il figlio preferito della madre Ludovica. In famiglia veniva soprannominato «Gackel», pulcino.

La ragione di tale appellativo è sconosciuta, ma c'è un aneddoto che lo riguarda. Una volta la duchessa Ludovica spedì a Ischl un telegramma per annunciare il suo arrivo: «Imperatrice Elisabetta. Vengo con Gackel e Spatz». («Spatz», passerotto, era il nomignolo della figlia Matilde, perché era molto delicata di salute e aveva una voce esile.) La duchessa pensava di essersi spiegata, ma l'impiegato dell'ufficio postale non conosceva i soprannomi dei ragazzi e interpretò il telegramma a modo suo. Anziché all'imperatrice inviò il telegramma all'hotel Elisabeth, il cui direttore mandò diligentemente alla stazione un cameriere con due gabbie per sistemare gli uccelli che dovevano arrivare...

Il giovane duca mostrò subito diversi interessi e una predilezione per la natura, le lingue straniere e la musica, in particolare per il violino. Nel marzo 1857 iniziò secondo la tradizione il servizio nell'esercito, dove anche un principe della casa Wittelsbach doveva percorrere tutti gli stadi: quattro settimane come soldato semplice e otto settimane come caporale, alloggiato nei dormitori comuni. Quando fu promosso ufficiale, seguì le lezioni sui princìpi elementari dell'arte della guerra, tattica e strategia. Raggiunta la maggiore età, gli venne conferito l'ordine di Sant'Uberto e in seguito, dall'imperatore Francesco Giuseppe, anche l'ordine del Vello d'oro. Successivamente dovette presentarsi per la prima volta a corte per il ricevimento ufficiale del nuovo anno. Dato che il fratello Luigi aveva rinunciato ai diritti di primogenitura nel 1859, questi ultimi furono trasferiti a lui, che ne ricevette notevoli benefici finanziari. Come maestro di cavalleria fu comandante del 1° squadrone nel 1° reggimento corazzieri.

Nel 1864 Carlo Teodoro cominciò a cercar moglie e l'11 febbraio 1865 si sposò a Dresda con la principessa Sofia di Sassonia, figlia del re Giovanni di Sassonia e della regina Amalia, figlia del re Massimiliano I di Baviera. Anche se la sposa aveva messo in subbuglio la nuova famiglia, la bella imperatrice Elisabetta, con un vestito bianco trapuntato di stelle e con un'acconciatura di diamanti a forma di stella, attirò su di sé tutti gli sguardi durante il ballo a corte. Anche dopo il matrimonio Carlo Teodoro rimase nell'esercito. Nel 1866 prese parte alla guerra, poi terminò il suo servizio di ufficiale rinunciando allo stipendio e alla pensione.

Nel 1865 alla giovane coppia nacque una figlia che ricevette il nome di Amelia. Dopo il parto Sofia accusò problemi respiratori e una notevole debilitazione fisica, e ci volle molto tempo prima che si ristabilisse. Un anno dopo fu colpita da una grave influenza, che il suo corpo non riuscì a superare.

«La duchessa Sofia è morta ieri sera» riferì il «Münchner Neueste Nachrichten» il 10 marzo 1867. «Il decesso così improvviso della nobile donna, che aveva eccellenti doti d'intelletto e di cuore, fu dolorosamente accolto in tutti gli ambienti.» La duchessa Sofia aveva soltanto ventidue anni.

Lasciava un marito profondamente addolorato e una bimba di un anno e mezzo.

La morte della moglie produsse un grande cambiamento in Carlo Teodoro, il quale si rese conto che in futuro non poteva limitarsi ad amministrare i suoi possedimenti. Desiderava dare un senso alla sua esistenza, voleva essere utile agli altri uomini e poter star vicino alla gente. Anni prima si era recato a Milano con la madre per andare a trovare Sissi e aveva visitato anche l'ospedale, rimanendo profondamente colpito dalle sofferenze dei malati. La morte di Sofia, della quale era stato un impotente spettatore e per la quale non aveva potuto fare nulla, rafforzò il suo desiderio di studiare medicina. La famiglia si oppose subito e a gran voce. Voleva studiare? Diventare medico? Non era un'occupazione degna di un principe e di un erede del ducato in Baviera, si diceva da ogni parte. «Un principe può soltanto fare l'ufficiale» così si esprimeva il parere sfavorevole dei parenti. E poi che cosa serviva a un principe avere un'occupazione? Il lavoro era per i borghesi, per la gente semplice che deve guadagnarsi da vivere, non certo per un appartenente all'antico casato dei Wittelsbach. Ma Carlo Teodoro non si lasciò sviare. Incoraggiato dai suoi professori dell'università, realizzò il suo desiderio. Nessuna sofferenza fisica, dalle quali venne spesso colpito negli anni seguenti, poté distoglierlo da quel proposito. Le giornate erano piene di studio e di lavoro scientifico, tutto il resto passava in second'ordine. Spesso non aveva tempo neppure per andare a trovare la sorella Sissi, e di questo si dispiaceva.

Secondo matrimonio con la principessa Maria José di Braganza

Due anni dopo la fine degli studi, terminati con notevole successo, per Carlo Teodoro suonarono ancora una volta le campane delle nozze. Era il 1874.

La prescelta era la principessa Maria José di Braganza, figlia dell'ex re Michele del Portogallo e di una principessa di Löwenstein. L'ex re di Napoli Francesco, che nel frattempo era andato ad abitare nel castello Garasthausen sul lago Starnberger, gli aveva fatto conoscere quella bellissima e intelligente ragazza. Anche se aveva soltanto 16 anni, Maria José era molto più matura della sua età e riscuoteva in tutti una grande simpatia. Anche Carlo Teodoro si sentì attratto da lei. Il 22 febbraio 1875 Maria José diede alla luce una bambina che venne chiamata Sofia. Il 25 luglio 1876 nacque una seconda figlia, Elisabetta. Anche la terza figlia, Maria Gabriella, nata il 9 ottobre 1878, non era l'atteso erede maschio.

Nel frattempo Carlo Teodoro aveva aperto con il dottor Anton Mayer uno studio nel castello di Possenhofen dove curava, in parte gratuitamente, i malati che abitavano nei dintorni. Anche le sorgenti d'acqua minerale di Kreuth erano state messe gratuitamente a disposizione dei pazienti nullatenenti. La notizia del talento del duca medico si sparse come il vento. In breve lo studio ebbe un'enorme affluenza di pazienti, sicché il programma della giornata era imponente. Molti pazienti non sapevano come dovessero rivolgersi a questo dottore-duca e talvolta creavano delle curiose espressioni. Così una volta uno di loro lo chiamò «Signor stimatissimo», e questo provocò uno scoppio di risate.

La pratica medica logorante, esercitata in diverse specializzazioni, fra l'altro anche nell'Istituto per malati mentali e psicopatici del professor Gudden, si rivelò davvero troppo pesante. Nel 1878 Carlo Teodoro si ammalò di tosse convulsa con preoccupanti sbocchi di sangue e gli fu quindi consigliato un soggiorno al Sud. Dato che il tempo che trascorse a Nervi non diede i risultati sperati, dopo la nascita di Maria Gabriella tutta la famiglia si trasferì a Mentone, dove finalmente il duca medico trovò l'ambiente di lavoro che lo avrebbe reso famoso.

UN CONTE VENUTO DAL BELGIO

Maria Sofia regina di Napoli a Roma

Si chiamava Armand de Lavayss e comandava le truppe degli zuavi della guardia papale che prestava servizio davanti al Palazzo Farnese a Roma, dove, come abbiamo detto, alloggiavano l'ex re di Napoli Francesco II e la moglie, dopo la fuga da Gaeta. Maria Sofia si sentiva ancora più infelice che a Napoli.

Anche se durante la permanenza a Gaeta era stata oggetto di grandi attenzioni e aveva ricevuto parecchi riconoscimenti e auguri di felicità da ogni parte d'Europa, l'interesse per la sua persona andava gradualmente scemando. Dopo la caduta di Gaeta, molti dignitari e nobili fedeli al re avevano seguito la coppia reale a Roma, che in pochi giorni, come è stato osservato, sembrava essersi trasformata in una città napoletana. Tuttavia, quando a poco a poco gli altri Stati europei, come la Russia e la Prussia, riconobbero il re d'Italia, il re di Napoli – ormai un re senza regno – perse ogni attrattiva. Nel 1859 i governatori absburgici degli Stati dell'Italia settentrionale e centrale, come il granduca di Toscana e il duca di Modena, erano già tornati in Austria, la loro terra d'origine, dove percepivano un appannaggio dal fondo di famiglia che spettava loro per decreto. Anche il duca di Borbone-Parma aveva dovuto accordarsi, volente o nolente, con il nuovo regime. Divideva il suo tempo tra il castello di Pianore e quello di Schwarzau, in Austria. Erano in pochi a credere veramente che il re Francesco avesse ancora una possibilità di tornare sul trono. Insomma, a parte poche eccezioni, la tendenza fu quella di seguire la corrente, allearsi al nuovo re e tornare ai propri possedimenti.

Adesso Maria viveva separata dal mondo esterno ed era sgomenta, disperata, ancora indebolita dalle fatiche dell'assedio di Gaeta. Come se non bastasse, l'odiata suocera viveva nella stessa casa e continuava a tormentarla come prima. L'unica sua vera amica era la sorella Matilde, soprannominata – come detto – «Spatz».

Matrimonio di Matilde, duchessa in Baviera

Nel frattempo Matilde si era sposata con il fratellastro minore del re Francesco, il conte di Trani. Già il 1° giugno 1861 il «Münchner Neueste Nachrichten» aveva dato la notizia dell'arrivo dello sposo, che in quell'occasione ricevette dal re di Baviera la più alta onorificenza della corte: l'ordine di Sant'Uberto. Il matrimonio fu celebrato a Monaco la sera del 5 giugno nella chiesa di Ognissanti. Si suppone che le trattative che portarono al matrimonio e i preparativi per le nozze fossero iniziati quando ancora esisteva il regno di Napoli. Ci si domanda, tuttavia, quale motivo abbia spinto il duca in Baviera e la moglie a far sposare un'altra figlia alla corte di Napoli, sul futuro della quale, già al momento dei primi contatti in vista del matrimonio, si addensavano nuvole gigantesche.

I matrimoni delle due sorelle erano molto diversi quanto a ceto sociale, sicché sia la corte sia la stampa ne presero atto. Quello per procura di Maria Sofia, con tutte le sue implicazioni di protocollo, aveva suscitato maggiore interesse, anche perché lo sposo era un futuro re. Il conte di Trani, invece, era solo il fratello minore di un sovrano. Egli si comportava come un giovane amante della vita, i cui principali interessi erano i negozi di liquori e le donne, e non prendeva il matrimonio seriamente. Condivideva il destino della maggior parte dei figli di stirpe principesca, per i quali era la famiglia a combinare il matrimonio. Matilde non era certo stata fortunata sposando quest'uomo che oggi definiremmo un playboy.

Il giorno dopo le nozze la coppia, come riferito dai giornali, aveva lasciato Monaco alle 6 del mattino per recarsi a Marsiglia dove si imbarcò su un piroscafo a vapore spagnolo alla volta di Civitavecchia. I fratelli minori di Matilde – la sorella Sofia Carlotta e il principe Massimiliano Emanuele – accompagnarono gli sposi fino in Svizzera. I giornali riferivano inoltre che il duca Max e i duchi Luigi e Carlo Teodoro avevano preso congedo alla stazione di Monaco e che il corredo della sposa era stato spedito a Marsiglia già dal giorno precedente.

Maria Sofia ebbe la gioia di poter salutare la sorella a Roma, ma era sempre più inquieta. Furono pubblicate delle sue foto che la mostravano in abbigliamenti audaci. Molti le considerarono autentiche, dal momento che lei non aveva tempestivamente proclamato e dimostrato la sua estraneità. Quelle immagini erano in realtà dei falsi, che ritraevano donne del demi-monde parigino.

Ferdinand Gregorovius, nei suoi *Diari romani* pubblicati nel 1892, riporta l'opinione diffusa che la regina Maria Sofia e la contessa di Trani avessero matrimoni infelici, ma non risparmia le critiche: «L'ex regina va ancora sempre, la sera, in vettura sul Corso con sua sorella, e si espongono troppo alla folla. Cavalca, fuma, tira di pistola nel Quirinale, guida dal sedile il tiro a quattro. L'infelice ex re a sua volta si fa spesso vedere in qualche vettura da piazza...».[1]

Maria Sofia aveva all'epoca vent'anni, era una donna nel pieno della giovinezza e la sua bellezza aveva colpito anche l'arciduchessa Sofia. «Negli occhi tanto belli c'è un'espressione di dolce melanconia che li rende, se possibile, ancora più belli»[2] scrisse quando la nipote si era fermata a Vienna durante il suo viaggio verso l'Italia. La regina di Napoli era ormai sposata da due anni, ma il rapporto con il marito non era assolutamente cambiato. Il re era «assai poco dotato per quanto riguarda l'amore coniugale»,[3] secondo il giudizio di Maria di Sassonia. Le difficoltà all'interno della coppia reale non erano un mistero per i parenti. Non ci si stupiva quindi che fosse frustrata. Era sposata, ma di fatto non lo era. Era giovane e piena di vita, e desiderava l'amore. Oltretutto era curiosa di sperimentare quello che le sue sorelle conoscevano da tempo e che lei non aveva ancora vissuto.

Una relazione e le sue conseguenze

Improvvisamente giunse un uomo nella sua vita. Era giovane, affascinante nella sua uniforme, e mostrava interesse per la regina sposata ma non ancora «sposata». È molto probabile – le voci circolavano allora come oggi – che conoscesse il segreto del suo matrimonio. Accadde così ciò che doveva accadere. Maria Sofia ex regina di Napoli e il conte Armand de Lavayss si innamorarono perdutamente con tutte le conseguenze del caso, come apprendiamo dal libro *Die Heldin von Gaeta* (L'eroina di Gaeta) scritto dalla contessa Larisch.

In realtà, Maria Sofia non era ancora sposata perché il matrimonio non era stato consumato. Anche per la Sacra Rota, il severo tribunale papale che ha la facoltà di sciogliere i matrimoni cattolici, questo era un motivo che avrebbe consentito l'annullamento dell'unione coniugale. Maria Sofia, però, non avrebbe mai osato percorrere questa strada. Ma l'amore aguzza l'ingegno. Il parco era grande, le notti estive calde, il palazzo molto spazioso. Il re Francesco leggeva la Bibbia, pregava e non si accorgeva se la moglie andava o veniva. Secondo quanto scrive la contessa Larisch, all'epoca il parco di Palazzo Farnese arrivava fino al Tevere. Il conte Armand poteva raggiungere tranquillamente l'amata dal fiume, mentre Matilde, contessa di Trani, stendeva la sua ala protettrice sulla coppia e nascondeva gli incontri segreti.

Neppure Matilde era un esempio di virtù. Si racconta di una sua relazione con un grande di Spagna, probabilmente il marchese di Lama, Salvador Bermúdez de Castro. Assiduo frequentatore della coppia reale, era stato visto spesso in pubblico insieme alle due sorelle. Anche nel matrimonio di Matilde non regnava l'armonia. E la cosa non deve stupire se si considera quanto abbiamo detto del marito, il gaudente conte di Trani. In tale contesto, la duchessa Ludovica osservò a proposito delle due figlie: «Mi sarei augurata per loro dei mariti con un po' più di carattere e capaci di guidarle, una cosa di cui entrambe hanno ancora molto bisogno; ma per quanto bravi, i due fratelli non sono certo un sostegno per le rispettive mogli».[4]

L'amore fra Maria Sofia e il conte Armand non fu privo di conseguenze. La giovane rimase incinta e questo fu una tragedia. Siccome era impossibile ricorrere a una menzogna e attribuire la paternità del bambino all'impotente ex re, le due sorelle intravidero un'unica via d'uscita: tornare a casa in Baviera, a Possenhofen.

L'arrivo a Monaco non passò inosservato. «La regina di Napoli e la contessa di Trani sono arrivate ieri sera alle 9» scrisse il «Münchner Neueste Nachrichten» l'8 luglio 1862. A riceverle alla stazione c'erano il duca Max in Baviera con i figli Luigi, Massimiliano Emanuele e Sofia Carlotta. «Sei studentesse della scuola femminile in abito da cerimonia recavano un mazzo di fiori, e la carrozza di corte era festosamente addobbata.»

Per Maria Sofia non sarà stato facile ricevere nel palazzo paterno i saluti dei reali di Baviera e partecipare a una cena di famiglia, prima di giungere finalmente a Possenhofen dove vuotò il sacco. Non sappiamo se la duchessa Ludovica fosse già a conoscenza del passo falso della figlia e delle sue conseguenze, oppure se lo venne a sapere soltanto in quel momento. In ogni caso, non è necessario avere molta fantasia per immaginare quanto fosse inorridita. Soltanto il marito, «Zithermax», conservò la calma. «Be', son cose che capitano» disse. «A che serve fare tanto chiasso?»[5] Il dottor Fischer, medico del re di Baviera, confermò la gravidanza e dichiarò che Maria Sofia, a causa di un «mal di petto», non poteva mettersi in viaggio. In questo modo si sperava di far passare il tempo necessario per la nascita del bambino, che ovviamente doveva restare segreta. Dopodiché Maria Sofia sarebbe potuta tornare dal marito, come se non fosse successo nulla. La giovane era certamente in uno stato di prostrazione. Alla sfortuna che si era procurata da sola si aggiungeva il dolore per la separazione dall'uomo che amava. Non poteva darle una mano neppure Sissi, che in quel momento era a Kissingen per curarsi e che poi si presentò a Possenhofen accompagnata da uno stuolo di dame di compagnia e di servitù. Sua sorella Elena si precipitò da Regensburg e si fermò anche l'imperatore Francesco Giuseppe, di passaggio da uno dei suoi viaggi. Nel frattempo Maria Sofia e Matilde furono raggiunte dal marito di quest'ultima, il conte di Trani. Non sappiamo se anche gli uomini furono messi a parte del segreto.

Le cinque figlie e le loro chiacchiere, Ludovica e le sue accuse, il medico che veniva a curare l'infelice Maria Sofia, tutto quell'improvviso trambusto diventò ben presto insopportabile per il duca Max, il quale fece capire alle figlie in modo inequivocabile che dovevano lasciare la casa. La stampa riferisce di un periodo di cure passato dalla regina di Napoli a Bad Ems e poi a Bad Soden, e di un suo soggiorno nel castello Taxis, a Passau. Evidentemente queste notizie venivano comunicate per nascondere la verità. Perché la giovane regina si tratteneva così a lungo in Baviera, lontano dall'amato consorte? Infine Maria Sofia si stabilì nel castello di Biederstein, al riparo da sguardi indiscreti. Qualunque tipo di contatto con l'amante le era proibito. Per fermare il re Francesco, che diventava sempre più impaziente, il dottor Fischer gli spediva in continuazione dei certificati medici attestanti che la regina – purtroppo – non si era ristabilita e non poteva intraprendere il faticoso viaggio verso Roma. Il re non era il solo a stupirsi del fatto che il «mal di petto» potesse essere curato meglio nel freddo autunno bavarese che nel soleggiato Sud. Il 1° ottobre la stampa riferì che Maria Sofia, in compagnia del fratello Luigi, avrebbe fatto un «pellegrinaggio» ad Altötting. Ai primi di ottobre l'ex regina di Napoli si recò ad Augusta. Scrisse a questo proposito l'«Augsburger Zeitung»: «Non siamo sorpresi dall'apprendere che oggi la regina Maria Sofia è giunta di buon'ora ad Augusta e ha preso temporaneamente alloggio nel monastero di Sant'Orsola. Che il Signore ... conceda nuovamente alla sofferente la salute del corpo e la pace dell'anima». La corte confermò che la regina, dopo la tragica caduta di Gaeta, versava in gravissime condizioni di salute e necessitava di pace e riposo assoluti, e che per questo motivo si era ritirata nel convento.

L'8 ottobre il segretario dell'ambasciata austriaca a Monaco, Zwierzina, scrisse al ministro degli Esteri austriaco conte Rechberg: «La stretta parentela tra la corte imperiale e la famiglia di Sua Altezza il duca Max in Baviera non mi impongono, credo, il dovere di conoscere gli stretti rapporti della casa imperiale. In considerazione del fatto che ieri la stampa ha dato notizia di un avvenimento relativo alla famiglia, credo però di essere autorizzato a riferire rispettosamente a Vostra Eccellenza. Subito dopo l'arrivo della regina di Napoli da Roma, ella sembrava in buone condizioni di spirito, anche se gravata da un'evidente sofferenza psichica. È ancora più sorprendente quindi la notizia di ieri circa l'ingresso della regina nel monastero delle Orsoline ad Augusta. ... Questo è il testo del telegramma che oggi, in seguito alla mia richiesta al ministro del Culto, è stato spedito dal vescovo di Augusta: "La regina di Napoli si trova da ieri alle 7 nel monastero di Sant'Orsola e vi rimarrà fino a data da destinarsi. Finora non siamo a conoscenza di una richiesta di ingresso in quell'ordine religioso". Fin dall'inizio la questione è stata piuttosto sgradevole. Non può proseguire...».[6]

Il 10 ottobre Zwierzina scrisse ancora una volta al conte Rechberg: «Sua Maestà il re di Baviera è riuscito a convincere la regina di Napoli a tornare a Roma, ma ella desidera restare ancora un po' in convento. ... Tutta questa situazione forse si risolverà senza grande scalpore e commenti malevoli...».[7]

La gente si interrogava sul futuro di Maria Sofia. Sarebbe rimasta in convento per sempre? Sarebbe tornata dal marito a Roma? O cos'altro avrebbe fatto?

L'8 ottobre la coppia reale bavarese si recò ad Augusta. L'obiettivo del viaggio non venne reso noto, ma è facile supporre che abbiano fatto visita a Maria Sofia. Anche il cardinale Grassellini, in viaggio da Roma verso Monaco, si fermò ad Augusta, apparentemente per andare a trovare l'ex regina di Napoli. Il 25 ottobre il «Münchner Neueste Nachrichten» riferì: «La regina di Napoli è attesa a Roma. Il re Francesco ha fatto di tutto per cercare di distoglierla dal progetto di restare in Germania. Alla regina non piace vivere in Italia, poiché è oggetto di continui attacchi da parte della stampa. Non può andare a teatro, deve rinunciare alle passeggiate, che erano diventate per lei un rito, e deve evitare di trovarsi in luoghi molto affollati. La vita di famiglia a Roma è poco interessante. Il re Francesco è un uomo debole e non ha nulla di quanto possa attrarre una giovane donna. La regina trascorre le serate dalla sorella, la contessa di Trani, senza poter vedere altre persone. Sua Maestà non è una donna che possa trovare conforto nel frequentare le chiese, recitare il rosario o leggere testi di pietà religiosa. Pur avendo ricevuto un'educazione di prim'ordine, la sventura del consorte non le ha permesso di far risplendere tutto il suo valore. È sfortunata perché è regina ... Anche la contessa di Trani è scontenta della sua situazione. In seguito ai sequestri operati dal regno italiano della porzione di appannaggio derivante dai fondi statali, le entrate del re si sono notevolmente ridotte». Il 17 novembre la stampa diede notizia di una visita dei reali di Baviera a Maria Sofia ad Augusta, e di quella successiva dell'arcivescovo di Monaco.

Nascita segreta ad Augusta

Il 24 novembre 1862, nel convento di Sant'Orsola, Maria Sofia diede alla luce una bambina, che poco dopo fu data a balia in un paese di montagna, prima di essere definitivamente affidata al padre naturale. Il battesimo fu impartito dal cappellano Türk, un personaggio che abbiamo già incontrato.

Il 29 novembre venne data notizia di un'altra visita ricevuta dalla regina ad Augusta. Si può supporre che almeno la duchessa Ludovica si sia recata a trovare la figlia e l'indesiderata nipote. Nel suo libro la contessa Larisch riferisce una storia avventurosa. Maria Sofia avrebbe dato alla luce non una bambina, ma una coppia di gemelli. Descrive anche molto vivacemente, ancorché con una certa licenza poetica, il disperato tentativo del conte Lavayss di mettersi in contatto con l'amata. L'incontro sarebbe potuto avvenire soltanto segretamente, dato che il conte era sorvegliato dalla polizia per ordine del re Massimiliano il quale temeva che potesse creargli delle difficoltà. Secondo la contessa Larisch, Lavayss giunse ad Augusta molto raffreddato a causa dell'inclemente clima bavarese e in tristi condizioni. Non poté vedere né l'amata né i bambini, quindi ripartì senza aver concluso niente. Quando ricevette la sua lettera, Maria Sofia era in preda a una «profonda melanconia»... La verosimiglianza di tale racconto è molto dubbia. Che cosa accadde in seguito ai due gemelli, sempre secondo la contessa Larisch, verrà raccontato più avanti.

Dopo un iniziale rifiuto di tornare dal marito, Maria Sofia decise di ripartire da zero. Voleva tornare a Roma e raccontare tutto a Francesco, a condizione però che non fosse presente la regina madre.

Il 1° aprile ricevette nel castello di Biederstein il corpo diplomatico e, alcuni giorni dopo, ebbe luogo il solenne pranzo d'addio, a cui parteciparono tutti i componenti delle Case Reali. All'imponente bagaglio, già spedito a Marsiglia, si aggiunsero due «meravigliosi cavalli da corsa», un regalo del re Massimiliano. L'8 aprile, a Monaco, giunse il momento dell'addio. Il re e la regina scortarono Maria Sofia fino ad Augusta, alcuni fratelli e parenti fino a Lindau, prima fermata del suo viaggio.

L'11 aprile Maria Sofia arrivò a Marsiglia, dove si imbarcò su una fregata alla volta di Civitavecchia. Qui l'attendevano il marito e il conte e la contessa di Trani, che avevano lasciato Monaco già alla fine di settembre. Vale la pena ricordare che il nome della fregata era *La Conception*.

La regina confessò al marito le sue colpe, ma non nascose quelle del consorte. Come marito, anche lui aveva dei doveri, che aveva colpevolmente tralasciato per anni. L'ex re probabilmente riconobbe le proprie responsabilità, tant'è che finalmente si sottopose all'operazione che permise che il matrimonio venisse consumato e la coppia ritrovasse una certa armonia.

Il 24 dicembre 1869 a Roma, alla presenza della sorella Sissi, Maria Sofia diede alla luce una bambina. Battezzata con il nome di Maria Cristina Pia, morì alcuni mesi dopo a causa della negligenza di una bambinaia. Forse fu questo il motivo per cui l'ex re di Napoli e la moglie lasciarono definitivamente la Città Eterna e si trasferirono a Parigi, prima nel quartiere Saint-Mandé e poi in una villa a Neuilly, in boulevard Maillot, concedendosi però frequenti soggiorni in Baviera.

Guerra tra Austria e Prussia

A Vienna c'era un Parlamento ridotto rispetto a quello formato nel 1861. I cechi protestavano per l'ingiusta ripartizione dei mandati tra loro e i tedeschi, mentre gli italiani e gli ungheresi ne erano completamente al di fuori. Questi ultimi volevano prendere decisioni sugli interessi comuni della monarchia soltanto nel loro Parlamento. Francesco Giuseppe era in verità re dell'Ungheria, ma «re ereditario», senza corona. Dato che soltanto i magnati ungheresi potevano incoronarlo con la corona di Stefano, avrebbe dovuto rinunciare a un governo e a un Parlamento che rappresentasse tutto l'impero. Questo era un prezzo che Francesco Giuseppe non voleva pagare, almeno non ancora. Il contrasto tra l'imperatore e il partito dei nobili restava quindi aperto.

I viennesi non erano particolarmente interessati alle problematiche ungheresi. Dopo l'abbattimento delle mura cittadine, la costruzione del Ring tutt'intorno alla capitale dell'impero aveva fatto enormi progressi. Nel 1865 ne venne inaugurato il primo tratto con una festosa cerimonia alla presenza della coppia imperiale, e in quell'occasione Vienna fu attraversata dal primo tram a cavalli. Le imprese edilizie erano subissate dalle richieste, le industrie spuntavano come funghi e facevano affari d'oro. Soltanto gli operai dovevano lavorare dal mattino alla sera ed erano costretti a vivere alla giornata.

Poi venne la guerra. Nel 1864 l'Austria condusse una piccola campagna militare nello Schleswig-Holstein, ma in seguito il fronte si ampliò e l'attacco si diresse contro la Prussia. A Berlino, dove nel 1861 era salito al trono Guglielmo I, il cancelliere Bismarck fece in modo che il riarmo dell'esercito prussiano avvenisse anche contro la volontà dei deputati, mentre proprio nello stesso anno l'Austria ridusse gli stanziamenti per la difesa del 30 per cento. Ufficialmente l'oggetto del contendere riguardava tasse e spese per lo Schleswig-Holstein, in realtà si trattava del potere e del predominio in Germania. Alla fine del febbraio 1866 il Consiglio della corona prussiano decise la guerra contro l'Austria e in aprile venne stipulato un accordo italo-prussiano. L'unificazione dell'Italia doveva andare avanti.

Da quel momento in poi, all'Austria andò tutto storto. I suoi alleati, la Sassonia e la Baviera, non riuscirono a trovare una linea comune, e per il generale Benedek, al quale era stato affidato il comando delle operazioni contro la Prussia, l'Italia era un territorio più familiare che la Boemia. A questo si aggiunsero i fucili ad ago, un'arma molto efficace, che l'Austria non si era decisa a comprare. Accadde così quanto doveva accadere. La battaglia di Königgrätz fu una disfatta. E non servì a nulla che l'arciduca Alberto avesse sconfitto gli italiani rimasti a Custoza, e che l'ammiraglio Tegetthoff li avesse battuti in una battaglia navale a Lissa: Venezia dovette essere abbandonata (come prevedeva un trattato segreto con cui Francesco Giuseppe aveva comprato la neutralità della Francia). Due anni prima il re Vittorio Emanuele II aveva offerto 400 milioni di fiorini per Venezia e il Sudtirolo. Anche se quella terra ribelle richiedeva continui esborsi di denaro, l'imperatore Francesco Giuseppe aveva respinto indignato quella transazione. E anche da vecchio rifiutò un commercio di quel tipo.

Intanto le truppe prussiane avanzavano verso Vienna e la popolazione era in preda al panico. Chi poteva abbandonava la città. A corte e a Schönbrunn si facevano le valigie, nella stanza del tesoro le cose preziose venivano messe nei bauli e spedite per nave in Ungheria. Anche Elisabetta si recò a Budapest con i figli, con grande rabbia della suocera che detestava profondamente quella nazione e quel popolo. E forse proprio per questo Elisabetta amava l'Ungheria, un amore che sarebbe durato per tutta la vita. Lo splendore della corte, il lusso dei magnati, l'eleganza degli ufficiali con le giacche bordate d'oro, gli audaci e decisi cavalieri le piacevano sicuramente di più del rigido cerimoniale della corte viennese.

Nel 1741 la giovane imperatrice Maria Teresa, minacciata dai nemici, si era rivolta all'Ungheria per ricevere aiuto. Probabilmente non soltanto a Vienna, ma anche a Budapest si ricordarono di quel precedente di fronte alla bella e giovane donna smarrita che cercava rifugio per sé e i suoi figli.

Elisabetta aveva una dama di compagnia ungherese, una lettrice ungherese e parlava ungherese. Ed era soprattutto questo che colpiva i magnati, perché l'ungherese è una lingua difficile, incomprensibile nel resto del mondo. L'imperatrice venne quindi salutata in Ungheria con grandissimo entusiasmo.

Ma non furono soltanto i magnati a rimanere colpiti dall'imperatrice, ben presto anche lei fu in loro balìa. E la ragione si chiamava Andrássy.

Il conte Gyula Andrássy

Il conte Gyula Andrássy era uno degli uomini che nel 1848 aveva partecipato alla rivoluzione, sanguinosamente domata con l'aiuto della Russia. Lo zar Nicola I aveva esortato alla clemenza l'allora diciannovenne imperatore, ma il generale conte Haynau aveva adottato la linea dura. «Prima vogliamo appenderne un po'» aveva affermato in quell'occasione. Tredici ribelli furono giustiziati per alto tradimento, un episodio che gli ungheresi non avevano mai dimenticato. Non tutti i ribelli, però, conobbero questo triste destino, alcuni riuscirono a sfuggirvi in tempo. Allorché le truppe imperiali ebbero riconquistato Buda, Andrássy

Ludovica, duchessa in Baviera (1808-1892), nata principessa di Baviera, madre dell'imperatrice Elisabetta («Sissi») d'Austria e di altri sette figli.

Il padre di Elisabetta: Massimiliano Giuseppe («Max»), duca in Baviera (1808-1888), 1850.

La madre di Elisabetta: Ludovica, duchessa in Bavier

L'arciduchessa Sofia d'Austria (1805-1872), nata principessa di Baviera, madre dell'imperatore Francesco Giuseppe d'Austria e zia materna di Sissi.

Luigi, duca in Baviera (1831-1920),
e Henriette Mendel, poi baronessa di Wallersee, 1859.

Elena («Néné»), duchessa in Baviera (1834-1890),
dopo il matrimonio principessa di Thurn und Taxis.

L'imperatrice Elisabetta d'Austria incoronata regina d'Ungheria, 1867.

Il famoso ritratto dell'imperatrice Elisabetta
eseguito da Franz Xaver Winterhalter, 1864.

Francesco Giuseppe, imperatore d'Austria (1830-1916),
ritratto da Franz Xaver Winterhalter, 1864 ca.

L'imperatore Francesco Giuseppe
e Sissi all'epoca del loro fidanzamento,
1853.

Il principe ereditario Rodolfo
(1858-1889), in uniforme ungherese,
1888.

La baronessa Mary Vetsera,
all'epoca del primo incontro
con il principe ereditario Rodolfo,
1888.

La contessa Maria Luisa Larisch,
figlia del duca Luigi in Baviera,
1876.

Maria Sofia, duchessa in Baviera (1841-1925),
regina di Napoli e delle Due Sicilie.

Maria José, principessa di Braganza (1857-1943),
seconda moglie di Carlo Teodoro, duca in Baviera.

Sofia Carlotta, duchessa in Baviera (1847-1897),
dopo il matrimonio duchessa d'Alençon.

Carlo Teodoro, duca in Baviera (1839-1909), medico oculista
e fondatore dell'omonima clinica oftalmica di Monaco, 1879 ca.

Matilde, duchessa in Baviera (1843-1925), dopo il matrimonio contessa di Trani.

Maria Teresa (a destra), figlia della contessa Matilde di Trani.

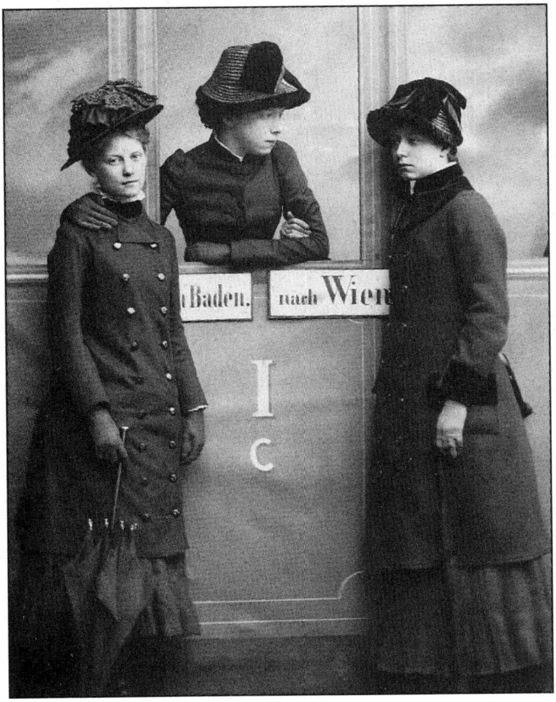

Il conte Luigi di Trani, cognato dell'imperatrice Elisabetta.

Il castello di Possenhofen, sul lago Starnberg,
residenza della famiglia ducale dei Wittelsbach.

fuggì e, attraverso Belgrado e Costantinopoli, raggiunse Parigi nella vana speranza di trovare aiuto per la patria in pericolo.

Nella capitale francese il conte faceva una bella vita. Con quel viso dai tratti marcati, i capelli ricci e scuri, gli occhi neri e ardenti, e il suo charme, Andrássy sembrava incarnare alla perfezione il prototipo dell'ungherese. Parlava diverse lingue ed era un cavaliere esperto, oltre che un ballerino elegante e instancabile. Come ospite gradito frequentava i salotti più esclusivi. Idolatrato dalle donne, le sue gesta amorose arrivarono in fretta sulla bocca di tutti.

Lo chiamavano «il bell'impiccato». Il 22 settembre 1851, infatti, a Buda (all'epoca Buda e Pest erano ancora divise e soltanto nel 1872 si unirono nella città di Budapest) fu celebrato un singolare processo. Nel luogo dove era già stato allestito il patibolo giunsero i soldati e tre giudici a cavallo, ma non c'era alcun condannato. Alla fine un giudice lesse trentasei nomi di ribelli ungheresi che dovevano essere giustiziati. «Faccia il suo dovere» esclamò il giudice rivolto al boia. Quest'ultimo si avvicinò alla forca e appese al capestro delle lavagne nere sulle quali erano stati scritti i nomi dei condannati in contumacia. Dopodiché la delegazione si allontanò. La legge era stata applicata. Gli imputati erano stati impiccati «in effigie». Su una delle lavagne era scritto il nome del conte Gyula Andrássy.

Questi, intanto, a un ballo alle Tuileries aveva incontrato la donna del cuore, l'ungherese Katinka Kendeffy, alla quale il giorno dopo aveva fatto una proposta di matrimonio.

A Vienna avevano osservato che spesso si erano comportati con eccessiva durezza nei confronti dell'Ungheria. Dopo che la madre di Andrássy aveva inoltrato una richiesta di grazia al governatore generale arciduca Alberto, il ministro dell'Interno Bach ricevette il seguente ordine: «Per grazia concedo al conte Gyula Andrássy ..., condannato per alto tradimento, che possa tornare impunito alle condizioni e formalità suddette negli Stati austriaci e che gli vengano restituiti i beni confiscati». Andrássy dichiarò: «Prometto, ...

in luogo del giuramento, come suddito fedele di servire Sua Maestà Imperiale Regale Apostolica, Francesco Giuseppe, imperatore d'Austria, e i suoi legittimi successori in osservanza delle leggi austriache e soprattutto con l'adempimento dei miei doveri di mostrarmi degno della grazia concessami da Sua Altezza».[1] Con la moglie e il figlio nato nel frattempo tornò in Ungheria e si unì a Ferenc Deák, un politico moderato. Andrássy continuò ad avere come obiettivo i diritti dell'Ungheria, ma si adoperò anche per un'alleanza con l'Austria.

Gli venne in aiuto una donna, Ida von Ferenczy, una giovane ungherese che era lettrice dell'imperatrice Elisabetta. E non a caso. Oggi la si definirebbe un'agente «infiltrata» nell'entourage dell'imperatrice. L'effetto fu quello sperato. La donna conquistò subito la simpatia di Elisabetta, e in questo forse ebbe un ruolo importante la tendenza di quest'ultima ad assumere atteggiamenti provocatori nei confronti del mondo che la circondava. Ida Ferenczy non apparteneva a quel ceto commerciale che normalmente aveva l'onore di prestare servizio alla corte imperiale, ma proveniva dalla nobiltà terriera. In ogni caso, comprese mirabilmente in che modo perfezionare l'ungherese della padrona e, soprattutto, risvegliare in lei l'amore per la sua patria e la sua gente. Attraverso le sue parole, Elisabetta venne a conoscenza dei recenti tragici avvenimenti e del ruolo che aveva avuto il conte Andrássy. L'imperatrice seppe di potersi fidare della giovane ungherese e strinse con lei un legame d'amicizia che sarebbe durato tutta la vita. In cambio ebbe la sua fedeltà assoluta, anche perché le dame di compagnia non potevano sposarsi.

E venne il giorno del primo incontro fra Sissi e Andrássy, che si era recato a Vienna con una delegazione ungherese. L'attrazione fu reciproca quanto immediata: lei era affascinata dal bell'uomo che, con un'uniforme bordata d'oro e una pelliccia di leopardo sulle spalle, esponeva le ansie del proprio paese, lui dallo charme e dalla bellezza della giovane donna. I delegati ungheresi trovarono in lei un'ascoltatrice attenta, preoccupata che potessero esporre i problemi all'imperatore, dato che tutto dipendeva da lui. Quando, dopo la sconfitta di Königsberg e l'avanzata delle truppe prussiane verso Vienna, Elisabetta si rifugiò con i figli in Ungheria, non fu solo accolta con un'esplosione di «*Eljen!*, Evviva!», ma ricevette molto di più, grazie all'influenza di Andrássy e dei suoi fedeli.

Gli ungheresi avevano raggiunto il loro scopo. L'imperatrice si era identificata con le loro richieste e le aveva appoggiate presso Francesco Giuseppe con tutto il suo potere di persuasione. Le richieste comprendevano un Parlamento nazionale e un governo che rispondesse a questo Parlamento. L'obiettivo era una sorta di unione personale con l'imperatore, che era capo supremo soltanto in Austria e re in Ungheria. In questo modo l'Ungheria avrebbe ottenuto buona parte dell'indipendenza desiderata.

La Prussia vittoriosa a Königgrätz, con la quale poco dopo venne stipulata la pace, aveva rinunciato a pretese territoriali ma chiese una riparazione. I progetti di Bismarck, infatti, non riguardavano soltanto il presente, investivano il futuro. L'Austria doveva essere cacciata dalla Germania, ma non doveva diventare un nemico mortale bensì un fedele alleato.

«Sua Maestà l'imperatore d'Austria riconosce lo scioglimento della Lega tedesca e approva un nuovo assetto della Germania senza la partecipazione austriaca. Sua Maestà promette di riconoscere lo stretto legame di alleanza che Sua Maestà il re di Prussia formerà a nord della linea del Meno»[2] si legge nell'armistizio di Nikolsburg stipulato fra Austria e Prussia il 26 luglio 1866, un mese dopo la pace di Praga.

Era la fine dell'influenza austriaca sugli Stati tedeschi. La Confederazione del Nord era una realtà, alla quale avrebbe fatto seguito di lì a poco la costituzione del regno tedesco. Gli interessi dell'Austria si sarebbero rivolti quindi ancor più verso i Balcani, dove si nascondeva il germe di ulteriori conflitti.

Il compromesso con l'Ungheria

A metà febbraio 1867, a Vienna fu stipulato fra Austria e Ungheria il cosiddetto «compromesso», che trasformava il regno imperiale austriaco in impero austroungarico, di cui il corso del Leitha fu considerato la linea di demarcazione. Nacquero così la Cisleithania (Austria) e la Transleithania (Ungheria), con due capitali, due Parlamenti, due governi, e in comune soltanto i ministeri degli Affari esteri, delle Finanze e della Difesa. Ogni dieci anni dovevano essere stabilite le ripartizioni degli oneri, fatto questo che innescò una contesa senza fine. L'Austria ne sopportava il carico maggiore, poiché l'Ungheria sapeva bene come continuare a ricattare con le proprie pretese l'altra metà dell'impero. In seguito il conte Andrássy, il capo del primo governo ungherese, riuscì a far capire ai propri connazionali che ricevevano, con appena il 30 per cento delle spese, il 70 per cento degli utili.

Incoronazione a Budapest

Per suggellare questo nuovo accordo, l'8 giugno 1867 Francesco Giuseppe ed Elisabetta furono incoronati re e regina d'Ungheria. Secondo un'antica tradizione, Sissi doveva aggiustare con le proprie mani il mantello di santo Stefano, che il marito avrebbe indossato durante l'incoronazione. C'era quindi molto da fare, anche perché durante la rivoluzione, per paura che cadesse in mani indegne, la preziosa veste del fondatore della nazione ungherese era stata sepolta e le sue condizioni non erano delle migliori.

Il vestito per l'incoronazione di Elisabetta era stato confezionato dalla casa di moda parigina Worth, una delle più in voga a quel tempo. Per essere il più possibile simile al costume nazionale ungherese, l'abito era di broccato bianco argentato con uno strascico e un corsetto di velluto le cui nervature erano tempestate di brillanti. Tutti erano concordi nel sostenere che Sissi era divinamente bella, «un'apparizione celestiale» come scrisse in una lettera alla figlia Cosima Franz Liszt, che compose la messa per la cerimonia dell'incoronazione. E una dama di palazzo, in genere particolarmente critica, riconobbe che «l'imperatrice appariva graziosa in modo quasi soprannaturale, come una giovane sposa».[3]

Francesco Giuseppe era vestito con l'uniforme di generale. Il primate d'Ungheria unse il re, mentre il conte Andrássy, una volta ribelle e ora capo di gabinetto, lo avvolse nel mantello e gli pose sul capo la corona di santo Stefano. Questo fatto diede origine a critiche. Per gli aristocratici viennesi, il conte era pur sempre un rivoluzionario che per buona sorte era scampato al patibolo. E adesso incoronava l'imperatore?

Dopo che la corona di santo Stefano fu posta per alcuni secondi anche sulla spalla di Elisabetta, il re e la regina si presentarono nella piazza antistante la chiesa. «*Eljen!*, Evviva!» urlava la folla entusiasta, mentre i cannoni sparavano a salve, il ministro delle Finanze lanciava monete d'oro e d'argento tra il popolo e i magnati e i notabili a cavallo o in lussuose carrozze attraversavano il Danubio verso la collina dell'incoronazione. Secondo il protocollo della cerimonia, Francesco Giuseppe doveva raggiungerne a cavallo la sommità, sguainare la spada in tutte le direzioni e giurare che avrebbe sempre difeso i confini del paese.

L'Ungheria regalò all'imperatore e alla moglie il castello di Gödöllö, situato diciotto chilometri a sud di Budapest. Elisabetta avrebbe voluto acquistarlo già da molto tempo, ma Francesco Giuseppe si era sempre opposto adducendo come motivazione il ristagno delle finanze.

I viennesi non erano entusiasti per questa preferenza accordata all'Ungheria. Gli ungheresi ribelli non riscuotevano infatti molta simpatia. È incontestabile che il cosiddetto «compromesso» privilegiava l'Ungheria e poneva gli altri popoli della monarchia in una posizione subordinata, in particolare i numerosi gruppi etnici slavi. Le libertà acquistate dagli ungheresi erano riservate alla nazione magiara, mentre gli altri popoli – rumeni, serbi, slovacchi e croati – non ne godevano. Sicché chi non si lasciava «magiarizzare» era emarginato.

Il figlio «ungherese»

Il regalo di Elisabetta all'Ungheria fu del tutto personale. Stava aspettando un altro figlio, un figlio per l'Ungheria, e voleva regalare all'«amata terra ungherese» un re.

Ungherese dovea essere di origine pura,
un eroe di ferro e d'acciaio,
con forte intendimento, un uomo forte,
sol per l'Ungheria ha da battere il suo cuore.
Liberi vi renderà, malgrado ogni invidia,
la terra d'Ungheria fieramente libera per sempre!
Con tutti spartirà gioia e dolore,
così ha da essere il nostro re!

Già tre mesi prima della data prevista per il parto Elisabetta si era trasferita a Budapest. Il bambino doveva nascere nella capitale ungherese e doveva chiamarsi Stefano, come il primo re cristiano della nazione magiara. Ma il neonato non era un maschio, bensì una femmina. Maria Valeria nacque il 22 aprile 1868 e il suo battesimo, che ebbe luogo nel paese di Ofener, fu una festa sfarzosa. I magnati indossavano il vestito tradizionale e tutte le donne portavano il costume ungherese. Le madrine erano le sorelle di Elisabetta: Maria Sofia, ex regina di Napoli, e Matilde, contessa di Trani. Tutta l'Ungheria festeggiò la fortunata madre e la raggiante regina. Sul «figlio ungherese» furono fatte molte illazioni. Rudolf Reiser, in una serie di articoli sulla «Süddeutsche Zeitung» che furono successivamente pubblicati, in base alle date sostiene che il padre della bambina può essere soltanto Gyula Andrássy. Ma c'è mai stato un bambino che abbia rispettato la data di nascita prevista dai medici o dalle levatrici? Per Reiser, anche il nome ha un preciso significato. In epoca romana la regione intorno a Budapest veniva denominata Valeria, perciò Elisabetta avrebbe dato questo nome alla bambina in segno di omaggio all'Ungheria e al vero padre. In effetti, Valeria era un nome che non era mai stato usato nella casa d'Absburgo, le cui femmine si chiamavano Maria, Anna, Maria Teresa o Leopoldina, come le nonne o le bisnonne. E non c'era traccia di nomi moderni.

Comunque sia, una cosa è certa: Sissi dedicò all'ultima figlia un'attenzione molto superiore a quella dedicata agli altri e non volle mai affidarla all'arciduchessa Sofia. La contessa Maria Festetics, dama di compagnia, riferisce questa sua frase: «Ora capisco quanta felicità possa dare una bambina».[4] E, come se volesse recuperare quanto aveva perso con gli altri figli, riversò su di lei un amore per alcuni incomprensibilmente possessivo e quasi esaltato. In breve tempo Maria Valeria venne chiamata «l'Unica».

La figlia cercò di sottrarsi appena possibile a questo amore soffocante. E furono vani anche i tentativi materni di farla diventare una bambina ungherese. Maria Valeria non sopportava l'Ungheria, preferiva parlare tedesco e da adulta, probabilmente per una forma di inconscia protesta, dimostrò simpatia per il nazionalismo tedesco.

Non esistono prove che il padre di Maria Valeria fosse diverso da quello di Gisella e di Rodolfo. L'imperatrice non era più quella ragazza ingenua della quale l'arciduchessa Sofia poteva disporre a proprio piacimento, ma una donna straordinariamente bella e ammirata, nel fiore degli anni, che esponeva le proprie pretese a Francesco Giuseppe e sapeva arginare la suocera.

La storia nasconde molti enigmi. Troppe cose sono state occultate o sono rimaste nell'ombra, e documenti che contenevano prove rivelatrici sono stati censurati. Brigitte Hamann, biografa di Elisabetta, è fermamente convinta che Maria Valeria sia figlia di Francesco Giuseppe. L'imperatrice ha veramente amato Andrássy ma non ha tradito il marito, cosa d'altronde impossibile data la vigilanza del suo entourage. Inoltre pare che non avesse interesse per l'amore fisico, e forse ne provasse addirittura ripugnanza e disprezzo, come spesso accade alle anoressiche.

Ma non è possibile che un uomo affascinante, quale Andrássy indubbiamente era, sia riuscito a far cambiare idea a quella fragile bellezza? È certo che Andrássy provava per l'imperatrice un sentimento diverso dall'amicizia, e che anche lei era profondamente attratta da lui. Non sapremo mai se il rapporto rimase esclusivamente platonico, sappiamo solo che furono legati da un'amicizia che durò tutta la vita e che Elisabetta soffrì quando egli morì nel 1890.

Gioia e tristezza sono spesso legate. A Budapest avevano appena suonato le campane della chiesa di San Mattia per festeggiare l'incoronazione, quando le campane del duomo di Regensburg suonarono a morto. Il principe ereditario Massimiliano di Thurn und Taxis, marito di Elena, era morto improvvisamente. Elisabetta e Francesco Giuseppe dovettero recarsi a Regensburg per il funerale. Era l'unico matrimonio felice tra quelli delle sorelle, ma del destino di Elena parleremo più avanti.

UN ALTRO MATRIMONIO SFUMATO

Due adoratori di Wagner

La chiamava «Elsa», come un personaggio del *Lohengrin* di Richard Wagner, perché adorava Wagner sopra ogni cosa. Prova e simbolo del «castello del Gral» fu la costruzione del castello di Neuschwanstein in stile medievale: «Devo confessarvi che sono molto contento di dimorare in quel luogo» scrisse al suo idolo. «Alcune stanze degli ospiti devono essere arredate e rese confortevoli. Voi conoscete l'ospite che desidero invitare; questo luogo è uno dei più belli, sacro e inaccessibile, un degno tempio per l'amico divino, grazie al quale è sbocciata l'unica salvezza e la più autentica benedizione del mondo.»[1]

Lui era il re Luigi II di Baviera, «Elsa» la cugina, la duchessa Sofia Carlotta in Baviera, sorella minore di Sissi.

Quanto a bellezza, Sofia Carlotta era di poco inferiore alla sorella imperatrice. Il suo aspetto e la stretta parentela con la casa imperiale austriaca spiegano il gran numero di pretendenti, ma lei era di gusti difficili. Il duca Guglielmo di Württemberg e il fratello dell'imperatore, l'arciduca Luigi Vittorio, si erano già dichiarati, ma avevano ricevuto un rifiuto. E con grande rabbia della duchessa Ludovica, che avrebbe desiderato un altro genero della casa d'Absburgo. Rinunciare a una simile offerta...! Che peccato! Sua sorella Sofia si sarebbe giustamente offesa. Luigi Vittorio era il suo figlio minore...

Tuttavia, questo Luigi Vittorio era stato oggetto di chiacchiere e di pettegolezzi mordaci poco piacevoli, aveva provocato uno scandalo per le sue tendenze omosessuali e per tale motivo era stato allontanato da Vienna dal fratello imperatore, che gli aveva assegnato come residenza il castello di Kleßheim, nei pressi di Salisburgo. La bavarese Sofia Carlotta sarebbe stata felice con questo austriaco? L'arciduca Luigi Vittorio rimase celibe per tutta la vita.

Ma, a quanto pare, la difficile figlia di Ludovica rimaneva un ottimo partito. Luigi, che il 10 marzo 1864, dopo la morte del padre Massimiliano II, fu incoronato re di Baviera, le faceva apertamente la corte. Le mandava lettere ed enormi mazzi di fiori, si recava in battello al castello di Berg, vicino a Possenhofen, per andare a trovarla. Sofia Carlotta aveva una bella voce e suonava il piano in modo meraviglioso. Entrambi adoravano Richard Wagner, una devozione che in Luigi assunse ben presto forme maniacali. La relazione fu fin dall'inizio vittima di un equivoco. Se la duchessa Ludovica vedeva in Luigi un genero e Sofia Carlotta un marito, Luigi vedeva invece nella sua «Elsa» solo ed esclusivamente l'oggetto di un sogno fantastico.

Forse si identificava in Lohengrin, il misterioso cavaliere che Wagner un giorno aveva fatto scomparire sul leggendario Montsalvat? Le fantasticherie di Luigi indispettivano la potenziale suocera: doveva dichiararsi apertamente oppure lasciare in pace sua figlia! E dato che il re non voleva fare nessuna delle due cose, vietò senza esitare la corrispondenza epistolare.

Luigi rimase sbigottito. Sofia Carlotta era l'unica persona di cui si potesse fidare, l'unica che lo capisse. Non voleva perderla.

Il fidanzamento

Il 23 gennaio 1867 il «Münchner Neueste Nachrichten» scrisse: «Come ci risulta da fonte sicura, Sua Maestà il re Luigi II si è fidanzato con la principessa Sofia Carlotta, la figlia minore del duca Max in Baviera». E, tre giorni dopo:

«Il matrimonio verrà celebrato il 15 maggio. Ieri la fidanzata del re si è trattenuta a lungo nello studio fotografico Hanfstaengl in Maximilianstraße per avere copie di ritratti di grandi dimensioni». Il re Luigi aveva tirato le somme e la duchessa Ludovica nuotava in un mare di beatitudine.

Luigi aveva cominciato a mostrare strane abitudini: il suo impulso alla solitudine, i suoi viaggi notturni, erano inquietanti e non lasciavano certo presagire un felice e sereno matrimonio, ma la duchessa spingeva questi pensieri nell'oblio. Era un re! Che cosa si poteva desiderare di più! Una duchessa in Baviera non poteva trovare niente di meglio.

Sofia aveva allora vent'anni, Luigi trentuno, ed era un uomo attraente data la sua notevole statura e i capelli scuri. Sembrava che due amanti di Wagner si fossero incontrati per non lasciarsi mai più. «Walther racconta felice che ha trovato la fedele piccola Eva, Siegfried ha trovato la sua Brunilde»[2] telegrafò il re Luigi al suo idolo. I sentimenti che provava per Sofia Carlotta corrispondevano sicuramente al suo essere. Non erano di questo mondo, ma veleggiavano in una sfera più alta e fantastica, dato che non si trattava di un amore terreno per una creatura dell'altro sesso (si diceva che Luigi avesse tendenze omosessuali).

Come sempre, tutta la città di Monaco si felicitò con la giovane coppia. Si sperava soprattutto che, col tempo, Sofia Carlotta sarebbe riuscita a mitigare l'ossessiva infatuazione del sovrano per Richard Wagner, da tutti considerata eccessiva. E si confidava di ottenere anche un altro vantaggio: lo Stato bavarese avrebbe risparmiato un sacco di soldi. Il settimanale «Fortschrittsglaube» scrisse: «Il fidanzamento del nostro re è l'evento del giorno e una notizia improvvisa ha uno slancio romantico, adeguato agli affari di cuore. Poiché non possono esserci motivi politici all'origine di un matrimonio con una discendente di un ramo collaterale della casa reale, se ne deduce che si tratta di un matrimonio per affinità, e questo è quanto si augurano il principe e, con lui, il popolo. Sono passati i tempi in cui la politica ... veniva determinata dalla parentela e dalle influenze dei matrimoni dei principi. Le limitazioni imposte dalle esigenze del rango comportano ancor oggi delle rinunce, sicché è motivo di gioia quando una relazione coniugale si stabilisce per una vera disposizione del cuore».

Il fidanzamento venne presentato ufficialmente alle due Camere del Parlamento di Monaco, e per quest'ultimo il regalo di nozze – che doveva avere un valore di 100.000 fiorini – divenne un autentico rompicapo. Luigi non dimenticò di informare del suo fidanzamento il nonno, l'ex re Luigi I detronizzato per il suo scandaloso rapporto con la ballerina Lola Móntez, inviandogli a Roma un telegramma in cui chiedeva la sua benedizione. E questa fu la risposta: «Da tempo vedevo negli sguardi che la bella Sofia Carlotta ti lanciava la prova che avevi messo radici nel suo cuore. La fortuna domestica è la più grande fortuna terrena. Come mi renderebbe felice se potessi tenere fra le braccia il tuo primo figlio, mio primo nipote. Il tuo nonno Luigi dona la sua più grande benedizione a te, caro Luigi».[3]

Ma i desideri di re Luigi I e della popolazione non si realizzarono. Sofia Carlotta non solo non riuscì a distogliere Luigi da Richard Wagner, ma neppure a fissare la data delle nozze. Luigi si rifiutava anche solo di parlarne.

Mentre la duchessa Ludovica diventava sempre più inquieta, Sofia Carlotta cominciò a sospettare qualcosa di brutto. Luigi non si comportava come un fidanzato. Non aveva fatto il minimo tentativo di avvicinarsi a lei, né compiuto un gesto di tenerezza. Sembrava che accanto a lui non avesse una ragazza in carne e ossa, ma soltanto uno dei personaggi dell'opera wagneriana. Il 21 marzo il principe Hohenlohe-Schilling, in qualità di ministro della casa reale, organizzò una festa di fidanzamento per 750 invitati. «Il re si è presentato verso le 9 e ha invitato la padrona di casa a ballare una quadriglia. Accanto a lui la sua fidanzata danzava al braccio dell'ambasciatore austriaco» riferì il «Münchner Neueste Nachrichten» il giorno seguente. «Luigi era nell'uniforme dei cavalleggeri, Sofia Carlotta era vestita di bianco e azzurro, i colori dello Stato bavarese. Dopo aver salutato formalmente la madre della fidanzata, la duchessa Ludovica, e il padre, il duca Max, il re ha brindato con una coppa di champagne alla festa di famiglia. A questo punto, per Luigi il fidanzamento era finito. Si scusò di dover salutare gli ospiti e abbandonò la sala nel generale trambusto». Poi si recò nel teatro del castello reale per assistere all'ultimo atto della *Maria Stuarda* di Friedrich Schiller. Alla fine ordinò al cocchiere di portarlo nel castello di Berg. Si può immaginare come rimasero la fidanzata e la sua famiglia. A quel punto pare che Sofia Carlotta abbia esclamato: «Piuttosto preferisco buttarmi nel lago...». Piuttosto di che cosa? Di sposarsi?

Luigi lasciò che si organizzassero ugualmente i preparativi per il matrimonio. Gli operai si misero al lavoro nella residenza per rinnovare i locali per la futura regina. E una sera il re fece la sua comparsa nel palazzo del duca Max per porre sul capo di Sofia Carlotta la corona regale che aveva prelevato dalla camera del tesoro. Già allora non era del tutto normale, il «Kini».*

Edgar Hanfstaengl

Anche Sofia Carlotta si trovò piuttosto bruscamente di fronte a un dilemma. Alcuni giorni dopo il fidanzamento, infatti, aveva conosciuto Edgar Hanfstaengl, il figlio del fotografo, e per entrambi era stato amore a prima vista.

Edgar, venticinquenne di bell'aspetto e solida istruzione, aveva concluso la formazione come commerciante e, dopo un periodo trascorso in Cina dove aveva lavorato nel commercio del tè, era diventato procuratore dello studio paterno. Hanfstaengl padre era un conoscente del duca Max.

Con l'aiuto della dama di compagnia, la baronessa Natalie Sternbach, Sofia Carlotta riusciva a incontrarsi segretamente con lui. Talvolta anche nel palazzo ducale, quando Edgar andava a consegnare le fotografie che – non si sa

* Soprannome affettuoso con cui i sudditi chiamavano il re Luigi II.

perché – venivano continuamente ordinate. Una volta furono quasi colti in flagrante, tant'è che Sofia dovette fingere uno svenimento per consentire al giovane di fuggire senza essere visto. Per rianimarla le diedero da bere una tisana che aveva un profumo non molto gradevole, ma che, volente o nolente, dovette trangugiare. Sono rimaste alcune lettere scritte da Sofia Carlotta all'amante segreto.

Questa è datata 23 luglio 1867: «Caro, amatissimo amico, che fortuna ho avuto quando N. oggi mi ha consegnato la Vostra lettera e... cosa succederà? Per noi non c'è alcuna speranza. L'unica cosa che ci resta è... rinunciare. Mi vengono i brividi se guardo al futuro, il giorno del mio matrimonio aleggia come un'ombra scura sulla mia anima e vorrei sfuggire a questo crudele destino! ... Vi amo così profondamente, mio Edgar! Quando siete con me, non riesco a dirvi che la vostra cara immagine è così radicata nel mio cuore da farmi dimenticare vergognosamente tutti i doveri che ho nei confronti del mio povero re! ... Addio! Addio, mio Edgar... Domani per alcune ore sarò in città a fare acquisti... Potreste venire a palazzo prima delle 17.30 ... Tornerò con l'ultimo treno. Il tempo è pochissimo, ma dobbiamo accontentarci. Vostra S.».[4] L'ultima lettera rimasta di Sofia Carlotta a Edgar Hanfstaengl è del 10 settembre, e non si sa se in seguito i due si siano mai più rivisti.

Un anno dopo Edgar Hanfstaengl diventò unico proprietario dello studio paterno e lo trasformò in «studio d'arte Franz Hanfstaengl», che nei decenni successivi diventò una delle maggiori aziende grafiche dell'epoca. Nel 1882 sposò Katharina Heine di Berlino, dalla quale ebbe cinque figli. Morì nel 1910. Non ci sono motivi per supporre che Luigi II sia venuto a conoscenza della passione della fidanzata per Edgar.

Il fidanzamento viene sciolto

Nel frattempo a corte ci si premurò di giustificare il ritardo delle nozze con motivazioni invero piuttosto deboli.

Ma non servì a nulla. Luigi scrisse nel diario: «Ho bisogno di libertà, ho sete di libertà, devo rimettermi da un incubo straziante».[5]

Il duca Max aveva perso le staffe di fronte all'esitazione del suo singolare futuro genero. L'ultimatum che inviò a Luigi e la lettera d'addio che quest'ultimo scrisse a Sofia Carlotta probabilmente si incrociarono. «Mia amata Elsa,» scrisse il re in data 7 ottobre 1867 «penso che sia mio dovere, adesso che siamo ancora in tempo, comunicarti alcune cose. Sei sempre stata preziosa e cara per me, sono legato a te da un affetto intimo, vero, sincero, ti amo come una cara sorella... Se ho lasciato fare tutti i preparativi per il matrimonio, ne ho parlato con te, ti ho scritto, l'ho rimandato, non ho voluto rinunciare, tutto questo è successo non per prenderti in giro... Oh no, non volevo prendermi gioco di te, credevo veramente che potessimo giungere a una conclusione felice. Ho avuto tempo di mettermi alla prova, di riflettere, e vedo che, come prima, il mio sincero e profondo amore fraterno è radicato nella mia anima, non però quell'amore che è alla base di un'unione matrimoniale. Questo te lo devo dire apertamente, mia amata Elsa, e ti chiedo di continuare a essermi amica. Che possa, questo è il mio desiderio più intimo, il Padre, che veglia su tutti noi, farti trovare la felicità che tu meriti enormemente...»[6] Luigi considerò la lettera del padre dell'ormai ex fidanzata una grossolana impertinenza, giacché riteneva che il duca fosse un suddito come tutti gli altri, e che quindi non avesse il diritto di compiere un simile atto.

Quel giorno annotò laconicamente sul diario: «Sofia [Carlotta] liquidata. Cancellata la tetra immagine».[7] Poi, secondo alcune fonti, gettò il suo busto di marmo fuori della finestra. Alla stampa lo scioglimento del fidanzamento fu comunicato a voce.

Due settimane dopo confidò all'«unico amico al di sopra di tutti» di essere guarito da quella «malattia mortale» che come un incubo pesava su di lui. «Adesso sto di nuovo bene, respiro liberamente, come chi si sveglia da un sogno spaventoso ... e beato come prima acclamo il mio amico...»[8]

Sofia Carlotta era ferita nell'orgoglio, ma sollevata. Si era accorta che un matrimonio con Luigi sarebbe stato votato al fallimento. Il comportamento del re era stato biasimato da tutti, ma lui non se ne curò. La duchessa Ludovica rimase molto amareggiata perché a essere rifiutata era stata tutta la sua famiglia, tanto che in sua presenza il nome del re non poté più essere pronunciato. Anche l'imperatore e l'imperatrice s'indignarono. «Non ci sono parole per una simile condotta» scrisse Elisabetta alla madre, che era dell'opinione che Sofia Carlotta dovesse stare per un po' ritirata. «Non è lei a doversi vergognare, ma il re!» Invitò la sorella a Vienna, ma lei rifiutò. Il re Luigi di Baviera, come detto, non si sarebbe mai sposato.

IL CULTO DELLA BELLEZZA

Le ricette di bellezza dell'imperatrice

Carne di vitello cruda come maschera per il viso, impacchi di olio d'oliva per la pelle, panni umidi sul corpo per mantenere il fisico snello, tutto serviva per la bellezza. L'imperatrice Elisabetta usava queste ricette regolarmente.

Dieta di arance, uova, latte, succo di sei chili di carne bovina spremuta, albume crudo salato, Sissi non lasciava nulla di intentato per non pesare un grammo in più sulla bilancia.

Senza dimenticare il latte appena munto, che troppo spesso sostituiva il pranzo e per il quale era necessario del bestiame scelto, sotto continuo controllo medico, tenuto nel giardino di Schönbrunn per poter offrire sempre a Sua Maestà il latte fresco. Mucche e capre l'accompagnavano anche nei suoi viaggi, dato che l'imperatrice non si fidava del bestiame straniero.

Si pesava tre volte al giorno e i valori registrati venivano scrupolosamente riportati in una tabella. Era alta 1 metro e 72 centimetri e non doveva superare i 50 chilogrammi di peso. Venivano misurati accuratamente anche il giro vita e la circonferenza di fianchi e polpacci, dato che la maggior preoccupazione di Elisabetta era la figura esile e snella.

In ogni residenza c'era perciò un locale adibito alla ginnastica con tutti gli attrezzi possibili, dagli anelli alla sbarra, al manubrio. Il moto era il comandamento più importante, al pari delle lunghe cavalcate, dei quotidiani esercizi ginnici – una o due ore al mattino – e delle camminate che duravano parecchie ore e che sarebbe stato più corretto definire «marce forzate». Queste erano un vero e proprio incubo per tutte le dame di compagnia, che dovevano accompagnare Sua Maestà e talvolta inseguirla a perdifiato, dato che bisognava rispettare la tabella di marcia prevista.

Siccome il giro vita non doveva superare i 50 centimetri, a volte le cameriere erano costrette ad armeggiare con le stringhe del busto per più di un'ora. In qualche caso gli abiti venivano cuciti addosso all'imperatrice, ed erano perciò come incollati. Sotto l'abbigliamento da amazzone non portava biancheria intima ma una finissima guaina di pelle di camoscio, inumidita per sembrare una sorta di seconda epidermide. Il dottor Hans Bankl, nel suo libro *Mal d'Absburgo*, giunge alla conclusione che, per Elisabetta, si può ipotizzare il quadro clinico dell'«anoressia nervosa, una magrezza patologica con forte smania di movimento e fasi alternativamente depressive e reattivo-aggressive».[1] E istituisce un nesso psichico fra i sintomi nevrotici della ricerca della magrezza e il rifiuto di ogni esuberanza fisica, in particolare della sessualità.

Per me niente amore, per me niente vino;
l'uno dà la nausea, l'altro fa dar di stomaco!

scrisse l'imperatrice in una sua poesia.

Ma l'aspetto più importante del culto della bellezza era la cura dei capelli, che Elisabetta portava lunghi fino al malleolo e la cui massa doveva pesare circa 5 chili (il suo peso corporeo era quindi di soli 45 chilogrammi). Non ci si deve stupire perciò se una tale chioma le procurava frequenti mal di testa. La capigliatura veniva raccolta con nastri perché non pesasse troppo sul capo e sul collo.

La cura quotidiana e l'acconciatura richiedevano ogni giorno tre ore, mentre le abluzioni, con trenta rossi d'uovo misti a cognac, anche un'intera giornata. Tale pratica aveva luogo ogni tre settimane e la mistura, che veniva stesa con un pennello, doveva riposare per circa un'ora.

A occuparsi magistralmente della capigliatura imperiale era Fanny Angerer, ex parrucchiera del Burgtheater di Vienna. A Elisabetta erano piaciute le fantasiose acconciature delle attrici e quindi le aveva fatto lasciare il teatro in cambio di una retribuzione favolosa (il suo stipendio equivaleva a quello di un professore universitario). Fanny era l'inventrice dell'«acconciatura della corona», che in seguito fu il segno distintivo dell'imperatrice e venne spesso imitata, anche dalle sue sorelle. Molte dame del castello sborsavano cifre considerevoli per farsi pettinare dalla parrucchiera di Sissi, cosa che incrementò notevolmente i suoi guadagni.

Fanny aveva imparato un trucco per tranquillizzare la sua padrona, che considerava la caduta di un capello una perdita insostituibile: faceva sparire i capelli rimasti sul pettine su un nastro adesivo applicato al grembiule, nascondendo il gesto allo sguardo indagatore di Sua Maestà che, evidentemente, non si accorse mai dell'imbroglio. Era così contenta della sua parrucchiera che avrebbe fatto di tutto per impedirle di sposarsi. Dato che non riuscì nell'intento, prese anche il marito al suo servizio. Il signor Feifalik fu nominato guida dei viaggi, poi consigliere di corte e infine elevato al grado di cavaliere.

Sissi non spendeva molto tempo per mangiare, e ogni volta che pranzava in famiglia cercava di ridurlo ulteriormente. Era un grande onore essere invitati alla tavola di corte, ma non si trattava certo di un piacere luculliano. L'arte della cucina del castello o l'abbondanza dell'offerta erano fuori discussione, semplicemente mancava il tempo necessario per renderle onore. L'imperatore Francesco Giuseppe, la cui vivanda preferita era il lesso di manzo, era noto per i suoi pasti veloci. E dato che, secondo la tradizione, i piatti di tutti gli ospiti venivano vuotati non appena l'imperatore aveva terminato una portata, spesso succedeva che molti giovani arciduchi dovessero alzarsi da tavola affamati. E l'hotel Sacher, non lontano dal castello, ne aveva approfittato. Anche la conversazione non era piacevole. In nessun caso l'ospite poteva parlare all'imperatore, ma doveva aspettare che fosse Sua Maestà a rivolgergli la parola. E l'imperatrice, quando era presente, proferiva appena qualche parola. Circolava voce che il motivo fosse la qualità non eccelsa della sua dentatura.

La figura snella, a cui Sissi attribuiva tanta importanza, non costituiva allora un ideale estetico. Certamente la sua figura delicata era apprezzata, la sua andatura veniva paragonata al movimento di un cigno sull'acqua, ma le signore si rassegnavano al fatto che soltanto le giovani fossero magre.

Il borghese che poteva permetterselo mangiava bene e spendeva molto, come testimoniano eloquentemente i vecchi libri di cucina. Gli uomini esibivano con portamento fiero la loro pinguedine, segno di benessere e di successo. «Che al mio fianco ci siano uomini ben pasciuti» fa dire Shakespeare a Giulio Cesare... Così le signore davano per scontato che la silhouette giovanile svanisse con gli anni e con la nascita dei figli. Come potevano dimostrare comprensione per Sua Maestà? Con il passare degli anni si sparse la voce che anche la pelle di un'imperatrice, curata per essere sempre bella, stava diventando brutta. La famosa bellezza di Elisabetta sfiorì e cominciarono ad apparire degli edemi dovuti alla denutrizione, conseguenza delle ferree diete dimagranti.

A Vienna Elisabetta si faceva vedere ancora più raramente che in passato. Nel 1869 l'inaugurazione del nuovo teatro dell'Opera sul Ring con la rappresentazione del *Don Giovanni* dovette essere rinviata perché l'imperatrice si era trattenuta in Ungheria più del previsto. E quando Elisabetta tornò, rifiutò anche la nuova data a causa di un'indisposizione. Gli architetti si erano dati molto da fare e avevano arredato il salone dedicato all'imperatrice con particolare cura: alle pareti erano appese immagini dell'infanzia di Sissi, sul tavolo di gala c'era il suo monogramma e gli affreschi sul soffitto mostravano il regno delle fate con le sue figure preferite, Oberon e Titania. In seguito a questo comportamento, Elisabetta non dovette stupirsi più di tanto quando Vienna e i viennesi le voltarono le spalle.

Forse la partecipazione alla processione del Corpus Domini, dopo sette anni di assenza, era stata pensata come un gesto di riconciliazione? Dovette alzarsi presto, dato che il protocollo prevedeva che alle 7 del mattino, perfettamente vestita con un abito color lilla chiaro trapuntato d'argento e accuratamente pettinata, si trovasse con il suo seguito nella chiesa di Santo Stefano. I viennesi erano contenti, al pari delle dame di corte che in questo modo potevano sfoggiare i loro vestiti, e ancora una volta la bellezza dell'imperatrice fu oggetto dello stupore generale.

Nonna Sissi

Nel 1870 scoppiò la guerra franco-prussiana. La monarchia austroungarica non era coinvolta, a differenza degli Stati tedeschi del Sud. Anche i fratelli di Elisabetta si arruolarono con i loro reggimenti. Dopo la sconfitta di Sedan, l'impero francese tramontò. Fu proclamata la repubblica e Napoleone III riparò in Inghilterra. Il 18 gennaio 1871, nella Sala degli Specchi di Versailles, il re prussiano Guglielmo I fu proclamato imperatore della Germania.

Nel 1870 le truppe del nuovo Stato italiano avevano marciato su Roma e l'avevano dichiarata capitale d'Italia, il che significava la fine dello Stato pontificio (soltanto nel 1929, con i Patti Lateranensi, sarebbero stati stabiliti i confini di questa sovranità). La sorella di Elisabetta, Maria Sofia, ex regina di Napoli, lasciò definitivamente Roma insieme al marito. Non voleva vivere come suddito di chi l'aveva cacciata dal suo regno.

Poco dopo Gisella, la figlia maggiore della coppia imperiale, si fidanzò con il principe bavarese Leopoldo. «La felicità domestica della piccola e del bravo Leopoldo mi sembra assicurata, ma questo non può essere considerato un matrimonio vantaggioso»[2] annotò l'arciduchessa Sofia nel suo diario. Non si trattava certo di un buon partito per la figlia dell'imperatore d'Austria, ma Gisella non era bella come la madre, e all'epoca non c'erano altri principi di case regnanti cattoliche. Perciò Francesco Giuseppe diede il suo consenso.

Prima, però, si dovette superare un impedimento. Leopoldo infatti, a rigor di termini, non era completamente libero. C'erano già state delle trattative per un matrimonio con la principessa Amalia di Coburgo. Ma anche il fratello minore di Elisabetta, Massimiliano Emanuele duca in Baviera, chiamato in famiglia «Mapperl», si era innamorato di lei e voleva sposarla. Per dipanare quella matassa un po' ingarbugliata e far felici tutti, intervenne l'imperatrice.

Elisabetta invitò Leopoldo a caccia di beccacce nei dintorni di Gödöllö, dove si trovava Gisella. Poco tempo dopo erano fidanzati. Il principe bavarese non poté rifiutare la mano della figlia dell'imperatore, dato che era troppo allettante l'idea di diventarne il genero. «È felice come può esserlo una bambina; ma non è una bella coppia»[3] scrisse la contessa Festetics. Se confrontata con la quasi fidanzata Amalia di Coburgo, il cambio era svantaggioso per Leopoldo, il quale però ben presto si rassegnò. Per lui il matrimonio con l'arciduchessa era un buon affare, sia dal punto di vista dell'immagine sia da quello materiale. Soltanto dai nonni Absburgo Gisella ricevette 500.000 fiorini, senza contare quello che avrebbe ricevuto dal padre, che si dimostrò molto generoso nei confronti della figlia.

Nell'aprile 1873 il matrimonio fu celebrato a Vienna e in quell'occasione la madre fu molto più ammirata della sposa. A questo proposito la contessa Festetics scrisse: «È impossibile descrivere quanto era bella nel Suo abito con ricami d'argento, con quei capelli davvero luccicanti e sormontati dallo scintillante diadema. Ma la cosa più bella in Lei non è l'aspetto fisico bensì l'aura che L'avvolge, una specie di atmosfera, un soffio di avvenenza, di maestosità, di bellezza, di grazia giovanile, di modestia, eppure anche di magnificenza che fa impressione».[4]

Alla partenza in stazione erano tutti commossi, in particolare il principe ereditario Rodolfo che perdeva la sua compagna d'infanzia, ma anche l'imperatore aveva le lacrime agli occhi. Elisabetta appariva la più tranquilla: in fondo, Gisella le era sempre rimasta estranea. Forse non era soltanto colpa sua, dato che l'arciduchessa Sofia l'aveva tenuta sotto la sua protezione per farne una perfetta figlia dell'imperatore.

Una volta, come detto, Sissi si era ribellata all'autorità della suocera e l'aveva contrastata, quando aveva portato con sé Gisella e la piccola Sofia, che aveva soltanto due anni, in una visita di Stato in Ungheria. Le bambine si erano ammalate e Sofia era morta. Elisabetta considerò la morte della bambina una punizione per la sua disobbedienza e da allora la sua ribellione si tramutò in rassegnazione.

Ma alla fine giunse l'epoca in cui la nonna non ebbe più potere. Elisabetta fece in modo che Rodolfo venisse esentato dall'addestramento militare e ricevesse un insegnamento liberale. Non era arrivato il momento di dare ai figli un'educazione intellettuale e morale?

Elisabetta si era sposata a sedici anni e si era spesso lamentata di questo. «Destata mi sono in una prigione / le mani serrate da tristi catene»[5] aveva scritto in forma poetica due settimane dopo il matrimonio. E un giorno alla figlia minore Maria Valeria disse: «Il matrimonio è un'istituzione insensata. A quindici anni si viene venduti e si fa un giuramento che non si capisce e per trent'anni o più ci si pente e non ci si può più liberare». Perché allora favorì il matrimonio precoce della figlia, anzi fece in modo che si trovasse nella condizione di sposarsi?

Fortunatamente il destino della madre non si ripeté per la figlia. Gisella non fu mai una *beauté*, come amavano ripetere negli ambienti intellettuali, ma non era capricciosa come Elisabetta. E comunque fu una donna felice, madre di quattro bambini. Esattamente nove mesi dopo il matrimonio, Gisella rese nonna l'imperatrice, che fu presente al parto, come era suo dovere, ma si dimostrò ben contenta di non essere trattenuta a lungo. Gisella diede alla luce una bambina che venne battezzata con il nome di Elisabetta.

Come secondogenita ebbe un'altra femmina. A questo proposito l'imperatrice scrisse al figlio con un tono piuttosto freddo: «La bambina di Gisella è di una rara bruttezza, ma molto vivace. Le assomiglia moltissimo».[6] Ma si dimostrò generosa. Al vescovo che aveva battezzato la piccola donò una croce d'oro tempestata di diamanti e un grosso anello con brillante.

Poco tempo dopo Elisabetta organizzò, con l'aiuto della contessa Festetics, il matrimonio che le stava a cuore: quello tra il fratello Massimiliano Emanuele e la principessa Amalia di Coburgo.

Morte dell'arciduchessa Sofia

Nel 1872, quasi subito dopo il fidanzamento di Gisella, morì l'arciduchessa Sofia. Un'infreddatura che si era presa dopo una serata a teatro il 9 maggio si era trasformata in una polmonite contro la quale i medici erano stati impotenti. La famiglia passò dieci giorni e dieci notti al suo capezzale. L'imperatrice Elisabetta, che si trovava a Merano, interruppe il viaggio e tornò immediatamente a Vienna. L'imperatore, che trascorreva ogni minuto libero accanto alla madre, fece spargere della paglia per attutire il rumore delle ruote delle carrozze e lo scalpiccio dei cavalli. La morte di Sofia non fu un evento intimo, poiché il cerimoniale stabiliva una rigida etichetta anche per questo momento. «L'attesa è penosa» annotò la contessa Festetics in questa occasione. «Poi, tutti cominciarono ad avere fame, ma la morte non voleva arrivare ... a Corte, tutto è diverso dalla vita della gente comune, questo lo so, ma l'agonia non è una cerimonia ... qualcuno disse a voce abbastanza alta: "Le Loro Maestà si recano a cena". Quelle parole ebbero un suono quasi ridicolo; poi tutti vennero messi in libertà e scapparono via».[7]

Elisabetta rimase finché l'arciduchessa Sofia morì, alle 3

di notte. «L'unico uomo della corte imperiale», come era stata definita, era morto. «Era molto istruita e dotata di un'acuta intelligenza e di un giudizio penetrante. Era una donna meravigliosa, fuori della norma, forte, quasi rigida nei suoi principi, una donna di doti eccezionali, un'ottima madre...» questo fu il giudizio della «Neue Freie Presse» di Vienna del 29 maggio 1872. E l'ambasciatore svizzero nella capitale austriaca la definì con queste parole: «L'arciduchessa Sofia è stata senza dubbio tra tutte le donne della Casa Imperiale seguite a Maria Teresa la figura più importante dal punto di vista politico».

La sua morte fu un duro colpo soprattutto per Francesco Giuseppe. L'arciduchessa Sofia non era soltanto sua madre, era stata anche la sua confidente, la sua consigliera, una mente politica capace di ragionare con freddezza. E gli aveva dato una cosa che non aveva quasi ricevuto dalla moglie: una vita famigliare. Anche se l'arciduchessa Sofia non era mai stata imperatrice, per la corte conservatrice lo era. «Adesso abbiamo sepolto la nostra imperatrice»[8] si diceva dopo la sua sepoltura a Vienna. Elisabetta non aveva alcuna intenzione di prendere il posto di Sofia e di impegnarsi sul fronte politico o di mettere in gioco il suo spirito liberale. Una sola volta si era immischiata in questioni politiche, per il «compromesso» con l'Ungheria. Ma attualmente restava in disparte, dalla corte, dal pubblico, dai doveri di rappresentanza.

Il mondo di Ringstraße e l'esposizione mondiale

Negli anni Settanta dell'Ottocento la nuova Ringstraße assomigliava sempre di più a un grosso cantiere, ma soprattutto grazie alla vivace imprenditoria privata esistevano già molti nuovi edifici. Banchieri e grandi industriali, con i soldi ricavati dalla vendita delle aree fabbricabili, avevano immediatamente cominciato a costruire. Architetti di grido si occupavano di più cantieri contemporaneamente. Venivano costruite ampie ed eleganti case d'affitto con appartamenti spaziosissimi per borghesi agiati, che vi alloggiavano con cuochi, camerieri e cameriere. Davanti all'Opera si ergeva già l'Heinrichshof del commerciante di laterizi Drasche, sul Kärtnerring erano sorti i primi alberghi per ospiti illustri. Di fronte al Parlamento neogotico, per il quale l'imperatore Francesco Giuseppe aveva dato il primo colpo di vanga, doveva sorgere il nuovo Burgtheater. Erano stati progettati innumerevoli edifici, tra i quali il colossale Kaiserforum disegnato da Semper, un'enorme piazza chiusa che doveva essere circondata dalle nuove ali del castello e da entrambi i musei. Questi ultimi furono costruiti, mentre l'ambizioso progetto per l'ampliamento del castello fu eseguito solo parzialmente.

Nel 1870 l'imperatore Francesco Giuseppe, al fine di incrementare la favorevole congiuntura economica, promosse un'esposizione mondiale. Vienna si stava ingrandendo, edifici sfarzosi erano stati costruiti o erano in via di costruzione, e si avviava a diventare una città internazionale. C'era il mondo luccicante di Kärtnerstraße, con i saloni di moda e le gioiellerie dove si poteva acquistare tutto quanto ci fosse di bello e di costoso; era la città preferita dalla società elegante e da tutti quelli che si sentivano di appartenere a quell'ambiente. Sul Ring, soprattutto tra l'Opera e Palazzo Schwarzenberg, le signore sfoggiavano le loro nuove toilette. La gente guardava e si faceva guardare. C'era un boom dell'economia e della speculazione. Nel commercio e nelle professioni si attendevano profitti sempre maggiori e la febbre della borsa aveva contagiato non soltanto i benestanti ma anche il popolino, che non esitava a mettere in gioco i propri risparmi: tutti volevano diventare ricchi il più velocemente possibile. Circolavano storie di guadagni favolosi. Tutti erano convinti che le azioni sarebbero salite ancora. Sembrava così facile guadagnare soldi. E tutti volevano partecipare.

Il 1° maggio 1873 ci fu la solenne cerimonia di inaugurazione per la quale era stata allestita la Rotonda, simbolo dei tempi moderni. Doveva trattarsi di una novità strepitosa, che avrebbe portato a Vienna spettatori provenienti da tutto il mondo. Una settimana dopo ci fu il crollo della borsa. La speculazione cessò, le azioni precipitarono. In una sola notte interi patrimoni andarono in fumo, e molti si suicidarono per la disperazione di aver perso tutto.

Ma lo spettacolo doveva continuare. L'esposizione proseguì, e le celebrazioni pure. Si aspettavano ospiti da tutto il mondo, tra i primi la coppia dei principi tedeschi, il re del Belgio e lo zar Alessandro II dalla Russia. Nonostante la sua avversione per i doveri di rappresentanza, Elisabetta dovette ricevere la famiglia dello zar. Per questa occasione indossò un vestito di seta color lilla, una giacca guarnita di volpe argentata e un grande cappello bianco. Arrivarono molte teste coronate, tutte accolte con la doverosa cortesia. Alla fine di luglio l'imperatrice ne ebbe abbastanza di ricevimenti, balli e serate di gala. Se ne andò a Payerbach, ai piedi dello Schneeberg, per riposarsi. Avrebbe volentieri fatto a meno della visita dello scià di Persia, che nel frattempo era arrivato a Vienna con un folto seguito, molti cavalli, quaranta montoni e cinque cani. Venne alloggiato nel castello di Laxenburg, dove fu allestita una cucina all'aperto per arrostire gli agnelli allo spiedo. Si temeva che avrebbe prolungato la visita a Vienna, se l'imperatrice fosse rimasta ancora lontana. Spinta dalla necessità, Elisabetta apparve nel castello di Schönbrunn in un vestito bianco argento con una sciarpa color porpora e una corona tempestata di ametiste e di diamanti. Secondo la contessa Festetics, pare che lo scià abbia mormorato più volte «*Ah, qu'elle est belle*»,[9] mentre le girava intorno osservandola da ogni parte.

Poi finalmente se ne andò, con sollievo dell'imperatore e della corte, dato che, oltre all'esposizione internazionale con i relativi ospiti, all'inizio di dicembre doveva essere celebrato il venticinquesimo anniversario dell'incoronazione di Francesco Giuseppe. Anche questa era una festa alla quale l'imperatrice non poteva mancare. Elisabetta si vendicò secondo la sua abitudine. Tornò dall'Ungheria soltanto per due giorni e, mentre l'imperatore e il principe ereditario attraversavano in una carrozza scoperta Vienna illuminata a festa, rimase in una carrozza chiusa, invisibile a tutti quelli che avrebbero desiderato gettare uno sguardo su di lei.

Nonostante l'elevato numero di visitatori – parecchi milioni –, l'esposizione internazionale non fu un successo dal punto di vista finanziario. La manifestazione si chiuse infatti con un deficit di 20 milioni di fiorini.

LA NIPOTE DELL'IMPERATRICE

Maria Luisa baronessa di Wallersee

L'imperatrice Elisabetta ebbe dai suoi sette fratelli e sorelle alcuni nipoti. Nessuna fu così cara al suo cuore come Maria Luisa baronessa di Wallersee. Erano due i fattori in gioco: la sincera corrispondenza e lo spirito provocatorio di Elisabetta. Maria Luisa, infatti, era figlia del peccato.

Nata con il nome di Maria Luisa Mendel, aveva già quattro anni quando i genitori – il conte Luigi in Baviera e Henriette Mendel – si sposarono. Si trattò, come abbiamo già detto, di un matrimonio morganatico, che in alcuni ambienti sociali veniva considerato una colpa o addirittura non valido. Il fatto che il padre fosse il duca Luigi in Baviera, non contava molto. Al contrario, come poteva un appartenente alla casa reale dimenticare il proprio rango e sposarsi con un'attrice? Per Elisabetta era proprio questo un motivo per preferire Maria Luisa, poiché provava un piacere particolare nel provocare la società.

Quando cominciò a rivolgere le sue attenzioni alla nipote, la famigliola non abitava più ad Augusta. Dopo la guerra contro la Prussia, nel 1866, il duca Luigi, comandante in capo del 4° reggimento cavalleggeri «König», aveva lasciato l'esercito e si era stabilito a Monaco. Dal proprietario di una fabbrica di birra aveva comprato un terreno nei sobborghi di Haidhausen, sulla riva orientale dell'Isar, e si era fatto costruire un palazzo. Progettato per servire nei mesi invernali, ebbe un ruolo secondario nella vita della famiglia, che trascorreva l'estate nel castello di Garatshausen, sul lago Starnberg, acquistato da Luigi poco tempo prima.

Garatshausen era una vecchia costruzione del XVI secolo, con quattro robuste torri e un grande parco, ma fatiscente. Dopo una ristrutturazione radicale del castello e del parco era diventata una raffinata residenza, il cui pregio principale era la splendida vista sul lago. E Possenhofen distava soltanto mezz'ora. Non c'era lusso e anche i pasti venivano consumati con frugalità borghese, dato che Luigi e i suoi non erano molto ricchi. Preferivano una vita comoda, si vestivano con semplicità, giocavano a carte, e talvolta ricevevano amici, soprattutto quelli di Henriette.

Quest'ultima si era conquistata con il passare del tempo l'attenzione di molti, grazie alla sua affabilità. Anche la duchessa Ludovica stimava la nuora, che tramite lei fu anche ricevuta a corte.

La piccola Maria Luisa gustava la vita di campagna come a suo tempo aveva fatto la zia Sissi. Giocava più volentieri con le bestie che con le bambole, ed era più facile trovarla nelle stalle che nel castello con la governante. Appena le era possibile, sfuggiva al suo controllo, sellava il suo pony e andava a cavalcare nel parco. La madre non vedeva di buon occhio questo comportamento, ma il padre se ne rallegrava e talora la faceva montare a cavallo, perché si abituasse. Così Maria Luisa cresceva come una ragazza amante della natura, faceva amicizia con i ragazzi delle abitazioni vicine e, con grande disappunto della madre, assunse anche il loro modo di esprimersi imparando il dialetto bavarese. Dato che il duca aveva evidentemente abbandonato la speranza di avere un figlio maschio, nell'educazione della figlia attribuì grande importanza alle discipline sportive: equitazione, scherma, nuoto e ginnastica. La cosa faceva arrabbiare Henriette, che considerava tali attività non necessarie: dopotutto, Maria Luisa non era un maschio e avrebbe dovuto coltivare attività femminili protette dalle Muse anziché esibirsi in acrobazie degne di un clown del circo. Ma alcuni geni del nonno Max erano passati anche nella baronessina di Wallersee, nella quale si riconosceva pure una certa affinità con la zia Sissi.

La madre si preoccupava che gli studi non venissero trascurati, ma appena possibile la piccola montava sul suo pony e scorrazzava da sola nei dintorni (di nascosto imparò anche a cavalcare su una sella da uomo, cosa oltremodo disdicevole per una ragazza). Se da piccola avesse rispettato maggiormente il padre, in seguito questi avrebbe potuto rappresentare per lei un buon compagno.

Nel 1869 – Maria Luisa aveva allora dieci anni – il duca Luigi invitò la sorella Elisabetta a Garatshausen per l'estate. Le mise a disposizione il castello, mentre la famiglia si sarebbe sistemata in un piccolo edificio lì vicino. L'imperatrice accettò, dato che a Maria Valeria, che allora aveva un anno, avrebbe fatto bene un cambiamento d'aria. Garatshausen, poi, non era lontano dall'amato «Possi», e lei avrebbe potuto fare visita alla madre e all'ex regina di Napoli, che si trovavano già al castello.

Fin dal primo sguardo Maria Luisa rimase affascinata dall'imperatrice. La zia, che indossava un vestito nero con lo strascico e una cappa verde-nera, la designò subito come compagna di giochi di Maria Valeria. Si dimostrò particolarmente contenta nell'udire che la nipote sapeva cavalcare già da alcuni anni. Nel libro *My Past* (Il mio passato) Maria Luisa, futura contessa Larisch, descrive la sua successiva conoscenza con l'imperatrice. Lei si era arrampicata su un albero per far asciugare le calze che si era bagnate pescando, e seduta sotto l'albero c'era la zia, che improvvisamente era scoppiata a piangere. Naturalmente la bambina non sapeva perché piangesse, ma le promise che non avrebbe raccontato a nessuno quanto era successo, e mantenne la promessa. Da allora la zia cominciò ad avere per lei un particolare riguardo. Le dame del castello canzonavano Sissi perché dedicava le sue attenzioni alla moglie morganatica del duca e alla figlia di quest'ultima, anch'essa di rango inferiore. Ma Elisabetta non se ne curava, le piaceva comportarsi contro l'etichetta. Era una riconoscenza nei confronti della ragazza o una vaga premonizione del suo destino futuro? In ogni caso, Maria Luisa avrebbe fatto molte delle cose che fino a quel momento non l'avevano interessata. Per far piacere alla zia, frequentò la Hohe Schule, studiò inglese e francese e, finalmente, si dedicò alla musica e al canto. Le sembrò auspicabile diventare dama di corte. Henriette vedeva con favore questo nuovo comportamento della figlia, dal momento che non c'era da pensare a un matrimonio di pari rango.

Nell'agosto 1873 arrivò un invito per l'esposizione internazionale a Vienna, e in quell'occasione Elisabetta fu particolarmente affettuosa con il fratello e la sua famiglia. Per i suoi parenti aveva sempre tempo. Non prendeva come pretesto la stanchezza o il mal di testa, le scuse preferite quando si profilava la minaccia di pesanti incombenze.

Maria Luisa indossava un vestito che non le donava, portava scarpe ineleganti e aveva una pettinatura rigida. Non piacque a Elisabetta, che la fece vestire e pettinare a sue spese. Due giorni dopo la ragazza avrebbe dovuto dimostrare la sua abilità di cavallerizza. La zia ne era così contenta che le regalò un vestito nuovo fatto su misura, che Maria Luisa indossò anche quando attraversò a cavallo il viale principale del Prater accanto all'imperatrice, ammirata e applaudita da tutti i presenti. La famiglia fece ritorno a Monaco coperta di ricchi doni, tra i quali una piccola cavalla di nome Mary che l'imperatrice aveva regalato alla nipote.

Elisabetta si era trovata così bene con la ragazza che nell'estate 1876 la invitò a Feldafing ad alloggiare nel suo stesso albergo, che portava il suo nome: «Hotel Kaiserin Elisabeth». Maria Luisa doveva fare da compagna di giochi dell'arciduchessa Maria Valeria.

Elisabetta le disse che le chiedeva «molto più di quanto si può chiedere a una ragazza normale. Sei del mio stesso sangue e questo è un legame forte. La mia posizione come imperatrice d'Austria non dovrà mai innalzare una barriera tra di noi. Per te sarò sempre la zia Sissi, e in te vedrò sempre la piccola e cara Maria, che mi vide piangere e non mi tradì».[1]

Invito a Gödöllö

Prima di partire da Feldafing, Elisabetta invitò Luigi, la moglie e la figlia a Gödöllö per l'autunno. In quel luogo Maria Luisa ebbe più di un'occasione di stupirsi. Soprattutto le fecero venire il batticuore i numerosi cavalli alloggiati nelle lussuose stalle, la scuola di equitazione allestita nel parco del castello, che sembrava fatto apposta per cavalcare. Elisabetta aveva fatto costruire un maneggio e si faceva istruire nell'alta scuola di equitazione dalle amazzoni del circo Renz. All'imperatrice, che aveva una particolare predilezione per l'amazzone Elise Renz, il direttore del circo impartiva consigli per l'acquisto di nuovi cavalli. «Adesso la mamma è già capace di saltare con il cavallo attraverso due cerchi»[2] raccontava l'arciduchessa Maria Valeria. Non c'è da meravigliarsi che queste acrobazie incantassero anche Maria Luisa.

Il «Wiener Salonblatt» del 26 settembre 1876 così raccontò la prima battuta di caccia a cui Maria Luisa partecipò: «Apriva il corteo la nipote di Sua Maestà, la deliziosa figlia del principe Luigi di [*sic*] Baviera, baronessa Maria di Wallersee, in sella a un cavallo storno, con un completo grigio chiaro e un cappellino rotondo con un velo bianco ... Seguiva una Daumont aperta con quattro lipizzani bianchi guidati dal principe Luigi, sul sedile posteriore erano sedute la signora Maria Festetics e la signorina Ferenczy. Poi, in un coupé tirato da due bruni normanni, Sua Maestà e l'arciduchessa Maria Valeria ... Alcuni cani fiutavano la pista. Siccome continuarono a seguire le tracce della volpe, il cervo fuggì».

La bella Maria Luisa non tardò a catturare l'attenzione dei partecipanti alla caccia, in particolare di quelli di sesso maschile. Con i suoi capelli biondi dai riflessi ramati, gli occhi scuri e la figura alta e flessuosa attirò su di sé molti sguardi di ammirazione. L'imperatrice aveva provveduto con generosità a dotarla di un abbigliamento alla moda e le aveva insegnato il comportamento da tenere a corte. Era un successo per Elisabetta, che voleva molto bene alla nipote ma che si divertiva anche a presentare a quella gente con la puzza sotto il naso, tanto fiera dei propri quattro quarti di nobiltà, la giovane figlia di un'attrice. La nobiltà reagì in modo contraddittorio. Da un lato era portata istintivamente a rifiutare la nipote dell'imperatrice, che proveniva da un ceto sociale differente e che, con la sua bellezza e le sue capacità equestri, poteva rappresentare una concorrente; dall'altro temeva di spiacere all'imperatrice respingendo la sua protetta. Quando alla fine di ottobre i genitori tornarono in Baviera, Maria Luisa poté prolungare il soggiorno presso l'adorata zia.

«A caccia per tre volte nella settimana. Ah, è stato meraviglioso! Elisabetta a cavallo era affascinante. Aveva i capelli raccolti in pesanti trecce sul capo, sormontate da un cilindro. Il suo abito sembrava cucito addosso; calzava stivaletti stringati, alti, con minuscoli speroni. Le mani erano protette da tre paia di guanti infilati l'uno sopra l'altro: il ventaglio da cui non si separava mai era sempre infilato nella sella. Mi divertivo moltissimo a seguire nelle lunghe cavalcate l'imperatrice, alla quale talvolta piaceva vestirsi come un ragazzo. Naturalmente dovevo seguire il suo esempio; e ricordo che mi sentii sprofondare per la vergogna quando mi vidi per la prima volta con i pantaloni. Elisabetta si immaginava che queste pazze abitudini di Gödöllö non fossero di dominio pubblico; in realtà ne parlavano tutti. Credo che soltanto Francesco Giuseppe non sapesse quello che era sulla bocca di tutti»[3] scrisse Maria Luisa.

L'accompagnatore preferito durante le battute di caccia era il conte Elemer Batthyany. Era il figlio del primo capo di governo ungherese, che dopo la rivoluzione era stato incarcerato e giustiziato in circostanze vergognose. La moglie aveva evitato perciò di incontrare Francesco Giuseppe e tutta la sua famiglia, e aveva fatto giurare al figlio che non avrebbe mai salutato l'imperatore. Elisabetta era apparentemente turbata da questa scortesia. Il giovane era un cavaliere eccellente, e solo questo contava per lei. Per lo stesso motivo aveva ammesso la presenza dei fratelli Baltazzi e della loro sorella Elena Vetsera. I due fratelli erano i figli di un ricco banchiere levantino ed Elena era sposata con un diplomatico austroungarico. I Baltazzi allevavano cavalli ed erano entrambi ottimi cavalieri: Alessandro aveva appena vinto il derby inglese, una cosa insolita per uno straniero. Incontreremo ancora il nome Baltazzi e quello di Elena Vetsera in una circostanza poco felice.

A Gödöllö Maria Luisa era la confidente di Elisabetta, ma spesso anche il parafulmine dei suoi umori. Da un momento all'altro l'allegria e la tranquillità dell'imperatrice potevano tramutarsi in ansia e depressione. Il destino aveva colmato Elisabetta di doni: bellezza, intelligenza, ricchezza e una missione da compiere nella vita, ma insieme le aveva regalato l'irrequietezza, il senso di insoddisfazione, la timidezza e un'angosciante paura di invecchiare e di perdere la bellezza.

Per Maria Luisa la vita con Elisabetta non era sempre facile, dal momento che l'imperatrice era abituata a vedere i suoi desideri, spesso frutto di un capriccio momentaneo, soddisfatti all'istante. Poteva anche succedere che la giovane, dopo un'estenuante giornata di caccia, dovesse accudire i cavalli per ore, occuparsi dei puledri, oppure scrivere di notte una lettera che poteva tranquillamente essere rimandata al giorno successivo. Anche il fatto che fosse stata improvvisamente eletta al rango di «preferita» era un capriccio della nobile signora, che si deliziava dello stupore della nipote e si rallegrava di giocare un brutto tiro a molta gente. In particolare alle dame del castello, che guardavano con sospetto questa nuova prediletta di dubbia origine spuntata dal nulla.

Maria Luisa partecipò anche alle battute di caccia a Pardubitz, nella Boemia orientale, dove era riunita tutta l'antica nobiltà del paese, e quindi l'etichetta era molto più rigorosa che a Gödöllö. È probabile non si sia sentita particolarmente a suo agio. L'unica persona che conosceva era Elemer Batthyany, con il quale presumibilmente aveva avuto una storia d'amore che però non sfociò in un matrimonio. I pettegolezzi di corte sul motivo della loro separazione furono contraddittori.

Dopo Natale, che trascorse ancora a Gödöllö, Maria Luisa tornò finalmente a casa. Il duca Luigi mandò il suo attendente e una governante ad accoglierla alla stazione.

La relazione con l'imperatrice però non si interruppe. Sissi si occupò anche del debutto di Maria Luisa nella società di Monaco e le spedì un bel vestito bianco di pizzo ornato di ghirlande di rose.

Maria Luisa viene data in sposa

Quando giunse per la ragazza il momento di sposarsi, l'ex regina di Napoli Maria Sofia si mise in contatto con il duca di Norfolk. Uomo molto stimato, era a capo della Chiesa cattolica in Inghilterra e tra i suoi avi annoverava il 4° duca di Norfolk, che pagò con la vita il tentativo di liberare Maria Stuarda. Anche Elisabetta si diede da fare, dato che aveva promesso al fratello Luigi che si sarebbe preoccupata del futuro della nipote. E adesso si trattava del matrimonio, anche se l'imperatrice non ne aveva un gran concetto, visto che lo definiva «la più grande sciocchezza degli esseri umani». Pareva che la dama di corte, la contessa Festetics, fosse in qualche modo interessata, probabilmente per motivi egoistici. La confidenza che si era stabilita fra la padrona e la baronessina non le andava per nulla, in quanto minacciava di indebolire la sua posizione. Lo sposo prescelto era il conte Larisch-Moennich, che Maria Luisa aveva conosciuto di sfuggita a Pardubitz senza rimanerne particolarmente colpita.

Nell'estate 1877 tutta la famiglia si ritrovò sul lago Starnberg: Elisabetta con il suo seguito a Feldafing, le sorelle Maria Sofia e Matilde con i mariti, i fratelli Luigi e Carlo Teodoro. Amelia, la figlia maggiore di Carlo Teodoro, e Maria Teresa di Trani, la figlia della sorella Matilde, rappresentavano per l'arciduchessa Maria Valeria delle compagne di giochi molto apprezzate.

A Feldafing l'imperatrice aveva probabilmente illustrato il suo progetto di matrimonio per Maria Luisa. Dato il suo rapporto con la nipote, sarebbe stato meglio che quest'ultima fosse sposata, preferibilmente con un uomo «innocuo», che non desse fastidio. Il desiderio dell'imperatrice che la nipote si recasse a Solza, in Slesia, con la contessa Festetics per incontrare di nuovo il conte Larisch aveva più l'aspetto di un ordine che di una semplice proposta. I conti Larisch-Moennich erano un'antica famiglia slesiana e un casato molto stimato, i cui membri erano stati spesso al servizio della casa imperiale.

«Ero in viaggio verso la Slesia, per promettermi in matrimonio a un uomo che non amavo. Il destino stava per darmi il primo duro colpo della mia vita. Il matrimonio non era la realizzazione dei miei sogni di ragazza, ma l'adempimento di un ordine imperiale della zia Sissi»[4] scriverà in seguito Maria Luisa nelle sue memorie. È ancora da dimostrare che queste parole coincidessero con il suo pensiero di allora.

Tutto si svolse secondo il programma. Il conte Georg Larisch, luogotenente in un reggimento di ulani, fece la sua proposta. Il matrimonio era un desiderio di entrambe le parti. Il duca Luigi e Maria Luisa fecero di tutto perché andasse in porto la soluzione escogitata da Elisabetta. Il padre era contento di sapere la figlia sistemata in quel modo, non potendo desiderare un partito migliore di un conte di un'antica e nobile famiglia. E i Larisch, a loro volta, speravano di ottenere dei vantaggi attraverso la futura parentela con la casa imperiale.

Per la sposa, tutto si svolse un po' troppo velocemente. Questa volta il soggiorno a Gödöllö fu una delusione.

Non poté partecipare alle battute di caccia, che Georg Larisch non amava. E, soprattutto, il futuro marito aveva già delle critiche da muoverle. Quando arrivarono a una discussione, Maria Luisa fu consigliata dalla zia di «sopportare con un comportamento adeguato la sua lieve suscettibilità».[5] Un fosco presagio per il futuro matrimonio, la cui data fu stabilita in fretta. Già il 20 ottobre, nella cappella del castello di Gödöllö, diventarono marito e moglie.

Molti giornali diedero un dettagliato resoconto dell'avvenimento, che si era svolto «con il carattere privato di un'allegra festa in famiglia, in forma semplice e senza pretese». Un treno speciale aveva portato numerosi ospiti della casa imperialregia alla stazione, dove trovarono ad attenderli le carrozze che li avrebbero condotti al castello. L'imperatrice aveva messo a disposizione della sposa la sua parrucchiera personale. Già dalla sera della vigilia la cappella era stata trasformata in un giardino fiorito e il pavimento era stato ricoperto da un Gobelin autentico. L'aveva ordinato l'imperatrice, perché la piccola Maria Valeria non doveva assolutamente prendere freddo.

Il vestito della sposa, regalo dell'arciduchessa Maria Valeria, venne descritto nei minimi particolari: «Un lussuoso vestito aderente di raso bianco, con un lungo strascico tenuto da un paggio. Lo strascico e le maniche erano guarniti di tralci di fiori, e una larga striscia di mirto correva fino all'orlo plissettato. Il lungo velo era trattenuto da una corona di mirto, al centro della quale splendeva un lussuoso bouquet di brillanti con una grossa perla nera, dono del principe ereditario. Al collo la sposa portava una ricca collana di perle con un fermaglio di brillanti, dono di nozze dell'imperatore che indossava l'uniforme degli ussari. Lo sposo era nell'uniforme di gala degli ufficiali degli ulani. L'imperatrice, bella e giovanile come la sposa, aveva scelto un vestito di seta grigio chiaro, orlato di pizzo di Fiandra, con una giacca di raso ornata di zibellino bianco. La sposa era visibilmente commossa, mentre lo sposo appariva allegro». Così, almeno, constatò il giornalista.

Dopo il matrimonio, nell'appartamento dell'imperatrice fu servito il pranzo per trentadue invitati. Gli sposi sedettero a capotavola, circondati dai regnanti. Subito dopo il pranzo, i due novelli sposi partirono con un treno speciale per Vienna, dove presero alloggio all'hotel Imperial. Come meta del viaggio di nozze scelsero l'Italia.

Ecco cosa scriveva il «Neuigkeitsweltblatt» a proposito dei regali: «Tre enormi ceste di stoviglie d'argento furono regalate dalla principessa di Thurn und Taxis, mentre l'imperatrice aveva procurato una lunga fila di ceste, ancor più pesanti, contenenti tutta la biancheria da casa in lino che ogni donna vorrebbe avere nel guardaroba; e vi aveva aggiunto stupendi bordi di pizzo di Fiandra di colore bianco e nero (del valore di 300.000 fiorini). Numerosi e capaci astucci in pelle contenevano i gioielli della famiglia Larisch, portati in dono dallo sposo alla sua sposa...». Secondo il «Wiener Salonblatt», questo matrimonio coniugava «distinzione, ricchezza e bellezza, come raramente si trovava altrove». Si hanno poche notizie sul viaggio di nozze, mentre si sa che a metà dicembre Elisabetta rivolse agli sposi un invito a caccia in Inghilterra.

Molto più tardi Maria Luisa racconterà quanto deludente fosse stata l'unione con il distinto e ricco conte Georg. Descriverà non solo l'ipocondria, l'insopportabile umore, il dominio oppressivo e l'iracondia del marito, ma anche i tradimenti e l'adulterio praticato fin dal viaggio di nozze. Troppo presto la giovane si rese conto che non si trattava di quel marito «innocuo» che la zia aveva desiderato per lei. Anzi, proprio il suo stretto legame con l'imperatrice fu per lei causa di numerosi litigi. E il consiglio di Elisabetta fu soltanto quello di fare buon viso a cattivo gioco.

L'AUDACE AMAZZONE

L'imperatrice in Inghilterra

Elisabetta amava tantissimo Gödöllö, ma con il passare del tempo giunse a formulare alcune critiche alla stagione di caccia. Era troppo breve, il bosco troppo fitto, gli ostacoli insufficienti. Secondo lei, il cavaliere realmente capace prediligeva la caccia a inseguimento, che poteva essere praticata soltanto in Inghilterra. Una svolta in questo senso fu data dall'ex regina Maria Sofia, che in Inghilterra possedeva un casino di caccia acquistato con l'aiuto dei Rothschild. Già nel 1874 aveva invitato la sorella in Inghilterra. Maria Sofia si era creata un circolo di ammiratori. Il marito la lasciava fare, poiché «aveva un vero culto per la propria bella e intelligente moglie», come scrive Brigitte Hamann, che riporta anche una notazione di Maria Festetics: «Il suo re è per lei ciò che è per me il portabagagli alla stazione!».[1] Come pretesto per il viaggio in Inghilterra, che non sarebbe stato gradito all'imperatore Francesco Giuseppe, Elisabetta addusse i bagni all'isola di Wight che Maria Valeria doveva assolutamente fare per rinvigorire la salute.

L'imperatrice fece davvero bagni in mare con la figlia, ma per lei era molto più importante visitare famose scuderie. I cavalli che le piacevano erano molto costosi e quindi non si oppose all'offerta di una ricca lady inglese che gliene voleva regalare uno, suscitando in tal modo, come si può ben immaginare, le ire dell'imperatore. Attraverso l'ex regina Maria Sofia, Elisabetta conobbe la società internazionale della caccia e dell'equitazione, tra cui i fratelli Baltazzi che, come osservava in tono critico la contessa Festetics, si erano furtivamente introdotti nella società di corte. A Vienna la baronessa Elena Vetsera, nata Baltazzi, era proprietaria di una grande casa e la sua cucina era rinomata, tant'è che anche esponenti di famosi casati nobiliari accettavano volentieri i suoi inviti.

Le battute di caccia alle quali Elisabetta partecipò in Inghilterra risvegliarono la sua ambizione. Si esercitò nei salti in alto e in lungo, consueti in quel tipo di caccia, e trascorse alcune settimane in Normandia per perfezionare la tecnica del salto. Tutto questo costava denaro. Denaro sprecato, a giudizio dell'imperatore, che era molto parsimonioso nelle spese personali. Ma sopraggiunse un avvenimento che migliorò nettamente le sue possibilità economiche. L'imperatore Ferdinando era morto senza eredi diretti e aveva nominato erede universale del suo notevole patrimonio il nipote Francesco Giuseppe, il quale generosamente provvide subito ad aumentare l'appannaggio della moglie da 100.000 a 300.000 fiorini. E quando questo non le bastava – cosa che accadeva spesso, dato il lusso in cui viveva –, allentava ulteriormente i cordoni della borsa. Con questi viaggi l'imperatrice diventava sempre più estranea ai viennesi. Maria Sofia fu incaricata di affittare in Inghilterra un castello adatto per ospitare la sorella e il suo seguito. Questa volta, infatti, Elisabetta intraprese il viaggio in compagnia di uno stuolo di aristocratici austroungarici appassionati di sport equestre.

Battute di caccia con Bay Middleton

Come guida nelle battute di caccia la scelta cadde su Bay Middleton. Lo scozzese dalla capigliatura fulva era uno dei più famosi cavalieri inglesi. Non apparteneva a una delle importanti famiglie del paese, né aveva disponibilità economiche, ma era un ospite gradito in società nelle residenze di campagna, stimato per il suo spirito e il buon umore, anche se talvolta le sue facezie potevano apparire un po' grossolane. Gli uomini lo stimavano, ma molte donne soggiacevano al suo fascino un po' scontroso. All'inizio Middleton non era entusiasta dell'incarico di fare da guida all'imperatrice d'Austria durante la caccia, e nemmeno lo divertiva l'idea di doverlo fare per un'intera stagione. Non aveva molta stima dell'equitazione femminile ed era dell'opinione che anche le capacità della regina non dovessero essere molto diverse da quelle delle altre donne. Non era certo particolarmente decoroso scorrazzare a cavallo per la campagna e voler eguagliare gli uomini! Allora non sapeva che sarebbe rimasto vittima della bellezza e dello charme di Elisabetta. Quando le giunsero all'orecchio le sprezzanti osservazioni di Bay, per Elisabetta diventò una questione d'onore farlo ricredere. Riuscì in fretta nell'impresa, visto che già durante la prima cavalcata Middleton non riuscì a riaversi dallo stupore. Elisabetta saltò i fossati più larghi e gli steccati più alti con una tale bravura da suscitare la sua meraviglia. E quando il cavallo, esausto dopo la cavalcata, si imbizzarrì e l'amazzone montò di nuovo in sella, come se non fosse successo niente, cadde in lui ogni tipo di pregiudizio. Da allora i due divennero inseparabili. Entrambi appassionati di cavalli, in sella dal mattino alla sera, sulle basi di questo cameratismo sportivo si stabilì fra loro una certa intimità. Elisabetta riconosceva l'abilità tecnica di Middleton, perciò accettava da lui rimproveri e critiche. Apprezzava inoltre la sua compagnia e si lasciava venerare con piacere.

Lontano da ogni tipo di cerimoniale, Elisabetta si godeva pienamente la vita. I malanni fisici, che così spesso l'affliggevano a Vienna, e la depressione erano scomparsi. Era diventata una donna allegra, che mangiava con appetito e aveva perso la sua timidezza.

Sono state fatte molte chiacchiere sull'imperatrice e lo scozzese. Dovunque si trovasse, Elisabetta era al centro dell'attenzione. E soprattutto quando c'era di mezzo un uomo, fiorivano pettegolezzi e maldicenze. Non era estranea a tutto questo l'ex regina Maria Sofia, che non aveva trovato nient'altro di meglio da fare che raccontare all'allora diciottenne principe ereditario Rodolfo, all'epoca in Inghilterra in viaggio di studio, i rapporti intimi fra sua madre e Bay Middleton, riferendo poi a Elisabetta i poco edificanti commenti del figlio sulla faccenda. Ne derivò un aspro litigio tra le due sorelle, le cui conseguenze durarono a lungo. Maria Sofia era gelosa. Probabilmente una delle ragioni era la sua rabbia nei confronti di Middleton, che in precedenza aveva rifiutato la sua proposta di accompagnarla nelle battute di caccia. Inoltre, in molte cose Elisabetta le era superiore: era bella almeno quanto lei, ma era più ricca e cavalcava meglio. E, oltre a questo, era imperatrice. Quando era arrivata in Inghilterra, Maria Sofia aveva suscitato molto interesse come ex regina e tragica eroina di Gaeta. Adesso sua sorella Sissi le aveva rubato la scena e l'aveva cacciata in seconda fila.

Possiamo supporre che Middleton amasse l'imperatrice. Anche lei si sentiva in qualche modo attratta da lui, però probabilmente se ne teneva lontana per non doversi spingere troppo oltre. Nelle sue memorie Maria Larisch, che partecipò alle battute di caccia in Inghilterra e in Irlanda, afferma che la relazione tra l'imperatrice e Middleton era qualcosa di più di un'amicizia, ma Maria Luisa ha dato prova più di una volta di avere una fervida fantasia. Le dicerie sull'imperatrice e Middleton si elevarono di tono allorché Elisabetta invitò lo scozzese a Gödöllö per la stagione di caccia. I magnati ungheresi e la sua famiglia considerarono del tutto inopportuna la presenza di Middleton, in particolare il tono amichevole usato dall'imperatrice nei suoi confronti. Quando, dopo la partenza dell'imperatore, il cerimoniale si allentò e, a tarda sera, Elisabetta invitò a cena l'amico, che si sedette con naturalezza accanto a lei, la meraviglia dei compagni di caccia ungheresi giunse alle stelle.

Caccia in Irlanda

Nel 1879 l'imperatrice affittò una casa in Irlanda, di cui Middleton era l'animatore. Lì la caccia era ancora più interessante, gli ostacoli più alti e più grandi. A Elisabetta servivano quindi cavalli abituati a tali percorsi; cavalli costosi, ovviamente. E Middleton fu incaricato di procurarglieli. Politicamente, la decisione dell'imperatrice non era saggia. L'Irlanda era già una provincia turbolenta e una spina nel fianco della corona britannica. Un'imperatrice d'Austria, pur viaggiando in incognito, avrebbe dovuto evitare di recarsi in un'area critica, o quantomeno non avrebbe dovuto manifestare la propria simpatia per il paese. Ma Elisabetta non se ne curava. Si era recata in Inghilterra per andare a cavallo, la politica non le interessava. E l'imperatore la lasciò fare, come spesso accadeva. Da molto tempo il castello di Summerhill era stato affittato e adattato ai desideri dell'imperatrice. Erano state allestite una cappella e una palestra, un collegamento telegrafico diretto con la terraferma, un binario per le carrozze fino all'entrata del salone. L'imperatrice viaggiava infatti con un nutrito seguito, che trasportava non meno di quaranta tonnellate di bagaglio, al quale si aggiungeva l'élite austriaca dei partecipanti alla caccia. Del seguito faceva parte una fornaia personale, dato che voleva panini freschi ogni giorno, e due mucche e una capra, per poter avere latte fresco per i due o tre bicchieri che beveva quotidianamente. Elisabetta detestava i doveri derivanti dalla sua elevata posizione, ma sapeva apprezzarne fino in fondo tutti i vantaggi. Anche in Irlanda Middleton le fece da guida, cosa che non rese particolarmente felice la fidanzata del cavaliere. Il tempo del fidanzamento si era già protratto a lungo e, per di più, era tormentata dalla gelosia nei confronti della bella imperatrice, che passava intere settimane accanto al suo innamorato. Insomma, voleva sposarsi.

Nel 1882 Elisabetta si recò ancora una volta in Inghilterra, ma senza la sua guida fidata il piacere fu dimezzato.

Inoltre, il soggiorno fu rovinato da alcuni attacchi che le mosse la stampa. Il suo viaggio tra gli irlandesi, popolo spesso ribelle, non era stato considerato con benevolenza in Inghilterra.

Nel frattempo Middleton si era sposato con Charlotte Baird, con la quale era fidanzato da molti anni, che gli aveva portato un patrimonio considerevole. Morì alcuni anni dopo, a soli quarantasei anni, come aveva vissuto: in sella a un cavallo. L'animale aveva incespicato, facendogli perdere l'equilibrio, poi aveva girato bruscamente la testa e gli aveva spezzato l'osso del collo.

Guerra nei Balcani. Il Congresso di Berlino

Mentre l'imperatrice, con il velo svolazzante, saltava fossi e steccati in Inghilterra e in Irlanda, facendosi ammirare dalla società riunita per le battute di caccia e suscitando interesse soprattutto per l'acquisto di cavalli sempre migliori, a Vienna l'imperatore aveva ben altre preoccupazioni. Nel 1872 l'imperatore Guglielmo I, l'imperatore Francesco Giuseppe e lo zar Alessandro II avevano sottoscritto a Berlino la cosiddetta «Alleanza dei tre imperatori» per evitare futuri conflitti. Ciononostante le guerre furono dichiarate, dato che ancora una volta i Balcani erano in fermento. Scoppiarono rivolte in Bosnia, Serbia e Bulgaria. I popoli slavi si ribellavano contro il dominio dei turchi, pensando che fosse arrivato il momento di liberarsi finalmente da quell'oppressione. Corruzione e cattiva amministrazione avevano rovinato il regno turco e l'avevano trasformato nel «malato del Bosforo», del quale molti volevano approfittare. Nel 1878 scoppiò la guerra russo-turca. L'armata russa aveva scorrazzato nei Balcani quasi fino a Costantinopoli. L'obiettivo secolare dei russi di avere uno sbocco sul Mar Mediterraneo sembrava a portata di mano. Inoltre, i turchi dovevano dichiarare la Serbia e il Montenegro Stati indipendenti e accettare l'autonomia della Bosnia e dell'Erzegovina. La Russia, perciò, coinvolse le altre grandi potenze: l'Inghilterra, che temeva per la sua rotta verso l'India, e l'Austria-Ungheria, che vedeva minacciata la propria sfera di influenza nei Balcani. L'equilibrio concordato con fatica stava vacillando. In questa situazione il cancelliere Bismarck, diventato principe dopo la fondazione dell'impero tedesco, si preoccupò al Congresso di Berlino di stabilire un ordine. La Russia doveva in qualche modo rivedere le sue pretese e accontentarsi essenzialmente della Bessarabia, mentre i nuovi Stati dovevano essere riconosciuti. L'Austria acquistò il diritto di possedere la Bosnia e l'Erzegovina, l'Inghilterra l'isola di Cipro come ulteriore sicurezza nella rotta verso l'India. Ma entrare in possesso delle due province balcaniche, nominalmente ancora sotto il dominio turco, non si rivelò soltanto una «passeggiata armata». La popolazione esasperata si opponeva e si arrivò a una vera battaglia: Sarajevo dovette essere conquistata. La stampa tedesca metteva in guardia contro l'avventura nei Balcani, poiché vedeva con preoccupazione il fatto che con l'acquisizione delle due province la popolazione slava era aumentata e si era creato un focolaio insurrezionale permanente. Per non esporsi in favore dell'una o dell'altra componente del regno, la zona occupata fu affidata al ministro delle Finanze comune alle due corone, ma di fatto il capo supremo era il comandante militare. È assodato che la monarchia si era creata acerrimi nemici a San Pietroburgo e a Belgrado, che le avrebbero assestato il colpo mortale. L'Austria era isolata. L'unica soluzione era appoggiarsi alla Germania.

Nel settembre 1879 fu stipulata tra Austria e Germania la Duplice alleanza, dapprima segreta e di durata quinquennale. Si trattava di un accordo contro le aspirazioni revansciste della Francia, che aveva perso l'Alsazia e la Lorena, e contro un'espansione russa a occidente. Nel 1882 la Duplice alleanza diventò, dopo l'ingresso dell'Italia, la Triplice alleanza. Si sollevavano dubbi su questa alleanza, dato che gli irredentisti, movimento attivo in Italia, avevano di mira alcuni obiettivi che si trovavano sotto il dominio austriaco: Trieste, il Trentino e il Sudtirolo.

La vita a Vienna

Nel 1874 era nato a Neuhäusl, sul fiume Leitha, il Partito socialdemocratico, nel 1882 Georg von Schönerer fondò il Partito pangermanista. A Vienna, dal 1881 c'era il telefono e dal 1883 era in funzione il primo tram a vapore.

Il diritto di voto era stato esteso a tutti i cittadini che pagavano annualmente almeno cinque fiorini di tasse. Cominciava ad avere un a certa influenza politica anche la piccola borghesia, che in futuro sarà rappresentata dal Partito cristiano-sociale di Lueger. In Boemia e Moravia erano risultati vani i tentativi di appianare i contrasti tra la popolazione ceca e i numerosi tedeschi che, pur vivendo in isole linguistiche e in zone periferiche, erano da secoli abituati a considerare quelle terre la loro patria. La «guerra delle lingue», la mancata concessione del diritto di usare la lingua materna nei rapporti con l'autorità, contribuì notevolmente al declino della monarchia.

L'abbattimento delle fortificazioni aveva provocato un grande fervore edilizio in tutta la città. Gli imponenti ed eleganti edifici sul Ring venivano copiati, sia pur in forma più modesta, nei sobborghi. L'introduzione nelle fabbriche della tecnica moderna richiamava da ogni parte dell'impero a Vienna, capitale e città residenziale, una gran quantità di immigrati che speravano di migliorare le proprie condizioni di vita. Molti restarono delusi: la domanda di appartamenti era notevole e gli affitti, anche quelli per i locali più modesti, troppo alti. Erano spuntati parecchi casermoni con bilocali (camera e cucina), allacciamento all'acqua in comune e gabinetto nel corridoio. Tutti avevano bisogno di una stanzetta, di uno «studio», ed erano fortunati quando riuscivano a trovare un coinquilino con cui dividere la spesa dell'affitto; oppure erano costretti a subaffittare a qualcuno un «posto letto», in genere un rozzo giaciglio sistemato in un angolo. Alta era anche la mortalità infantile, che falcidiava quasi un terzo dei bambini. La tubercolosi diventò una malattia endemica a causa della promiscuità determinata dal sovraffollamento degli appartamenti. Il divario fra ricchi e poveri era quindi molto ampio.

I figli di Maria Luisa Larisch. Festeggiamenti a Vienna

Naturalmente la gente che apparteneva alla cerchia dei coniugi Larisch non sapeva niente del popolino. E neppure se ne interessava, dal momento che non erano questioni che riguardavano il loro ambiente ma quello del ceto impiegatizio. Maria Luisa e il conte Georg vissero dapprima nel castello di Schönstein, nei pressi di Troppau, poi nel castello di Piersna a Karwin, in Slesia. Qui Maria Luisa diede alla luce due bambini, l'erede Franz Joseph e una bambina, alla quale venne dato lo stesso nome della figlia dell'imperatrice, Marie Valerie. Fu il periodo più felice del suo matrimonio. Nel 1877 lei e il marito ottennero il permesso di entrare a corte, due anni dopo Maria Luisa fu nominata dama di corte, un privilegio accordato esclusivamente in base al rango famigliare. Poco dopo il conte Georg ricevette il titolo di tesoriere, sicché sua moglie guadagnò quattro posti nella graduatoria delle dame del palazzo (il protocollo era molto rigido in questo senso).

La partecipazione al cosiddetto «carosello», una festa a cavallo organizzata per beneficenza, la cui origine risaliva XVI secolo, era naturalmente un dovere per l'entusiasta amazzone Maria Luisa. La festa, che si inseriva nell'ambito dei festeggiamenti in onore delle nozze d'argento della coppia imperiale, era organizzata dal famoso pittore Hans Makart, che aveva ideato anche il grande corteo. Poiché Makart aveva scelto come ambientazione il Rinascimento, la Società della navigazione a vapore sul Danubio – una delle conquiste del XIX secolo che non potevano assolutamente mancare – venne rappresentata da un veliero spagnolo dell'epoca di Cristoforo Colombo e le ferrovie da un'enorme ruota alata sulla quale erano seduti il dio del fuoco Efesto e alcune ondine seminude. Su un'automobile l'artista aveva sistemato alcune belle ragazze, tra le quali un'attrice di nome Katharina Schratt. Lo stesso Makart, in un costume rinascimentale di velluto nero, prendeva parte al corteo in sella a un destriero bardato con finimenti d'oro (date le sue non eccelse capacità equestri, la scena era piuttosto deprimente).

Gli spettatori erano entusiasti. Molti avevano rinunciato al riposo notturno per assicurarsi un posto favorevole. Le finestre sul Ring erano piene di gente. Il duca Luigi, fratello dell'imperatrice, era arrivato da Monaco per l'occasione. Aprì il carosello la scuola d'equitazione del castello insieme alla coppia imperiale. Era uno spettacolo meraviglioso, al quale parteciparono tutti coloro che avevano un certo nome e un certo rango. Vennero rappresentati i diversi tipi di caccia, compresa quella col falcone, e vi furono anche esibizioni equestri. Nella quadriglia delle dame splendeva anche Maria Luisa Larisch, della quale il «Salonblatt» così riferì: «Un'ottima amazzone, che stava in sella in modo eccellente. La dama, di notevole statura, indossava un vestito di velluto nero bordato d'oro con ampi inserti dorati. La cintura era d'oro tempestata di turchesi. Il vestito di velluto nero aveva una pettorina rossa guarnita di gioielli, mentre le maniche era trapuntate d'oro. Sulla cuffia dorata la contessa Larisch portava un cappello di velluto nero con le piume, sul quale era appuntato uno spillone con diamanti di rara bellezza. La nobile dama montava un cavallo bianco con ricchi finimenti proveniente dalla scuola di equitazione imperiale e la cui antica e preziosa gualdrappa di velluto rosso era di proprietà del re Luigi di Baviera». Il «Wiener Salonblatt» fu il primo a pubblicare una foto della contessa Larisch, di cui sottolineò le eccelse doti di amazzone. Per Maria Luisa fu la stagione più bella, ricca di eventi mondani, mentre si era notevolmente allentato il rapporto con l'illustre zia a causa dei numerosi viaggi di quest'ultima. Ma il suo matrimonio non era felice. Georg era umorale, diffidente e collerico, aveva un caratteraccio. E anche l'ostinata e stravagante Maria Luisa non era adatta per la casa e la famiglia. Nessuno dei due, poi, era particolarmente interessato ai figli, consegnati alle cure della fidatissima governante Thesi, più volte collaudata dalla parentela.

La stagione di caccia del 1881 vide la coppia di nuovo in Inghilterra, dove Maria Luisa, grazie alle sue doti di amazzone, conquistò l'attenzione della zia.

Anche durante i successivi soggiorni a Vienna l'imperatrice diede incarichi alla nipote. Le annotazioni e le poesie che aveva scritto dovevano essere ricopiate e ordinate, per essere in seguito raccolte nelle «opere complete». Era un compito di fiducia, che diede a Maria Luisa la possibilità di esaminare a fondo la vita spirituale di Elisabetta, le sue depressioni, la sua angosciosa paura della vecchiaia e della perdita della bellezza.

Maria Luisa ed Enrico Baltazzi

Georg Larisch decise di costruirsi un castello a Pardubitz e allevare cavalli da corsa inglesi. Pardubitz era da tempo una città di cavalli, con un percorso a ostacoli rinomato ed estremamente difficile, che ancor oggi fa scendere sul sentiero di guerra gli animalisti. Per non dover alloggiare in albergo, il conte Larisch accettò l'invito di Enrico Baltazzi di abitare per un po' di tempo a casa sua. Qui Maria Luisa incontrò di nuovo la baronessa Vetsera, che era spesso ospite del fratello. Si profilava un rapporto di amicizia che avrebbe avuto conseguenze fatali. L'ufficiale di cavalleria Enrico Baltazzi era un bell'uomo, di statura media e snello, oltre che naturalmente un cavaliere intrepido. I suoi occhi azzurri e un certo qual esotismo orientale suscitarono ben presto l'interesse di Maria Luisa che, soffocata da un marito ipocondriaco e spesso di cattivo umore, non poté resistere alla tentazione di concedersi un'evasione dalla noiosa routine matrimoniale.

Il 14 novembre 1884 Maria Luisa diede alla luce, nella sua casa di Vienna, la seconda figlia femmina. Fu chiamata Marie Henriette e la baronessa di Wallersee fece le veci della madrina, l'ex regina Maria Sofia. La figlia fu in seguito chiamata «Mary», un diminutivo all'epoca molto in voga. Dato che allora esisteva ancora un legame fra loro, Elisabetta fece visita alla puerpera. A distanza di poco più di un anno nacque il quarto figlio, Georg Heinrich. Quasi certamente il padre dei due ultimi nati era Enrico Baltazzi e non Georg Larisch, del quale comunque portarono il cognome. Probabilmente il conte lo sapeva, ma aveva riconosciuto i bambini per evitare lo scandalo. Anche se fino ad allora era stato veramente prodigo nell'uso del denaro, da quel momento con la moglie diventò avaro.

Ma la vita era costosa. Per una stagione, una donna che voleva essere ben vestita doveva avere almeno cinque abiti da sera, naturalmente delle stoffe più preziose e confezionati da case di moda di prima classe. E una dama di corte doveva essere particolarmente elegante. «Mirabilmente bella in una toilette bianca con guarnizioni di pelliccia, con tra i capelli *aigrettes* di costosissime pietre e piume» scrisse la stampa a proposito dell'abbigliamento sfoggiato dalla contessa Larisch a un ballo di corte del 18 gennaio 1888. Maria Luisa si trovò ben presto indebitata fino al collo. Si arrangiò firmando cambiali, che all'inizio furono pagate da Enrico Baltazzi. Finché anche lui non poté più farvi fronte, essendo stato posto sotto tutela per sperpero di denaro. Soltanto dopo il suo matrimonio con la ricca Paula von Scharschmid-Adlertreu il provvedimento fu revocato e i debiti ripianati dai genitori della moglie, che avevano trasferito alla figlia il loro patrimonio. Ancora molti anni dopo restavano da pagare 200.000 corone di interessi per i debiti della contessa Larisch, la quale allora si rivolse al principe ereditario Rodolfo, suo cugino, che l'aveva già aiutata finanziariamente.

Maria Luisa trascorse i mesi estivi con i figli a Rottach, sul lago Tegernsee, dove la madre le aveva affittato una casetta di campagna che, al termine delle vacanze, le regalò (molto probabilmente ad acquistarla fu l'ex regina Maria Sofia). Per anni, dopo la separazione dal marito, Villa Valeria costituì per Maria Luisa un rifugio.

Morte del re Luigi II di Baviera

Per Maria Luisa, regolarmente, i soggiorni in Baviera significavano anche rivedere l'imperatrice, per la quale il 1886 fu un anno di tragedie. La morte del re di Baviera Luigi II e gli avvenimenti che la precedettero l'avevano sprofondata in una grave depressione. Presumibilmente raccontò alla nipote che il defunto le era apparso e le aveva pronosticato la morte sua e quella atroce della sorella Sofia Carlotta.

Secondo alcune voci, Elisabetta aveva tentato di proteggere il re, senza però riuscirvi. Anche la morte di Luigi fa parte di quegli enigmi della storia che non verranno mai chiariti. Un po' di luce sui fatti sarebbe potuta venire da un'autopsia, che però avrebbe dovuto essere autorizzata dalla famiglia.

Mary Vetsera

All'inizio dell'estate 1888 Maria Luisa riuscì ad avere un colloquio con il marito in occasione di una visita in casa della baronessa Vetsera, in Salesianergasse. La baronessa era riuscita a guadagnarsi una certa considerazione nell'ambito della società viennese. Pur non appartenendo ai circoli davvero importanti, nel suo salotto si ritrovavano regolarmente gli esponenti delle più illustri e più antiche famiglie nobili. La baronessa, nel frattempo rimasta vedova, era nota per la sua ospitalità e quindi si sorvolava sul fatto che non possedesse i quattro quarti di nobiltà. Lì Maria Luisa incontrò la figlia minore della baronessa. «Mary», come veniva chiamata, era diventata una bella ragazza e aveva un folto stuolo di ammiratori, tra i quali il principe Miguel di Braganza, rimasto vedovo dopo un breve matrimonio.

La diciassettenne Mary era già nota in società. Il «Salonblatt» aveva pubblicato più volte in prima pagina la sua fotografia e ne aveva elogiato l'abilità di pattinatrice e la garbata presenza ai balli dei bambini. Nell'estate 1887 il giornale scrisse che la ragazza apparteneva alle bellezze più ammirate e che da «bambina graziosa» si era trasformata in una «dama graziosa». La «greca con grandi occhi impenetrabili e dall'eterea bellezza» era diventata argomento di conversazione. La baronessa Vetsera, impegnata ovviamente a cercare nei circoli più elevati un partito per la figlia, aveva forse imbeccato i giornalisti del «Salonblatt»? «Più piccante che bella e molto civettuola» la giudicò nelle sue *Hofchronik* (Cronache di corte) la baronessa Marie von Redwitz, dama di compagnia in casa del duca Carlo Teodoro. L'opinione generale nei confronti di Mary era sostanzialmente negativa: superficiale e precoce, sensuale e focosa, la classica donna orientale, per di più non particolarmente intelligente, poco colta e viziata. Molte dame disapprovavano i suoi frequenti flirt con uomini sposati, e buona parte di queste critiche erano dettate dall'invidia per i successi della rivale. Dopo la catastrofe di Mayerling, il «Berliner Börsen-Kurier» diede di lei la seguente descrizione: «La baronessa non era proprio quella che si definisce una bellezza, almeno una bellezza nobile e distinta. L'espressione di Schopenhauer "colpo di scena della natura" difficilmente potrebbe risultare altrettanto calzante come in questo caso; dal corpo formoso e precocemente sviluppato, dal visino grazioso con labbra trepidanti, dal nasino impertinente e dagli occhi azzurri brillanti spirava un'aura di calda sensualità che esercitava sugli uomini un effetto tanto più potente quanto più sensuale fosse la loro natura...».

Mary entrò a corte tramite Miguel di Braganza, ma in realtà spasimava soltanto per un uomo, il principe ereditario Rodolfo. Come cugina dell'interessato, Maria Luisa era quindi per lei molto interessante. L'attaccamento di Mary, strumentalizzato a propria volta da Maria Luisa per scopi personali, avrebbe avuto pesanti conseguenze per tutti.

L'OCULISTA

Il duca Carlo Teodoro diventa oculista

Fu davvero un bene che Carlo Teodoro si fosse trasferito a Mentone con la famiglia per riposarsi. In quel paese viveva all'epoca Alexander von Ivanov, un famoso oculista, professore di Kiev, che aveva trasformato quella località in una meta di pellegrinaggio per chiunque avesse problemi agli occhi. Il professor Ivanov si era fermato a Mentone per ragioni di salute. Soffriva di tubercolosi e sperava che il clima mite della riviera potesse essergli di giovamento.

L'infermità non gli impediva comunque di esercitare la professione medica anche a Mentone. Venuto a conoscenza dell'attività del luminare, il duca Carlo Teodoro volle ovviamente incontrarlo.

Ivanov, cogliendo nel collega più giovane un autentico interesse e la voglia di imparare, lo invitò a fargli da assistente durante gli interventi. Carlo Teodoro rimase affascinato dai risultati da lui ottenuti. L'oculistica lo attirava sempre di più, senza peraltro pregiudicare il suo interesse per le altre specialità. Anche quando a Vienna conobbe il famoso chirurgo Christian Billroth, non perse l'occasione per operare nella sua clinica, arricchendo così il proprio bagaglio di conoscenze.

Un erede per Carlo Teodoro

Anche nell'ambito famigliare ci fu un lieto evento. Alla fine nacque l'erede maschio lungamente atteso, seguito tre anni dopo da un altro maschio, Francesco Giuseppe.

Tornato a Tegernsee, il duca giunse a ricevere trenta pazienti al giorno. Una volta, mentre medicava un boscaiolo, gli capitò una disgrazia: una scheggia d'osso gli si conficcò nella mano destra, procurandogli un'infiammazione dei vasi linfatici che si trasformò in flemmone. Pur avendo la mano destra fuori uso, Carlo Teodoro non si lasciò scoraggiare. Per non restare inattivo, adoperò la sinistra fino al momento della guarigione. Dovunque si trovasse esercitava la professione medica. A Merano curò in tre mesi più di mille pazienti, che si rivolgevano a lui perché affetti da malattie agli occhi. «La gente arrivava dalle valli più lontane e dalle fattorie isolate» annotò la baronessa von Redwitz. «Molti, spaventati anche dai costi, non se la sentivano di andare fino a Innsbruck in una clinica oftalmica, ma accorrevano qui dove venivano operati gratuitamente. Le statistiche dimostrarono che il numero dei ciechi era diminuito in modo così massiccio che l'ufficio di Innsbruck si informò se non ci fosse stato un errore. Era l'opera del "nostro dottore", così la gente di campagna chiamava il duca. Ogni sabato la duchessa e la principessa Sofia si recavano in ospedale con frutta e sigari, per rallegrare la domenica dei pazienti.»

Nelle ore di ricevimento la sala d'aspetto era sempre sovraffollata. Succedeva che ci fossero in attesa anche più di settanta persone. Ogni mattina in clinica si operava. Il più giovane paziente aveva diciotto mesi, il più vecchio novantadue anni. In famiglia il duca veniva consultato anche per altre malattie. La sorella Elena si rivolse a lui disperata per la grave malattia del figlio, ma in quel caso la scienza medica fallì perché Carlo Teodoro non poté fare nulla per il nipote. Nel 1888, al Congresso di oftalmologia di Heidelberg, Carlo Teodoro fu ascoltato con attenzione. Una settimana più tardi ci fu la festosa inaugurazione della nuova clinica a Tegernsee. Con grande gioia della popolazione fu festeggiata la millesima operazione di cataratta. Anche la clinica statale di Monaco fu per un certo periodo lo scenario della sua attività medica, finché aprì una propria clinica in Giselastraße, ampliatasi poi, nel

1896, nella grande clinica oftalmica in Nymphenburger Straße.

Per Carlo Teodoro l'etica professionale veniva prima di ogni altra cosa. Curava chiunque ne avesse bisogno, anche se non era in grado di pagare. La baronessa von Redwitz, che visse molti anni in casa sua, scrisse di lui: «Era soprattutto un dottore dei poveri». La sua fama come medico si diffuse fino in Algeria, dove la famiglia del duca passò un inverno. Anche in quel paese dovette operare, con l'aiuto della figlia che gli fece da assistente, uno stuolo di pazienti che continuavano ad aumentare.

Morte del duca Max in Baviera

L'11 novembre 1888 il duca Max in Baviera fu colpito da un colpo apoplettico. In vecchiaia aveva condotto una vita appartata e si era dedicato alla scrittura. Solo di tanto in tanto riceveva la sera personaggi intelligenti e spiritosi, come il vecchio poeta di Kobell, Kaspar Braun, il fondatore del «Fliegende Blätter», o l'abile suonatore di cetra Petzmayer. Erano queste le persone che gli piacevano. Anche nella vecchiaia il duca e la moglie non vivevano insieme ma uno accanto all'altra, senza aver trovato la comprensione reciproca. Anche quel sabato il duca aveva invitato un bel gruppo di amici, che improvvisamente si accorsero che il loro ospite non stava bene. Il discorso dapprima si fece zoppicante, poi si interruppe bruscamente. Max era seduto al tavolo con lo sguardo fisso. Si pensò a un malessere passeggero e fu messo a letto, ma la speranza che potesse tornare in salute andò presto delusa. Il duca Max morì quattro giorni dopo, il 15 novembre, all'età di ottantun anni.

Il duca Carlo Teodoro e sua moglie, in quel momento a Vienna, tornarono immediatamente a Monaco. Anche la principessa di Thurn und Taxis arrivò con il ventiduenne figlio Alberto, l'imperatore con la principessa Gisella e il fratello Carlo Luigi, il duca e la duchessa d'Alençon.

Solo l'imperatrice Elisabetta non si fece vedere. Non

partecipò neppure al funerale, adducendo come scusa ufficiale un'indisposizione. Ma la vera ragione risiedeva nel fatto che era in disaccordo con il padre. Due mesi prima, durante i festeggiamenti per le sue nozze di diamante, il duca Max aveva letto ad alta voce un passo di un libro che apprezzava molto, *Il secolo nevrotico* del patologo italiano Paolo Mantegazza, che recitava: «Il nervosismo di coloro che non lavorano guarirà solo un po' alla volta, non appena – cioè – i duchi, i conti e i baroni insegneranno ai propri figli che il lavoro è la migliore patente di nobiltà e nel contempo la via più sicura per godersi una vita lunga e felice».[1] In questa citazione, apparsa poco dopo sul «Wiener Fremdenblatt», qualcuno volle leggere una critica nei confronti dell'imperatrice.

«È triste pensare come avrebbe potuto essere diverso»[2] disse il duca Carlo Teodoro in riferimento al matrimonio dei genitori e a quanto la madre ripeteva sempre, che non avrebbero voluto sposarsi. La duchessa Ludovica seguì il marito nella tomba quattro anni dopo.

Dei suoi generi aveva spesso affermato che erano tutti brave persone, mentre delle figlie diceva che non erano sempre state delle mogli facili per i loro mariti.

Per i duchi in Baviera gli anni Novanta dell'Ottocento furono funestati dalla morte di molti figli e generi: nel 1890 morì Elena, principessa di Thurn und Taxis; nel 1893, a soli quarantadue anni, il duca Massimiliano Emanuele, molto compianto dalla moglie Amalia che, appena un anno dopo, lo avrebbe seguito nella tomba; alla fine del 1894 fu la volta del re Francesco II, ex re di Napoli, che morì ad Arco, allora ancora in territorio austriaco, e vi fu sepolto. La moglie Maria Sofia lo aveva curato fino all'ultimo giorno. Secondo quanto scrisse la baronessa von Redwitz molti famigliari furono sinceramente addolorati per la sua morte. Avevano imparato a stimarlo e a rivolgersi a lui per molti casi delicati, fidandosi della sua discrezione. Nel 1919, allorché Arco diventò italiana, Maria fece tumulare il marito a Tegernsee: l'ex re di Napoli non doveva riposare in un paese contro la cui unificazione egli aveva così tristemente combattuto. Della tragica morte di Sofia Carlotta, duchessa d'Alençon, avvenuta nel 1897 e di quella dell'imperatrice Elisabetta un anno più tardi, riferiremo più avanti. La morte di Sissi, la sorella prediletta, colpì Carlo Teodoro in modo particolare.

Settantesimo compleanno e morte del duca Carlo Teodoro

Il 9 agosto 1908 venne festeggiato il settantesimo compleanno del duca Carlo Teodoro alla presenza di quasi tutti i rami della famiglia. La felicità doveva essere di breve durata. In ottobre il duca si recò con la famiglia a Bad Kreuth dove, il 7 novembre, prese ancora parte a una battuta di caccia. Subito dopo però si ammalò, inizialmente di un disturbo alla vescica, poi di nefrite. Si sperò in un miglioramento, finché una bronchite lo stroncò definitivamente.

Scomparve il 30 novembre 1908 alla presenza della duchessa e di tutti i suoi figli, compresa Maria Gabriella, anch'essa ammalata.

Lasciamo ancora una volta la parola alla baronessa von Redwitz: «Il cadavere del duca era meraviglioso e il nobile capo dal bel profilo sembrava una lucente scultura di marmo. Fu trasportato su una slitta a Tegernsee, accompagnato dalle fiaccole dei cacciatori. Il funerale ebbe luogo il 1° dicembre a Tegernsee in forma privata per volere del defunto. La presenza della corte e dei delegati fu cortesemente rifiutata. Data l'enorme popolarità del duca, la partecipazione alla sua morte fu generale. Moltissimi avevano avuto modo di ammirarlo come medico ed erano stati aiutati da lui, pochi erano entrati nella sua vita privata laddove veniva alla luce la sua meravigliosa personalità che affascinava chiunque entrasse in contatto con lui».

Il duca Carlo Teodoro lasciò una vedova profondamente addolorata, sei figli e innumerevoli pazienti che dovevano a lui la vista. La sua eredità è la clinica oftalmica di Monaco che porta il suo nome e che esiste ancora oggi.

LA DUCHESSA D'ALENÇON

Matrimonio della duchessa Sofia Carlotta in Baviera con il duca Fernando d'Alençon

Fernando Filippo Maria duca d'Alençon era nipote del re Luigi Filippo, che nel 1830 era salito al trono come «re borghese» e fu poi destituito nel 1848 in seguito alla rivoluzione e alla conseguente proclamazione della repubblica. Il re Luigi Filippo fuggì in Inghilterra, dove visse fino alla morte con il nome di conte di Neuilly.

Il duca d'Alençon era un giovane attraente. La baronessa von Redwitz lo descrive come un uomo dal portamento cavalleresco, «con un'acconciatura accuratamente studiata e modi garbati», del quale si ascoltava con diletto il francese fluente. Aggiungeva, in modo quanto mai eloquente, che possedeva più le qualità di un santo che di un marito. La famiglia apparteneva alla casa reale francese, anche se c'erano poche speranze che uno dei componenti potesse nuovamente portare la corona. Forse, però, la duchessa Ludovica aveva ormai abbandonato il sogno di un titolo regale per le figlie per soddisfare la propria vanità. Né il matrimonio dell'imperatrice Elisabetta né quello della regina Maria Sofia erano stati felici, e quest'ultima aveva anche perso la corona e il regno ed era soltanto un'«ex regina». E poiché il bel progetto di vedere Sofia Carlotta seduta sul trono di Baviera era definitivamente tramontato, il biondo duca della rispettabile casa Borbone-Orléans – che era stato ospite con il padre, duca di Nemours, a Possenhofen – non poteva non andarle a genio.

Ludovica, quindi, non perse tempo, decisa a cancellare il fallimento con il re Luigi il più in fretta possibile. La foto della figlia che gli aveva inviato sembrava essere stata di gradimento del nuovo prescelto, sicché era giunto il momento che Sofia Carlotta e il duca si conoscessero. Dato che non provavano antipatia l'uno per l'altra, «questa volta si stabilisce di non tirare le cose in lungo, ma di celebrare le nozze già in settembre»[1] come scrisse il conte Egon Corti.

Il 24 giugno 1868, quando si fidanzarono, Sofia Carlotta aveva vent'anni, il duca d'Alençon circa tre anni in più. Quasi lo stesso giorno, tre mesi dopo, ebbe luogo il matrimonio a Possenhofen. La notte precedente, durante i festeggiamenti della vigilia, sulla riva opposta il castello di Berg di colpo s'illuminò e, subito dopo, fuochi d'artificio di stupendi colori solcarono il cielo della sera con forti scoppi. Non sappiamo se quello spettacolo pirotecnico fosse stato preparato per la zarina di Russia, in visita in Baviera, o in omaggio a Sofia Carlotta alla vigilia delle nozze.

Del matrimonio abbiamo un preciso resoconto stilato dal principe Hohenlohe-Schilling. Ebbe luogo in una sala del castello, che era stata trasformata in cappella. Il giovane duca d'Alençon viene descritto dal principe come un «bel giovane dall'aria vivace. La sposa era vestita di seta bianca con guarnizioni di fiori d'arancio e un'acconciatura di fiori d'arancio e di tulle. La coppia si inginocchiò di fronte all'altare, dietro di loro al lato sinistro il principe Adalberto (testimone), dietro questo i due ministri (il secondo testimone Pfretzschner e io) e poi, dietro di noi, gli uomini della casa d'Orléans. Dall'altro lato, il duca di Nemours, la duchessa e tutte le principesse ... Nessuno piangeva ... La sposa sembrava imperturbabile. Prima del "sì", lo sposo fece le felicitazioni al padre e alla sposa, quindi ai genitori di lei. Il "sì" della sposa sembrava dire: "Per me può andar bene". Ma non voglio dire niente di cattivo, mi è solo sembrato così. Dopo il matrimonio, baciai la mano alla duchessa e le feci gli auguri. Sembrava veramente felice e contenta».[2]

Al termine della cerimonia venne servito il pranzo in due sale del castello, mentre di fuori un'orchestra dell'esercito bavarese suonava il coro delle nozze del *Lohengrin*.

Depressioni turbano il matrimonio

La giovane coppia trascorse il primo periodo di matrimonio nella Bushy-House, nei dintorni di Londra. All'inizio tutto sembrava andare per il meglio. Fu un autunno magnifico: i campi erano ricoperti da un verde rigoglioso, i giardini pieni di fiori.

Sofia Carlotta e il marito vennero subissati di inviti: tutti i vicini facevano a gara per conoscere per primi la giovane duchessa. Poiché anche lei, come la sorella Elisabetta, era una brava amazzone, partecipò alla stagione di caccia con grande divertimento.

Invece con il suocero, il duca di Nemours, non andava d'accordo. Era troppo autoritario per lei. E appena il bel tempo finì e arrivarono le prime nebbie e le prime piogge, Sofia piombò in una profonda melanconia. Stati depressivi di questo tipo continuarono a tormentarla. Il marito cercò di aiutarla e si sforzò di trovarne le cause, ma senza risultato. Erano sposati da poco, avevano tutta la vita davanti a loro, e non erano certo privi di beni materiali... È probabile che le depressioni di Sofia Carlotta dipendessero da una predisposizione ereditaria. Il nonno, duca Pio in Baviera, trascorse gli ultimi anni della sua vita in totale solitudine. Le sue sorelle Maria Sofia e Matilde soffrivano episodicamente di crisi depressive, come ne soffrì Elena dopo la prematura morte del marito e del figlio maggiore. Anche Elisabetta era soggetta a depressione, timidezza patologica e tendenza all'isolamento, come risultò sempre più evidente con il passare degli anni. Neppure la nascita di una bambina in piena salute, di nome Luisa Vittoria, venuta alla luce il 19 luglio 1869, riuscì a guarire Sofia Carlotta. Sfortunatamente, in quel periodo morì anche la duchessa d'Aumale, che fino ad allora era stata per lei come una seconda madre.

I duchi in Italia

A questo punto entrò in azione il duca d'Aumale. Resosi conto che il cupo paesaggio aveva un'influenza negativa sulla malata, invitò la coppia nel Palazzo d'Orléans, a Palermo. Il duca Fernando accolse l'offerta con entusiasmo: nella Sicilia piena di sole sua moglie avrebbe finalmente ritrovato la gioia di vivere. Nei primi giorni Sofia Carlotta non uscì neppure di casa. Soltanto dopo che, a poco a poco, le furono tornate le forze, riuscì a godere della natura lussureggiante e dello stupendo paesaggio. In compagnia del marito visitò le numerose meraviglie dell'isola (spesso affittavano una barca e andavano per mare), e la depressione sembrava scomparsa. Dopo due mesi, però, il soggiorno in Sicilia fu bruscamente interrotto per motivi di natura politica. I duchi d'Alençon appartenevano alla casa dei Borbone e, per i siciliani, rappresentavano una brutto ricordo. Non li volevano, neppure se si trattava di un'innocua coppia di sposi, di una giovane donna che voleva soltanto guarire. Così Fernando e Sofia Carlotta dovettero lasciare l'isola. Il governatore di Palermo non era riuscito a garantire la loro sicurezza, e anche a Napoli erano ospiti indesiderati.

Le conseguenze dell'improvvisa partenza furono una ricaduta della malattia e attacchi d'ansia. «La felicità provoca ansia. Non siamo nati per la felicità» pare abbia detto Sofia Carlotta. Siccome il duca non voleva tornare in Inghilterra, accettò l'offerta del cognato, l'ex re di Napoli, di fermarsi a Roma a Palazzo Farnese, dove in quel momento si trovavano due sorelle di Sofia Carlotta: l'ex regina di Napoli Maria Sofia e Matilde, contessa di Trani. Fernando sperava che la presenza dei parenti potesse giovare alla moglie. Le sue idee sul matrimonio erano diverse da quelle della moglie. Certamente Sofia Carlotta, al pari delle sue sorelle, aveva avuto una pesante eredità, ma è anche vero che si lasciavano un po' andare. Una schiera di camerieri, cameriere, governanti e bambinaie le sollevavano da ogni fatica. Non avevano occupazioni intellettuali e si sentivano a disagio in quello che avrebbe dovuto essere il loro ambiente. Un po' di pianoforte, un po' di pittura, talvolta una poesia, come per l'imperatrice Elisabetta, era tutto ciò che facevano. Avevano quindi molto tempo per pensare alle loro sofferenze. L'eccezione era costituita dal duca Carlo Teodoro il quale, come medico, aveva trovato un'occupazione che lo assorbiva completamente e non aveva mai sofferto di depressione né di melanconia. Soltanto nel 1870, quando anche Maria Sofia e Matilde volsero definitivamente le spalle a Roma con le loro famiglie, Sofia Carlotta e il marito abbandonarono la Città Eterna.

Nel 1874, allorché la Spagna, dopo due anni di governo repubblicano, decise di tornare nuovamente alla monarchia, il duca d'Alençon ricevette l'offerta di assumere la corona spagnola. Ma poiché questo avrebbe comportato la rinuncia alla cittadinanza francese, il piano naufragò. Durante la guerra franco-prussiana la famiglia Alençon visse nella patria di Sofia Carlotta, sul lago Starnberg, mentre il duca cercò in tutti i modi di arruolarsi nell'esercito francese. Dopo la caduta dell'imperatore Napoleone III e la proclamazione della repubblica, i Borbone speravano non solo di restaurare la monarchia ma di occupare nuovamente il trono francese (all'Assemblea nazionale, infatti, c'era una maggioranza monarchica). L'ipotesi fallì perché il conte Henri de Chambord, pretendente al trono, rifiutò il tricolore e la Costituzione. «*L'État c'est moi*» aveva proclamato Luigi XIV, e aveva vissuto e regnato di conseguenza. Altri governanti l'avevano considerato un modello da emulare. Ma l'epoca dell'assolutismo era passata, anche se il conte Chambord non l'aveva ancora capito. La Francia era ormai diventata una repubblica.

Nascita di un figlio. Da Vincennes a Parigi

Il figlio tanto desiderato da Fernando e Sofia Carlotta nacque a Merano e fu tenuto a battesimo dall'imperatrice Elisabetta. Sofia Carlotta rimase dapprima in quella città, poi seguì il marito a Vincennes, dove il duca d'Alençon aveva finalmente ricevuto il titolo di capitano nel 12° reggimento d'artiglieria. Cominciò così un periodo di vita famigliare serena: la coppia era amata dalla società e vedeva crescere con gioia i due figli. Ma la felicità fu di breve durata, poiché il duca fu congedato dall'esercito insieme ad altri ufficiali (i superiori consideravano il 12° reggimento troppo aristocratico). Con l'abbandono di Vincennes si chiudeva un altro capitolo della vita di Sofia Carlotta.

La loro nuova residenza diventò Parigi, dove il padre di Fernando aveva messo a loro disposizione la sua casa in avenue Kléber. Ma le emozioni erano state troppe per Sofia Carlotta, che precipitò nuovamente in una profonda depressione. La sua condizione continuava a peggiorare, malgrado tutti i tentativi compiuti dal marito per aiutarla, e anche gli altri membri della famiglia pensavano che ormai non potesse avere un futuro felice. Il destino le aveva donato tante cose: bellezza e passione per la musica, un matrimonio che sarebbe potuto essere pieno di armonia e una posizione sociale elevata, ma non le aveva dato la capacità di goderne, di rallegrarsene e di conservare la sua felicità. «*Un couple de tragédie*», una coppia da tragedia, così la scrittrice Marguerite Bourcet aveva definito il duca e la duchessa d'Alençon.

Sembrava veramente che a Sofia Carlotta fosse negata la possibilità di mettere radici in un luogo. I Borbone non erano più graditi nella repubblica francese, dalla quale il duca d'Aumale fu bandito (lasciò il castello di Chantilly e tutte le sue collezioni d'opere d'arte all'Institut de France). Il governo francese confiscò anche i beni del duca di Nemours, suocero di Sofia, che liquidò la maggior parte dei suoi possedimenti e tenne per sé solo la casa in avenue Kléber. Dato che il figlio e la moglie trascorrevano la maggior parte del tempo in Baviera, donò loro il castello di Mentelberg, nei pressi di Innsbruck.

Ancora una relazione amorosa e le sue conseguenze

All'età di quarant'anni Sofia Carlotta si innamorò perdutamente del dottor Glaser di Graz. La complicazione era che l'uomo dei suoi sogni era sposato e il loro legame non rimase a lungo segreto. Anche la moglie del medico lo venne a sapere e non pensò di passare sotto silenzio la cosa. Minacciò infatti di rendere pubblica la relazione extraconiugale e di separarsi. I due amanti fuggirono a Merano, dove però vennero ben presto scoperti e divisi. Sofia Carlotta cadde nuovamente in depressione e suo marito, disperato, si rivolse al cognato Carlo Teodoro. Ma anche questi non poté far nulla per aiutarlo, se non consigliargli di ricoverare la moglie nella clinica di un famoso neurologo, il professor Krafft-Ebing di Graz, che si era specializzato nel trattamento delle «anomalie sessuali». L'imperatrice Elisabetta era preoccupata per la sorella, ma non fece nulla per aiutarla.

Il ricovero in una clinica per malattie nervose, cioè in una struttura chiusa, non era privo di pericoli per le persone appartenenti a ceti elevati. Capitava spesso che venissero dichiarate malate di mente e, quindi, interdette. Era accaduto alla principessa Luisa di Coburgo, una figlia del re del Belgio e sorella della principessa ereditaria austriaca Stefania. A dire il vero, però, ne aveva combinate di tutti i colori: era andata in viaggio con l'amante, aveva contratto una montagna di debiti e, quando i creditori l'avevano messa alle strette, aveva falsificato delle cambiali. Il marito l'aveva fatta rinchiudere in manicomio «con altissime approvazioni». Il più famoso psichiatra dell'epoca – che in seguito sarebbe stato insignito del premio Nobel –, il professor Julius Wagner von Jauregg, scrisse nella sua perizia che Luisa di Coburgo era affetta da «morbose debolezze mentali» e perciò se ne consigliava un lungo ricovero in manicomio. Soltanto alcuni anni dopo l'amante riuscì a ottenerne la dimissione. Una perizia francese attestò che Luisa era completamente normale, ma il professor Wagner von Jauregg giustificò la sua diagnosi sostenendo che, quando l'aveva visitata, la paziente non era sana di mente.

Esisteva quindi la possibilità che Sofia Carlotta venisse rinchiusa in manicomio per sempre, qualora il marito lo avesse voluto. La simpatia di Elisabetta, che pure si preoccupò per la sorella, andava comunque al marito tradito. Ne è una prova la poesia che compose in quell'occasione:

Volevi marito e figli lasciare con viltà
e il tuo rapitore lontano seguire.
Or la peccaminosa speranza deve svanire.
Dove tu adesso dimori, fuga non s'ha.

La famiglia d'origine di Sofia Carlotta la considerava mentalmente disturbata, cosa che venne usata in sua difesa per giustificarne lo sbandamento. Fu dichiarato che la sua «debolezza nervosa» era la conseguenza di un'infezione dovuta alla scarlattina.

Sofia Carlotta rientrò per qualche tempo in famiglia e sembrava tornata «normale», o quantomeno gli episodi depressivi erano diminuiti. Decise che in futuro si sarebbe dedicata a iniziative di carità. «La zia Sofia è tornata quella di una volta. La storia del "vetraio"* è solo un brutto sogno; le resta solamente quella malinconia che l'ha sempre accompagnata» scrisse nel suo diario la nipote Amelia, la figlia maggiore di Carlo Teodoro.

Sorella Maria Maddalena

Sofia Carlotta non era propriamente tornata quella di una volta, dato che si accostò alla religione con un fervore che nessuno le conosceva. Nel 1880 entrò nel terzo ordine delle domenicane con il nome di «Suor Maria Maddalena». Con «terzo ordine» si definisce un'associazione di laici che, per praticare al meglio la devozione, si lega a un ordine religioso, femminile o maschile. Gli iscritti non

* In tedesco *Glaser*, con evidente allusione al medico di Graz sopra citato.

fanno voti e non vivono in convento. Stare accanto alle persone bisognose e assistere i deboli, erano queste le cose che, adesso, rappresentavano per Sofia Carlotta il senso della vita. «Figlia di san Domenico» era l'unico titolo che avesse per lei un qualche valore. I Wittelsbach, gli Absburgo e i Borbone non erano certo felici che una di loro, e per giunta la sorella dell'imperatrice, si occupasse di clochard lungo la Senna. Suor Maria Maddalena si dedicava soprattutto alle donne sole con bambini.

Il 4 ottobre 1895, nel castello di Mentelberg, Sofia Carlotta scrisse il proprio testamento, in cui precisava soprattutto le sue volontà circa le modalità di sepoltura. Desiderava essere vestita con l'abito di una sorella del terzo ordine. I capelli dovevano essere tagliati e bruciati, a meno che il suo «amato marito» volesse conservarne una parte. A colui che era stato «il suo angelo custode in vita» voleva anche stare «il più vicino possibile». Il funerale doveva essere molto semplice, senza addobbi, fiori, musica, e la messa doveva essere celebrata da un domenicano. Sulla tomba doveva essere scritto: «Sofia Carlotta, duchessa d'Alençon, nata duchessa in Baviera, sorella Maddalena del terzo ordine penitenziale domenicano», con data di nascita e di morte.[3]

Luisa, figlia di Sofia Carlotta e del duca Fernando, una graziosa ragazza con una corona di capelli biondi, sposò nel 1891 il principe Alfonso di Baviera; l'unico figlio, Emanuele, che portava il titolo di duca di Nemours, sposò la principessa Enrichetta, sorella del futuro re Alberto I del Belgio. Quando Sofia Carlotta accompagnò suo figlio all'altare, non sapeva che le restava soltanto un anno da vivere.

Morte alla fiera di beneficenza a Parigi

Dal 3 al 6 maggio 1897 si svolse a Parigi una fiera di beneficenza organizzata dai conventi delle domenicane. Una delle principali promotrici era stata la duchessa d'Alençon, che aveva scelto come sede un edificio in rue Jean Goujon, in precedenza adibito a uso industriale, con un ampio locale al pianterreno che ben si adattava all'allestimento degli stand. Aveva anche invitato i fratelli Lumière, che erano diventati noti come inventori delle «fotografie in movimento», un'attrazione che avrebbe dovuto attirare molti visitatori, e quindi molti acquirenti. In questo senso possiamo dire che Sofia Carlotta fu in parte causa della propria morte.

All'inizio la fiera si dimostrò un grande successo: una folla numerosa si assiepava davanti alle bancarelle dove erano in vendita i beni donati dai parigini facoltosi. Sofia Carlotta, in piedi dietro al banco in cui erano esposti ricami fatti a mano, il cui ricavato era destinato a una casa per ragazze «cadute», era vestita con un castigato abito nero e una mantella di velluto nero, e aveva i capelli raccolti in una rigida treccia.

«La scoperta più strabiliante del secolo! Fotografie in movimento! Illusione di vita reale» informava un manifesto esposto nel bazar che pubblicizzava una scoperta sensazionale: il cinema. E molti curiosi affluivano nella sala. La presentazione prometteva un evento interessante – immagini animate – e la gente non voleva lasciarselo scappare. Nessuno pensava a una disgrazia, finché non accadde. Il materiale molto infiammabile prese fuoco e l'incendio si propagò in un attimo. Scoppiò il panico. Tutti si precipitarono verso le uscite, bloccandole. Alcuni caddero e furono calpestati. «Si salvi chi può!» era la parola d'ordine. Il primo gesto di carità dovrebbe essere rivolto verso se stessi, ma questo non valeva per Sofia Carlotta, che si preoccupò unicamente delle ragazze che la aiutavano al banco e che dovevano salvarsi per prime. «Il dovere prima di tutto» pare abbia detto. Soltanto quando anche l'ultima fu uscita, decise di seguirle. Ma era troppo tardi, il fuoco fu più veloce della duchessa.

Il duca d'Alençon, che aveva accompagnato la moglie alla fiera di beneficenza, si era già allontanato dal banco perché aveva incontrato un conoscente. Quando si accorse del fuoco, ebbe un solo pensiero: correre dalla moglie per abbandonare insieme l'edificio quanto prima. Ma non era più possibile. Il panico era ormai generale. Egli stesso cadde, si ferì alla testa, continuò a cercare. Inutilmente. L'ex regina di Napoli e la contessa di Trani, che si trovavano a Parigi, si misero anch'esse alla ricerca della sorella. Rimaneva soltanto un barlume di speranza: che Sofia Carlotta fosse tra i feriti trasportati all'ospedale. Ma non c'era. Era morta. Il tetto in fiamme era crollato, seppellendo lei e altre vittime, i cui cadaveri carbonizzati furono identificati con difficoltà. Il teschio di Sofia Carlotta fu riconosciuto soltanto dall'esame della dentatura. Secondo la testimonianza della sua cameriera, non si poteva essere certi che il cadavere sepolto con il nome della duchessa fosse realmente il suo. Alle spoglie mortali, o a quelle che si pensava le appartenessero, fu dato l'estremo riposo nel castello di Dreux. Il suo ultimo desiderio che i capelli venissero bruciati era stato tragicamente esaudito.

«*Soit bénie ma bien-aimée Sophie, pour tout le bonheur que tu m'as donné*»[4] era scritto nel necrologio del duca d'Alençon.

«Tutti moriamo di una morte violenta»[5] pare abbia detto l'imperatrice Elisabetta al cognato, andando a trovarlo nel castello di Mentelberg. Era il 10 settembre 1897. Esattamente un anno dopo, l'attentato di Luigi Lucheni a Ginevra pose improvvisamente fine alla sua vita.

Il duca d'Alençon sopravvisse alla moglie tredici anni. Nel giugno 1910 si trasferì in Inghilterra, dove aveva acquistato la residenza di campagna Belmont, nei pressi di Wimbledon, e dove, qualche giorno dopo, il 23 giugno, morì.

LA PRINCIPESSA DI THURN UND TAXIS

Il casato Thurn und Taxis

Néné, la sorella di Elisabetta doveva essersi ormai rassegnata a rimanere nubile. All'epoca una ragazza di ventidue anni era considerata quasi una vecchia zitella. Soprattutto dopo quanto era successo a Bad Ischl, le prospettive di matrimonio sembravano abbastanza scarse. I figli del duca in Baviera erano cristiani, ma erano stati educati in modo liberale. Quando andavano in chiesa, alla domenica o nei giorni festivi, lo facevano per abitudine, non perché fossero particolarmente devoti. Per Néné, invece, non era così. Anche durante la settimana andava volentieri alle funzioni, recitava il rosario e le litanie, e seguiva in raccoglimento la messa. La religione era per lei un'esigenza del cuore, un modo di occuparsi dei poveri. «Si reca spesso dai malati dei dintorni» scrisse la duchessa Ludovica alla sorella Maria di Sassonia. La giovane duchessa era stimata in tutto il circondario perché era noto che recava aiuto dovunque potesse. Le piaceva anche disegnare e dipingere. La madre non era contraria a quell'attività caritativa, ma la preoccupava il fatto che se sua figlia fosse rimasta in quei luoghi, non avrebbe mai incontrato un uomo adatto a lei. E la duchessa era convinta che sarebbe stata una moglie e una madre ideale. Per Néné, quindi, era finalmente arrivato il momento di sposarsi.

Ludovica aveva già in vista un possibile marito, che le sembrava indicato anche come genero: Massimiliano Antonio principe ereditario di Thurn und Taxis.

La famiglia era antica e immensamente ricca da quando il 1° marzo 1501 Filippo il Bello, l'unico figlio dell'imperatore Massimiliano I, aveva nominato Franz von Taxis, «*capitaine et maistre de nos postes*». Con il simbolo del tasso araldico e con il titolo nobiliare dell'impero assegnato nel 1512, i corrieri della famiglia Taxis viaggiarono per tutta Europa e furono i fondatori della posta. Il casato proveniva da una famiglia nobile lombarda, le cui prime notizie risalgono al 1146. Ricevettero quindi l'autorizzazione di fregiarsi con il nome e il blasone degli antenati milanesi e di chiamarsi conti Thurn und Taxis (Torre e tasso). Nel 1512 l'imperatore Massimiliano li ammise nella nobiltà di diritto ereditario dell'impero; nel 1520 Johann Baptist Taxis venne nominato maestro della posta imperiale, un incarico che dopo il 1615 diventò ereditario; nel 1695 il conte Eugen Alexander fu elevato al rango di principe. Una famiglia rispettabile, quindi. Il monopolio della posta imperiale aveva fruttato un favoloso patrimonio, e non soltanto in Baviera, ma anche in Boemia, Polonia, Ungheria e Croazia.

Alla duchessa Ludovica spettava il compito di far incontrare i due giovani in modo discreto (un ruolo in cui si sentiva perfettamente a proprio agio). I Thurn und Taxis erano tutti cacciatori entusiasti e possedevano grandi riserve. Anche il duca Max in Baviera era stato spesso loro gradito ospite. Quando c'era lui, non ci si annoiava mai, dato che sapeva intrattenere l'intera compagnia con racconti divertenti. Ludovica propose al marito di invitare la famiglia Thurn und Taxis a Possenhofen. Il duca e il principe ereditario sarebbero andati a caccia sui monti e al loro ritorno avrebbe fatto la sua comparsa Elena. Sul resto la duchessa tacque per prudenza. Conosceva il suo Max: con uno dei suoi scherzi sarebbe stato capace di strappare la tela così finemente tessuta.

Accadde tutto quanto era stato progettato da Ludovica. Quando gli uomini rientrarono, stanchi ma felici dei successi venatori, affamati e assetati, apprezzarono la squisita merenda bavarese preparata su tavoli gremiti di boccali di birra fresca. Inoltre, le battute e i racconti di caccia, nei quali il duca dava il meglio di sé, avevano creato un'atmosfera allegra. La duchessa Ludovica si accorse con particolare soddisfazione che il principe ereditario osservava con sempre maggior interesse sua figlia Elena, particolarmente carina con quel viso dai tratti regolari, i capelli neri e lo sguardo pieno di sentimento. Quando più tardi Massimiliano parlò con lei, si disse meravigliato di quanto Elena fosse diversa dalle altre ragazze che aveva incontrato fino ad allora. E non si trattava di un atteggiamento superficiale o di una fatua affettazione mondana, Elena era veramente una creatura di sentimenti profondi, risoluta a dare un senso alla propria vita. Come aveva potuto l'imperatore Francesco Giuseppe rifiutare una ragazza così? Il principe era impressionato. La caccia aveva perso d'importanza: i cervi e i camosci promessigli dal duca saranno anche stati esemplari meravigliosi, ma a lui adesso interessava soltanto Elena. Massimiliano non era bello, ma era un uomo colto. Il padre aveva ritenuto importante che il figlio studiasse e ricevesse una formazione adeguata per essere pronto in futuro a prendere il suo posto. In breve tempo i due giovani si accorsero che erano fatti l'uno per l'altra.

Fidanzamento di Elena duchessa in Baviera con il principe Massimiliano di Thurn und Taxis

Partendo da Possenhofen il principe Massimiliano aveva intenzione, appena tornato a casa, di parlare con i genitori del progetto di matrimonio. Il padre, il principe Massimiliano Carlo, e la madre furono d'accordo. Inoltre, la prospettiva che il figlio diventasse cognato dell'imperatore rappresentava un valore aggiunto, giacché una parentela influente non poteva certo essere un danno. Il principe di Thurn und Taxis sapeva bene che, soprattutto in Prussia, c'era chi aspirava a mettere fine al predominio esercitato dalla sua famiglia sulla posta. «Il desiderio di mio figlio mi rallegra sotto ogni punto di vista, tanto che non ho bisogno di rassicurarvi che non avrebbe fatto scelta per me più gradita ... Posso garantirvi che sono convinto che mio figlio desidera questo matrimonio con tutto se stesso e ha le migliori intenzioni di render felice, per quanto dipende da lui, la principessa Elena»[1] scrisse il principe Massimiliano Carlo al duca Max.

Anche questa volta, però, non poteva non esserci qualche intoppo. La famiglia Thurn und Taxis era tra le più ricche del paese ma non era una famiglia reale, perciò non era dello stesso rango dei Wittelsbach. Di conseguenza, il re di Baviera non voleva accordare il permesso per le nozze. Si diceva che avesse «sollevato dei dubbi "a prima vista"».[2]

Anche di fronte all'imperatrice Elisabetta alcuni rappresentanti degli Absburgo particolarmente fieri della loro nobiltà avevano arricciato il naso. I duchi in Baviera erano dei Wittelsbach, ma appartenevano a un ramo collaterale. Inoltre, una nonna di Sissi era nata Arenberg: principessa, sì, ma non di famiglia reale. Per l'arciduchessa Sofia, orgogliosa della sua origine regale, la parentela di Elisabetta non aveva costituito un ostacolo quando s'impegnò nella ricerca di una moglie per il figlio, né era parso qualcosa di particolarmente rilevante per il diretto interessato, Francesco Giuseppe.

Ludovica era disperata per l'atteggiamento sfavorevole del re, soprattutto in considerazione del fatto che i due giovani provavano un vivo interesse l'uno per l'altra. C'era soltanto una persona che poteva aiutarla: la figlia Elisabetta, imperatrice d'Austria. L'imperatore Francesco Giuseppe, se glielo avesse chiesto, non si sarebbe rifiutato di usare la sua influenza presso il re di Baviera in favore di Elena. E, naturalmente, Elisabetta glielo chiese. Anche perché voleva liberarsi del pensiero di Bad Ischl e della situazione spiacevole in cui si era trovata la sorella in quell'occasione.

Sissi voleva molto bene a Néné (da tempo si era ricostituito tra loro il vecchio rapporto). Quando si incontravano a Vienna o a Possenhofen, Elisabetta trovava in lei un'ascoltatrice attenta delle sue lamentele sulla suocera che continuava a farle da tutrice, su Francesco Giuseppe che ascoltava più la madre che lei, o sulle alte mura della Hofburg priva degli indispensabili comfort. E anche successivamente Néné si dimostrerà sempre disponibile alle necessità di Sissi. Fra loro parlavano quasi esclusivamente in inglese, una lingua incomprensibile ai più, e lo fecero fino alla fine.

L'intervento della coppia imperiale ebbe successo. Il re richiese soltanto una dichiarazione scritta che «la serenissima sposa manterrà il rango e i diritti di una principessa [*sic*] e duchessa in Baviera anche dopo il matrimonio e si chiamerà principessa di Thurn und Taxis ma userà anche il titolo di Altezza Reale duchessa in Baviera». L'ordinanza del re porta la data del 2 maggio 1858. A quel punto, sulla strada del fidanzamento ufficiale non c'erano più ostacoli.

Matrimonio a Possenhofen

A Possenhofen iniziò un periodo di attività febbrile. Furono fatte pulizie e innovazioni, molti giardinieri si occuparono del parco, mentre squadre di operai installarono fontane e lampioni. Agli ospiti aristocratici non doveva venir dato alcun motivo per sollevare critiche, neppure sugli alloggi negli alberghi dei dintorni. Il giudizio di una dama di corte secondo cui quella di Possenhofen era una «società di straccioni» bruciava ancora. Per il matrimonio, previsto per il 24 agosto, il duca Max aveva fatto costruire una cappella, mentre la duchessa vigilava sulle sarte e le ricamatrici che in tutta fretta dovevano preparare il corredo di Elena. Fin dalla sera precedente, il lago pullulava di barche addobbate con lanterne colorate e con fiori. Le persone che erano a bordo, radunatesi sulla riva, avevano cantato una serenata in onore della coppia. Malgrado la pioggia, molte ore prima della cerimonia, che doveva svolgersi alle 2 del pomeriggio, erano giunti numerosi spettatori dai dintorni e anche da Monaco, per assistere almeno da lontano al matrimonio ma, soprattutto, per vedere la sposa e i suoi ospiti. Si era pensato anche a questo: a loro disposizione c'erano würstel e birra gratis. La lista degli invitati era lunga e comprendeva una gran quantità di nomi famosi. A tutti spiaceva che non fosse presente l'imperatrice Elisabetta la quale, pochi giorni prima, aveva dato alla luce il tanto atteso principe ereditario. Dopo mezzogiorno sfilarono gli ospiti ufficiali, ma la gente dovette aspettare ancora un po' prima che la sua pazienza venisse premiata. Quand'ecco, finalmente, il corteo nuziale.

A fianco del padre, Néné avanzava verso la cappella su un tappeto di fiori. Tutti erano concordi nell'affermare che la sposa, con il vestito bianco ricamato e il lungo velo, era incantevole. La banda musicale del reggimento di fanteria che fungeva da corpo di guardia dell'imperatore intonò il motivo di benvenuto, dopodiché fu eseguito il canto nuziale, composto espressamente per l'occasione. All'altare li attendeva l'abate di Beuerberg, che avrebbe celebrato il matrimonio.

Il duca Max aveva regalato alla sposa il castello di Biederstein, il principe di Thurn und Taxis un magnifico collier di brillanti. Nel castello, intanto, tutto era pronto per il pranzo di nozze. I più famosi cuochi bavaresi avevano ideato il menu, che comprendeva specialità bavaresi e francesi. Era quasi il crepuscolo quando gli sposi aprirono il «tè danzante». Secondo la tradizione locale, anche la popolazione dei dintorni doveva fare festa. Il duca aveva ordinato centinaia di botti di birra e, come accompagnamento, pasticcio di fegato caldo, rafano e *brezeln** appena sfornate. I festeggiamenti erano interminabili. «Alla gara di tiro organizzata per il giorno seguente dal principe di Thurn und Taxis si presentarono tutti gli specialisti invitati che, incuranti della pioggia, diedero vita a una bella competizione.» In una notte di cielo sereno il padre della

* Le tradizionali ciambelle bavaresi, dalla caratteristica forma intrecciata.

sposa fece organizzare uno spettacolo di fuochi artificiali che il «Münchner Neueste Nachrichten» definì «un capolavoro pirotecnico, tanto luminoso quanto ben riuscito».

Il 9 settembre il treno era finalmente pronto. I famigliari avevano accompagnato Néné e lo sposo che si apprestavano a lasciare il lago Starnberg. Davanti alla stazione si era radunata una folla di persone e si dice che furono distribuiti 1000 fiorini ai poveri del circondario: 700 dal duca Max e 300 dai Thurn und Taxis. E Néné ebbe finalmente la possibilità di aprire una casa per le giovani bisognose. «La popolazione si congedò con dispiacere dalla nobile sposa. Per la sua instancabile beneficenza e la sua bontà d'animo si era meritata il nome di "angelo di Possenhofen"... a nessun malato aveva fatto mancare il suo conforto e soltanto Dio sa quante lacrime aveva asciugato in silenzio. Che possa godere della benedizione dell'Onnipotente nel suo nuovo stato di moglie e possa vivere una lunga sequela di anni felici accanto al suo sposo!»[3]

La giovane coppia trascorse la luna di miele nel castello Biederstein. In ottobre passò alcuni giorni a Bad Ischl con la famiglia: mentre l'imperatore e il principe cavalcavano nella riserva, Néné e Sissi facevano piacevoli passeggiate.

Entrata a Regensburg

Tutte le case avevano esposto le bandiere, le finestre erano adorne di ghirlande di fiori e le strade pullulavano di persone nonostante il freddo e l'umidità, allorché i giovani sposi, il 22 dicembre, fecero il loro ingresso a Regensburg. Alla porta della città, sopra la quale campeggiava un arco di benvenuto con la scritta: «Milioni di saluti dai cuori di tutti gli abitanti di Regensburg»,[4] furono ricevuti da una delegazione di cittadini. Elena si accorse con gioia di essere benvoluta. Durante la rappresentazione teatrale allestita in onore degli sposi, tutti – attori e pubblico – si alzarono in piedi e intonarono tre volte un coro di evviva (a tale scopo il regista aveva ideato un prologo particolare). Al termine dello spettacolo, una fiaccolata organizzata dalle associazioni dei commercianti attraversò la città.

Per Néné, che aspettava già il primo figlio, non fu sempre facile partecipare ai festeggiamenti e agli incontri di società, ma, diversamente dalla sorella Elisabetta, riteneva che la sua posizione lo richiedesse e che, come futura prima donna, avesse dei doveri da assolvere.

Dopo due femmine, un figlio maschio. Elena a Corfù

Il 1° giugno 1859 nacque il primo figlio di Elena. Fu una piccola delusione, che presto però si tramutò in gioia: venne alla luce non l'atteso maschio, ma una femmina. Il parto si svolse regolarmente e la bambina, sana e vivace, fu chiamata Luisa Matilde. Per fortuna, Elena non conobbe il feroce giudizio dato dalla sorella Elisabetta sull'aspetto della piccola. In risposta a una lettera della moglie, infatti, Francesco Giuseppe scrisse: «La bambina di Néné deve essere orribile».[5] Il 28 maggio 1860 Elena diede alla luce una seconda femmina, Elisabetta Maria.

Su richiesta dell'imperatore, Néné lasciò comunque i figli alle cure del marito e della madre per andare a trovare l'imperatrice Elisabetta a Corfù. Francesco Giuseppe era molto preoccupato perché la moglie, appena arrivata a Vienna, si era di nuovo ammalata e i medici non avevano saputo fare di meglio che consigliarle un nuovo soggiorno al Sud.

Sembrava si trattasse di malattie di natura psicosomatica, dal momento che si manifestavano soltanto a Vienna, nella Hofburg, quando si trovava vicino all'arciduchessa Sofia e al marito. Elisabetta non provava più nulla tra le braccia dell'imperatore ed era infastidita dalla passione che lui le dimostrava; e poi aveva paura di rimanere un'altra volta incinta, mentre lei voleva essere e rimanere snella. Preferiva quindi amare il marito da lontano. Non sappiamo se abbia parlato anche di questo con Elena. Oggetto delle loro conversazioni fu certamente la situazione che la opprimeva, i problemi con la suocera che continuava a criticarla, i doveri di rappresentanza e la freddezza della corte viennese. Néné tentò di parlarle apertamente. Spese anche una buona parola a favore della zia Sofia e le consigliò di sforzarsi di trovare un accordo con la suocera. Ma conosceva troppo bene la sensibilità e la permalosità della sorella, e quanto fosse ostinata nelle sue convinzioni.

Anche Elena aveva i suoi problemi. Con Massimiliano era senz'altro felice, però sembrava che nella sua vita matrimoniale mancasse la passione. Contrariamente a Sissi, che si lasciava desiderare da lontano e rifiutava ogni contatto fisico, Néné aveva ereditato dal padre la passionalità. Si dice che in quel periodo fosse innamorata di un ufficiale degli ulani, cosa che le creava un problema di coscienza giacché, per lei, anche i pensieri impuri erano un peccato.

Prima di tornare a Regensburg, dove il marito l'aspettava con impazienza, Elena doveva fare un resoconto all'imperatore. Gli disse che Elisabetta stava bene, ma non poté nascondergli che non aveva alcuna intenzione di tornare presto a Vienna. Anche quando Francesco Giuseppe si recò personalmente a Corfù, non riuscì in alcun modo a farle cambiare idea. Sissi gli confessò soltanto che aveva deciso di trascorrere l'inverno a Venezia. Non era una decisione saggia. Il tempo era freddo e umido, e la società veneziana scostante. «Fuori gli Absburgo! La nostra patria è l'Italia!» erano le parole con cui gli agitatori, che si battevano per l'unità d'Italia, sobillavano il popolo.

L'imperatrice, inoltre, si accorse che continuava a ingrassare, e per lei fu un vero trauma. Apparentemente sembravano edemi dovuti alla denutrizione, insorti in seguito ai ripetuti digiuni. Per Elisabetta, invece, questo significava che doveva osservare una dieta ancor più rigorosa. Si trattava quindi di un circolo vizioso da cui non sarebbe mai uscita.

Per la gioia della famiglia e di tutto lo Stato di Regensburg, nel giugno 1862 ai principi di Thurn und Taxis nacque finalmente l'erede maschio. La lunga assenza della principessa aveva suscitato qualche preoccupazione, e si pensò addirittura a un possibile disaccordo fra i due coniugi. Il bambino fu chiamato Massimiliano Maria Lamoral e tutti gli augurarono una vita lunga e felice, cosa che purtroppo non si realizzò. Il principe Massimiliano Carlo si mostrò riconoscente e comprò per il figlio e la nuora uno stupendo edificio barocco in Jakobsplatz, che da quel momento si chiamò «Palazzo del principe ereditario». Fu arredato con mobili pregiati e ogni comfort, e offrì alla giovane famiglia la più bella dimora che potessero desiderare. Anche se Elena si trovava a proprio agio e apprezzava molto la nuova casa, il legame con «Possi» non fu mai sciolto. A settembre ci fu l'occasione di rivedere Maria Sofia, Matilde e la madre a Passau, dove anche Elisabetta si fermò alcune ore, di passaggio nel suo viaggio. E il principe Massimiliano era un ospite gradito dell'imperatore durante la stagione di caccia a Bad Ischl. La caccia era diventato l'unico piacere di Francesco Giuseppe, dato che l'imperatore e la moglie facevano sempre più spesso vita separata, e anche quando erano uno accanto all'altra, vivevano «vicini» più che «insieme».

La gioia di Elena era offuscata da un velo d'amarezza: il principe non godeva di ottima salute, e anche la piccola Elisabetta e il fratellino erano spesso ammalati.

Nel marzo 1864 morì improvvisamente a Monaco il re Massimiliano II e sul trono salì il successore, il diciottenne Luigi II, certamente più interessato alla musica di Wagner che alla politica. L'anno 1866 portò l'amara sconfitta dell'Austria a Königgrätz, nel 1867 fu stipulato il «compromesso» con l'Ungheria e fu costituita la doppia monarchia. Mentre l'Ungheria festeggiava il re appena incoronato e la bella imperatrice, a Regensburg si annunciava una tragedia. Il principe Massimiliano era gravemente ammalato.

Morte del principe di Thurn und Taxis

Era già da un po' di tempo che il principe Massimiliano Antonio si era ammalato, senza che i medici riuscissero a stabilire una diagnosi. Aveva anche mutato aspetto: appariva gonfio e molto più vecchio della sua età.

Il 9 maggio 1867 Elena diede alla luce un secondo maschio, di nome Alberto, la cui nascita fu salutata con gioia da tutti gli abitanti di Regensburg. Quando Karl von Pfeufer, un noto specialista, diagnosticò a Massimiliano una grave patologia nervosa, era ormai troppo tardi. Neppure una cura a Karlsbad e l'intervento dei migliori medici chiamati a Regensburg per un consulto riuscirono a salvarlo. Alcuni giorni dopo, il principe di Thurn und Taxis morì. Aveva solo trentasei anni.

Néné era impietrita dalla disperazione. Insieme a lei, i genitori e l'intera città di Regensburg piangevano la morte del principe Massimiliano, l'uomo che avrebbe dovuto diventare il futuro principe di Thurn und Taxis e nel quale tutti riponevano le più grandi speranze.

Finiva così, bruscamente, l'unico matrimonio felice tra quelli delle duchesse in Baviera. La scomparsa del principe lasciava i genitori profondamente addolorati e la moglie afflitta con quattro figli piccoli, che non potevano cogliere la crudeltà del destino. Tutta Regensburg era in piedi quando passò la carrozza con la bara del principe di Thurn und Taxis che si dirigeva verso la cappella di famiglia per la sepoltura. Massimiliano Antonio era molto ben voluto. Elena non avrebbe potuto compiere le moltissime azioni caritatevoli che desiderava se egli non fosse stato così generoso. «Partecipo con affetto al profondo e acuto dolore di tutta la famiglia Taxis e comprendo perfettamente quale messe di aspettative si siano spente insieme all'amata vita del defunto» scrisse il re Luigi II nella lettera personale consegnata dal suo rappresentante, il capo delle scuderie conte von Holstein. Furono numerosi i partecipanti alla cerimonia funebre, quando il giorno seguente la bara fu tumulata nella cripta dei principi. Alle esequie presenziarono l'imperatore Francesco Giuseppe e l'imperatrice Elisabetta.

Visita di Stato a Salisburgo

Elisabetta avrebbe preferito rimanere a Regensburg per stare accanto alla sorella, ma Francesco Giuseppe era atteso con la moglie a Salisburgo per incontrare l'imperatore francese Napoleone III e la consorte Eugenia, in visita di Stato. *Business as usual*. Accadeva raramente che Elisabetta si sottomettesse a questi impegni di rappresentanza, ma questa volta vi era costretta.

Si trovarono così di fronte l'imperatrice di Francia e l'imperatrice d'Austria, considerate le più belle donne del loro tempo. Si diceva che fossero giunte a Salisburgo con la segreta intenzione di misurare la dimensione dei polpacci e stabilire chi avesse le gambe più sottili… I piedi dell'imperatrice Eugenia erano oggetto della curiosità generale, dato che portava vestiti così corti che si potevano vedere le caviglie, cosa che suscitava scalpore. La gara tra le due imperatrici finì con un pareggio. Eugenia aveva i tratti del viso più regolari, ma nel complesso Sissi aveva una figura più graziosa. Il principe Hohenlohe individuò un altro aspetto degno di nota a favore della moglie di Napoleone: «l'espressione di sicurezza che mancava alla sua vicina, sempre imbarazzata». Elisabetta riuscì con successo a evitare di restituire la visita. Questa volta, però, aveva una ragione valida: era incinta.

La principessa Elena tutrice dei figli

Passò molto tempo prima che Elena ritrovasse una certa serenità a Possenhofen o a Regensburg. Ogni giorno assisteva a una messa celebrata davanti alla tomba del marito prematuramente scomparso. La preghiera e la sua salda fede in una vita ultraterrena le furono di conforto nel grave lutto che l'aveva colpita. Il futuro che le si prospettava era comunque cupo e triste. Come poteva continuare ad andare avanti senza il marito? Anche i figli, ancora troppo piccoli per poter valutare la portata della perdita, non riuscivano a rallegrarla, pur essendo ormai l'unico scopo della sua esistenza. Nel frattempo era diventata la loro tutrice. Per questo si era impegnato personalmente l'imperatore Francesco Giuseppe che, fra gli altri, aveva anche il titolo di «Tutore di tutti gli orfani e le vedove». Elena si sentiva obbligata a svolgere attività benefica, anche in ricordo del marito che l'aveva sempre appoggiata al riguardo, e finì con il trovarvi un'occasione di svago. «Vivo una vita tranquilla e monotona, ma ho così tanto da fare che il tempo vola nonostante la mia solitudine e la mia mestizia»[6] scrisse sei mesi dopo la morte del marito alla sorella imperatrice a Vienna. Già mentre il marito era in vita aveva cercato una proprietà sul lago Starnberg. Quando fu messo in vendita il castello Tutzing, un piccolo edificio con parco sul lago, prese in fretta la sua decisione. Desiderava trascorrere in quel luogo i mesi estivi, vicina ai genitori, alle sorelle e ai fratelli che tornavano sempre a respirare l'aria di casa.

Ma gli impegni di Elena erano a Regensburg, dato che il suocero, sapendo che non gli restava molto da vivere, stava abbandonando gli incarichi di governo. I tempi erano duri. Bismarck aveva privato la famiglia Thurn und Taxis del monopolio del servizio postale in Germania centrale, inquadrandolo nell'ambito dell'amministrazione prussiana. Bisognava quindi stare attenti. Elena faceva quello che poteva, cercando di far fronte a tutti gli impegni. Il principe aveva deciso di uniformare pesi e misure al sistema metrico decimale, un'operazione non semplice per la popolazione e che richiedeva una grande attività di informazione. La morte del principe, avvenuta il 10 novembre 1871, fece diventare Elena capofamiglia fino alla maggiore età del primogenito. Con i 3 milioni di fiorini pagati dall'amministrazione prussiana per la liquidazione degli ultimi uffici postali, Elena comprò i possedimenti terrieri di Batthyany ed Erdödy, in Croazia. Era sua intenzione lasciare al figlio una consistente eredità, pur dedicandosi sempre ai poveri e ai bisognosi.

Le figlie di Elena si sposano

Vi furono anche lieti eventi: nel 1877 la figlia di Elena si sposò con il principe Miguel di Braganza, colonnello del reggimento «Guglielmo II» degli ussari dell'esercito imperialregio, di stanza a Rax, nei pressi di Reichenau, città dell'Austria meridionale in cui abitavano molti re che avevano perso il regno. La vita pulsante della capitale imperiale, sede del gran mondo con la corte e i numerosi teatri, non era molto lontana e offriva un diversivo alla tranquilla vita di campagna.

L'anno seguente Elisabetta rese Elena nonna per la prima volta. Anche questa volta, però, sembrava che il destino chiedesse un compenso per i doni elargiti. La salute della giovane principessa di Braganza, cagionevole sin dall'infanzia, fu gravemente danneggiata dal parto. Furono chiamati a consulto i migliori medici, persino dei guaritori, ma nessuno riuscì a impedire che la giovane diventasse sempre più debole. Morì a Ödenburg il 7 febbraio 1881, dopo soltanto quattro anni di matrimonio, all'età di ventun anni.

Dopo tali colpi inferti dal destino, Elena cercò ancor più conforto e aiuto nella fede. Fece sistemare la sua camera da letto accanto alla cappella della casa e infittì i suoi incontri con un prete cattolico di nome Löffler. Benché alcune malelingue sostenessero che il loro rapporto non si limitava alla religione e alla preghiera, risulta difficile attribuire un tale genere di peccati alla devota Elena. Stupisce solo che il figlio Alberto, una volta diventato principe di Thurn und Taxis, abbia fatto distruggere tutta la corrispondenza della madre con la sorella Elisabetta. Quelle lettere contenevano forse qualcosa che nessuno doveva sapere?

A quell'epoca non era soltanto Elisabetta a viaggiare, anche Néné girò per l'Europa, recandosi a Roma, a Parigi e sulla Costa Azzurra. Incontrava amici e, spesso, le sorelle, con le quali continuava a mantenere un rapporto affettuoso. Poi tornava immancabilmente a Regensburg, dove era obbligata a prendere molte decisioni.

Alla fine degli anni Settanta viveva in casa con lei soltanto la figlia Luisa, giacché entrambi i figli maschi erano sotto la tutela dei precettori ed erano impegnati negli studi.

Ben presto arrivò anche il momento in cui Néné dovette assumersi il compito di guardarsi intorno per trovare un marito adatto per la figlia Luisa. La scelta cadde sul giovane principe Federico di Hohenzollern-Sigmaringen, con la cui famiglia esisteva già da anni un rapporto di amicizia. Il desiderio di Néné si adempì: i due giovani si innamorarono e il 21 giugno 1879 si unirono in matrimonio a Regensburg. Fu una festa straordinaria. Il parco del castello era illuminato, tutte le case avevano le bandiere alle finestre, e anche per le strade e le piazze della città si suonava e si ballava. Si trattava di una principessa di Thurn und Taxis, ragion per cui anche la popolazione doveva festeggiare. Nella Sala d'argento del castello gli sposi ricevettero gli auguri, quindi alle 5 del pomeriggio si sedettero a tavola con gli ospiti. Da settimane Elena si stava personalmente occupando del menu. Furono offerti ogni sorta di cibi e di bevande per accontentare anche i palati più raffinati. Alla fine la giovane coppia si ritirò per trascorrere la luna di miele nel castello vicino a Alteglofheim.

Nozze d'oro a Tegernsee

Nello stesso anno tutta la famiglia si riunì nel castello di Tegernsee per festeggiare le nozze d'oro del duca Max e della duchessa Ludovica. Il duca Max, in passato sempre lieto e spensierato, con il passare degli anni era diventato un uomo solitario. Sembrava aver ereditato qualche tratto dal padre Pio, che in vecchiaia aveva vissuto come un eremita. In quell'occasione, però, doveva esserci la società dei tiratori, dovevano essere accesi i mortaretti e scritte poesie per festeggiare i cinquant'anni di nozze della coppia.

Il duca osservava con occhio critico i figli. E soprattutto Sissi, che una volta era la sua preferita. Perché era così infelice, perché si sentiva sempre incompresa? Era un destino così pesante essere imperatrice d'Austria? Era per questo che era quasi sempre in viaggio o in Ungheria? E poi tutte quelle spese insensate! In viaggio era proprio necessario portarsi dietro una panetteria per avere i panini viennesi sempre freschi? O due mucche per uno o due bicchieri di latte? A volte non capiva perché il genero continuasse ad assecondare queste eccentricità e a pagare tutto.

Néné, al contrario, lo meravigliava. Il destino non l'aveva certo trattata con i guanti, eppure riusciva a gestire con mano sicura l'immenso patrimonio famigliare, conservandolo per il figlio. Ed era sempre disponibile ad ascoltare e a dare una mano a tutti quelli che avevano bisogno di aiuto.

Il principe Massimiliano Maria Lamoral

Il 24 giugno 1883, nel giorno del suo ventunesimo compleanno, Massimiliano Maria diventò maggiorenne e assunse il governo del principato come 7° principe di Thurn und Taxis, ed Elena poté finalmente affidare a mani più giovani le redini del governo. La sera stessa il comune organizzò una serenata con una fiaccolata e una festa nel teatro cittadino, e la società dei tiratori una gara che durò due giorni. Una delegazione di cittadini a cavallo accompagnò il giovane principe, che grazie alla sua simpatia godeva di grande popolarità, fino al castello Sant'Emmeran. Il giorno successivo Elena offrì un pranzo sontuoso con ospiti importanti. Alcune associazioni inviarono una delegazione, le bande musicali suonarono e, la sera, tutta la città era illuminata in modo fantastico. Quando assunse, come scrisse egli stesso, «il governo del principato dalle mani della mia amatissima madre, Sua Altezza Reale, principessa Elena vedova Thurn und Taxis»,[7] Massimiliano Maria fece generose donazioni ai poveri della città e dei dintorni, e ai possedimenti del principato. Per rispondere ai numerosi inviti, nei mesi successivi il principe viaggiò per tutta la Germania, per presentarsi nelle altre corti principesche e per effettuare visite di cortesia.

Aveva moltissimi progetti. Prima di tutto, il castello di Regensburg non gli piaceva e andava almeno rinnovato. «Abbiamo deciso di abbattere l'ala sud del nostro castello di Sant'Emmeran, che si trova in cattive condizioni, e di costruire al suo posto un'ala nuova»[8] scrisse il 21 settembre 1883. Inoltre ordinò di costruire un casino di caccia nel «giardino zoologico» al posto del castello di Donaustauf, distrutto da un incendio.

Per il castello della città furono assunti i migliori artigiani, ma Massimiliano Maria ogni giorno andava a controllare i lavori e il nuovo aspetto assunto dall'edificio. Non riuscì a essere presente alla conclusione dei lavori, che terminarono soltanto nel 1887. Le sue condizioni di salute peggioravano di giorno in giorno. Anche l'imperatore Francesco Giuseppe, durante una battuta di caccia a Bad Ischl alla quale aveva invitato il nipote, si stupì nell'osservare che il giovane avesse il fiato corto e si stancasse facilmente. Alla fine del maggio 1885 il principe partecipò alla caccia del gallo cedrone, ma lo sforzo fu eccessivo per lui. Quando tornò da Vienna, era gravemente ammalato. Aveva la febbre alta, e i medici gli diagnosticarono una polmonite. Si riprese comunque velocemente, al di là delle aspettative, e si riaccesero le speranze, soprattutto quelle della madre. Ma erano speranze ingannevoli. Anche il duca Carlo Teodoro, che Elena in preda all'angoscia aveva consultato, non poté far niente per aiutarlo. Il polmone, ormai collassato, non riprese la funzionalità. Massimiliano Maria morì nelle prime ore del mattino il 2 giugno 1885 all'età di ventitré anni. La causa della malattia che lo aveva portato alla morte potrebbe essere ricercata nei postumi di una grave forma di scarlattina contratta nell'infanzia, che gli aveva provocato un inguaribile disturbo cardiaco.

Davanti alla bara del figlio Néné era disperata, fuori di sé. Partecipavano al suo lutto sorelle, fratelli, parenti e tutta Regensburg. Soltanto Sissi arrivò troppo tardi e non riuscì a vedere il nipote prediletto ancora in vita. «Alle 8.30 di sera è arrivata la mamma e ha raccontato molto della povera zia, che nella sua terribile emozionalità pare spesso che sia come pazza»[9] scrisse Maria Valeria nel suo diario.

Questo nuovo, durissimo colpo del destino, dopo la prematura morte del marito e della giovane figlia, fu la causa di un progressivo allontanamento di Elena dal mondo e di una sua sempre maggior ricerca di conforto nella religione, come testimonia la cappella – comunicante con le sue stanze private – che si fece costruire nella nuova ala sud del castello. Ma, prima di tutto, adesso veniva il suo incarico di tutrice di Alberto, che le aveva affidato l'imperatore Francesco Giuseppe e che lei doveva assolvere.

Il principe Alberto di Thurn und Taxis

Due anni dopo il principe Alberto raggiunse la maggiore età e dovette assumere il governo. Era diventato un giovane affascinante, che conquistava i cuori di molte fanciulle ed era anche molto ben voluto dalla popolazione. Il ricordo della morte del principe Massimiliano Maria era troppo recente perché si avesse voglia di festeggiare il nuovo principe con balli e fuochi d'artificio, ma nel gran giorno c'erano bandiere alle finestre e le case erano adorne di fiori. Né mancarono le bande musicali e i sontuosi pranzi organizzati dal principe Alberto per i notabili di Regensburg.

Un anno dopo egli realizzò un desiderio che la madre coltivava da tempo: acquistò il castello di Garatshausen sul lago Starnberg, che era stato appena messo in vendita, ed Elena lo fece restaurare e arredare. Adesso poteva guardare con tranquillità al futuro, dato che Alberto prometteva di diventare un buon principe.

Il principe aveva un altro desiderio, questa volta personale: si era innamorato dell'arciduchessa Margherita, la figlia del principe palatino d'Ungheria Giuseppe, e sperava di essere corrisposto. Nel giorno del diciannovesimo compleanno della ragazza, nel castello di Acsut, in Ungheria, fu festeggiato il fidanzamento.

Morte di Elena e matrimonio del giovane principe

L'anno seguente Elena si ammalò. Da tempo il figlio si era accorto che era diventata pallida, anche se lei diceva di sentirsi bene. Improvvisamente fu colta da un attacco di febbre alta, con brividi che durarono un'ora, di cui i medici non individuarono le cause. Il principe Alberto aveva avvertito per precauzione l'imperatrice, che si era precipitata a Regensburg. A proposito dell'ultima visita della madre alla sorella, l'arciduchessa Maria Valeria scrisse nel suo diario: «Zia Néné, che non credeva per nulla di morire, si è rallegrata di vedere la mamma e le ha detto: "Old Sissi!" – lei e la mamma parlavano quasi sempre in inglese – "We two have had hard puffs in our lives" [Abbiamo passato dei momenti duri nella nostra vita] ha detto la mamma. "Yes, but we had hearts" [Sì, ma abbiamo avuto cuore] ha risposto la zia Néné... Quando la mamma chiese se le faceva male qualcosa, lei ha risposto: "No nothing" [No, non sento male]».[10]

Delirava sempre più spesso, parlava del marito, dei figli morti Bubi ed Elisabetta, e nell'ultimo pomeriggio non tornò più in sé.

I medici non poterono più fare niente. Elena morì il 16 maggio 1890, alle 7 di sera.

Sulle ultime ore di Elena, ecco quanto scrisse il «Regensburger Morgenpost»: «Dopo un'iniziale infiammazione agli organi addominali che non sembrava di carattere maligno, accompagnata da un'infiammazione alla gola come conseguenza di una parotite, la malattia – quando anche il cuore fu compromesso – prese rapidamente un decorso infausto, sicché l'altro ieri e ieri sono arrivati molti parenti ... Sua Maestà l'imperatrice d'Austria, Sua Altezza il duca don Miguel di Braganza, marito della defunta principessa Elisabetta di Thurn und Taxis, Sua Altezza il duca Massimiliano Emanuele. A causa della grave infiammazione alla gola, da un po' di tempo la principessa non era quasi più in grado di nutrirsi, per cui le forze l'abbandonavano e presentava una funzionalità cardiaca ridotta, debolezza, temperatura in aumento, polso debole e irregolare; talvolta c'erano brevi momenti in cui sembrava si riprendesse, finché la natura non poté più opporre resistenza alla fine che si avvicinava e la principessa Elena ... senza lottare con la morte, devota e rassegnata, come una fedele figlia della Chiesa cattolica, spirò».

L'imperatrice Elisabetta rimase al capezzale della sorella fino alla fine, poi se andò, ritornando a Regensburg solo per le esequie. Per ore gli abitanti della città sfilarono davanti alla bara di Elena, per prendere commiato dalla loro benefattrice, che, in un vestito di velluto nero e con una croce d'oro sul petto, riposava su un cuscino di seta rosso. Il vescovo di Regensburg celebrò la messa, prima che Elena venisse tumulata nella cripta della famiglia Thurn und Taxis. Il principe Alberto fece ampliare la cappella della madre perché la camera mortuaria fosse più spaziosa e diventasse un monumento alla memoria. Ma la vita continuava. Nonostante la principessa Elena fosse morta soltanto due mesi prima, il 15 luglio 1890, come previsto, si svolse a Budapest il matrimonio di Alberto e Margherita.

Il «Pester Lloyd» scrisse a questo proposito: «Dai gloriosi giorni di Mattia Corvino, che nel 1476 celebrò il matrimonio con la principessa italiana Beatrice secondo il fasto corrispondente alla piena fioritura del Rinascimento, il castello di Ofener non era più stato teatro di una festa come quella di oggi, il matrimonio dell'arciduchessa Margherita Clementina, la figlia dell'arciduca Giuseppe, con l'uomo da lei scelto, il principe di Thurn und Taxis». La cerimonia nuziale ebbe luogo nel castello di Ofener dei primati d'Ungheria e fu celebrata in ungherese. Erano stati invitati tutti i membri della casa d'Absburgo e numerosi esponenti dell'aristocrazia austriaca, ungherese e bavarese. Nello stesso giorno la coppia partì per Regensburg dove, il 16 luglio, ci fu il festoso ingresso. Il corteo della carrozza di gala tirata da sei cavalli passò sotto un arco di trionfo con lo stemma del casato e raggiunse il castello dove, alle 6 di sera, si tenne un pranzo di gala. Per riguardo alla principessa morta recentemente, una fiaccolata delle associazioni di Regensburg pose fine anticipatamente ai festeggiamenti.

Dal matrimonio della coppia, che si rivelò molto armonioso, nacquero sette figli. Il principe Albert morì all'età di 85 anni il 22 gennaio 1952, la moglie lo seguì tre anni dopo.

Il successivo principe di Thurn und Taxis fu Franz Joseph, che allora aveva quasi sessant'anni. Dato che il suo unico figlio maschio era morto a Stalingrado durante la seconda guerra mondiale, gli succedette il fratello, il principe Karl August.

Nel 1982 fu la volta del principe Johannes, molto noto grazie alle numerose cronache dei giornali, che era sposato con Maria Gloria contessa di Schönburg-Glauchaus. Fino alla maggiore età del principe Albert II, nato nel 1983, la tutrice legale fu la madre, principessa Maria Gloria.

UN PRINCIPE, EVVIVA!

Giovinezza del principe ereditario Rodolfo

Tutto cominciò con un'enorme speranza, quando 101 colpi di cannone annunciarono alla popolazione che alla coppia imperiale era nato un figlio.

Un successore, finalmente un erede per la monarchia austriaca. Avevano dovuto aspettare a lungo. Le due prime figlie erano femmine e, nei casati principeschi, le femmine hanno poco valore. La «Prammatica Sanzione», firmata dall'imperatore Carlo VI nel 1713, aveva stabilito il diritto di primogenitura anche in linea femminile (in questo modo Carlo VI aveva voluto assicurare la successione alla figlia Maria Teresa). Da allora, tutte le donne della casa imperiale, ancorché appartenenti a un ramo collaterale, al momento del matrimonio dovevano firmare un atto di rinuncia al diritto di successione ereditaria, anche se si trattava di un diritto puramente teorico. Nella pratica, il trono fu sempre attribuito agli eredi maschi. Una donna con la corona da imperatore... Sembrava assurdo soltanto pensarlo.

Ma adesso c'era un erede: Rodolfo, chiamato come il primo imperatore tedesco della casa d'Absburgo. Era nato il 21 agosto 1858 a Laxenburg, vicino a Vienna. «Rodolfo, Francesco Carlo Giuseppe, Principe Ereditario e Successore al Trono dell'Impero d'Austria. Principe Reale d'Ungheria e Boemia, della Lombardia e di Venezia, di Dalmazia, Croazia, Slavonia, Galizia, Lodomeria e Illiria. Arciduca d'Austria. Cavaliere del Toson d'Oro e Colonnello-Proprietario del Reggimento di Fanteria n. 19.»[1] Queste parole furono pronunciate durante il battesimo nel castello di Laxenburg, alle quali l'imperatore aggiunse un ordine all'esercito: «Voglio che il figlio donatoMi dalla Grazia di Dio appartenga sin dal momento della sua venuta al mondo al Mio valoroso Esercito e lo nomino pertanto Colonnello-Proprietario del Mio 19° Reggimento di Fanteria di Linea che da ora in poi si chiamerà "Principe Ereditario". Laxenburg, addì 22 agosto 1858».[2] Queste parole sono la dimostrazione di quanto l'imperatore si aspettasse per prima cosa dal figlio, anche se si trattava soltanto di un minuscolo infante in una culla coperta di merletti: doveva diventare un abile soldato. Non era mai accaduto, comunque, che un neonato venisse promosso ufficiale e fondatore di un reggimento. L'ordine era anche un omaggio al suo «esercito coraggioso», che l'imperatore considerava il sostegno del suo trono. «Il tuo accampamento è l'Austria» aveva scritto Franz Grillparzer in segno di entusiastico omaggio al feldmaresciallo Radetzky e al suo esercito dopo la vittoria del 1849 sulle truppe piemontesi. L'esercito era anche l'elemento che teneva unite le nazioni dell'impero. Quando infatti nell'autunno del 1918, alla fine della prima guerra mondiale, la forza militare si disintegrò, fu la fine della secolare monarchia absburgica, che si disgregò nei vari Stati nazionali.

Forse quel desiderio dell'imperatore che il figlio diventasse soprattutto un buon soldato costituì il germe della futura tragedia del principe ereditario. Come era già accaduto per le altre figlie, anche Rodolfo fu affidato alle cure della nonna. Elisabetta aveva ormai smesso di combattere per i propri figli. Rodolfo era ancora piccolo quando ricevette la sua prima uniforme, naturalmente con i gradi di colonnello. Come riferisce il «Pester Lloyd», all'età di due anni il principe ereditario aveva due ufficiali e alcuni soldati del «suo» reggimento ai quali egli, seduto sul cavallino a dondolo, impartiva ordini. Probabilmente si divertiva molto. In futuro, però, non sarebbe più stato un «divertimento».

Il piccolo Rodolfo non era un ragazzo robusto, anzi era ansioso e facile al pianto, spesso ammalato, e fin da piccolo si dimostrò avido di sapere. A tre anni cominciarono le lezioni: religione, le principali lingue della monarchia, ceco e ungherese, e anche lettura e scrittura. Inoltre c'erano le esercitazioni di tiro, la ginnastica e la partecipazione alle parate a fianco del padre.

A sei anni ricevette un proprio seguito e fu quindi separato dalla sorella. Questo rappresentò una svolta importante nella sua vita affettiva, dato che essi andavano molto d'accordo. La madre era una presenza rara, ma questa non era un'eccezione. Nelle case dei nobili, come peraltro in quelle borghesi, era consuetudine affidare i figli ai precettori e alle governanti. I genitori vedevano i bambini per poco tempo. Molti figli non subivano conseguenze, ma per il piccolo e ipersensibile arciduca la scelta del precettore rappresentò il trauma fondamentale.

Il compito era stato affidato al generale maggiore conte Gondrecourt, il quale, secondo l'imperatore, era particolarmente adatto per preparare il principe ereditario al suo futuro compito. Anche la nonna, l'arciduchessa Sofia, che fino a quel momento aveva offerto ai bambini un'affettuosissima vita famigliare, non trovò nulla in contrario. Il conte, un vecchio scapolo, ricoprì il ruolo affidatogli con grande zelo: costringeva Rodolfo a compiere estenuanti esercizi fisici, gli rovesciava addosso secchi d'acqua gelata, lo svegliava di soprassalto con colpi d'arma da fuoco, oppure, nel giardino zoologico, gli diceva all'improvviso che aveva un cinghiale alle spalle. Insomma, la parola d'ordine era la durezza, che, a giudizio del conte, era la strada migliore per fare del principino quel soldato risoluto che l'imperatore desiderava. Il piccolo diventò sempre più ansioso e nervoso, senza che il padre o la nonna lo sapessero. E lui non avrebbe mai osato lamentarsi. Soltanto un anno dopo intervenne Elisabetta, che era tornata a casa. Energicamente e con successo, l'imperatrice pretese i pieni poteri sull'educazione del figlio: «Desidero pieni e illimitati poteri per tutto ciò che riguarda i bambini, la scelta delle persone che devono seguirli, il luogo del loro soggiorno, la totale direzione della loro educazione, in una parola: ogni facoltà decisionale spetterà esclusivamente a me fino al momento in cui non compiranno la maggiore età».

L'imperatrice colse l'occasione per avanzare anche alcune richieste di tipo personale: «Inoltre desidero, per quanto riguarda comunque la mia condizione personale, che rimangano esclusivamente riservati al mio giudizio la scelta delle persone che desidero avere intorno a me, il luogo del mio soggiorno, e tutto quanto concerne il governo della casa»[3] scrisse Elisabetta il 17 agosto 1865 da Bad Ischl, consapevole dell'influenza che esercitava sul marito. L'arciduchessa Sofia non poté che rassegnarsi, poiché aveva tutto l'interesse che fra i due coniugi vi fosse un buon accordo. La lettera di Elisabetta ebbe come risultato che il conte Gondrecourt fu sostituito dal conte Latour von Thurnburg, una vera fortuna per il principe ereditario che andò sempre molto d'accordo con il nuovo precettore. Perché Gondrecourt non si sentisse «licenziato», Latour fu nominato precettore ufficiale soltanto cinque anni dopo. Questi era considerato un liberale e in molti circoli della corte non era benvoluto. Liberali erano anche gli insegnanti di Rodolfo, spesso specialisti di fama, tutti scelti in accordo con l'imperatrice. Il tempo da dedicare allo studio era notevolmente aumentato (fino a cinquanta ore alla settimana). Gli insegnanti erano borghesi, spesso professori in scuole e licei di Stato, e successivamente docenti universitari. Venne invece trascurata l'educazione religiosa, che per l'arciduchessa Sofia era sempre stata fondamentale.

All'epoca i giovani venivano subissati di nozioni e le relazioni umane erano marginali. L'attenzione di Elisabetta nei confronti di Rodolfo era limitata alle lettere, dato che si trovava più spesso in viaggio che nella Hofburg. Anche Francesco Giuseppe, che dal mattino alla sera «governava» studiando carte e documenti, si occupava pochissimo del figlio e svolgeva soltanto il ruolo di giudice supremo. Uno dei pochi contatti tra l'imperatore e il principe ereditario era la caccia. A soli nove anni Rodolfo uccise il suo primo cervo, e in quest'occasione ricevette dal padre un telegramma di congratulazioni. Anche in seguito la caccia rimase il primo argomento di conversazione tra loro. Poiché, come gli altri commensali, il figlio non poteva mai rivolgere per primo la parola al padre, ma doveva aspettare che fosse l'imperatore a rivolgergliela, fin dall'adolescenza Rodolfo non poté affrontare con lui gli argomenti che gli stavano a cuore.

L'imperatore Francesco Giuseppe e Anna Nahowski

Rodolfo era ancora giovane quando l'imperatore Francesco Giuseppe giunse alla conclusione che la sua vita coniugale era ormai inesistente. L'amore che nutriva per la moglie poteva essere definito sottomissione, ma di fatto egli viveva in solitudine. «Se pensi che questo sia necessario per la tua salute, non dirò una parola, ma dall'inizio del matrimonio abbiamo trascorso insieme solo pochi giorni» le scrisse in una lettera. Ci sono diversi modi di amare. Nel 1875, durante una passeggiata mattutina nel parco del castello di Schönbrunn, l'imperatore incontrò una giovane donna. Si chiamava Anna, aveva soltanto sedici anni ed era sposata da poco. Da quel giorno i due si incontrarono spesso, appartandosi in un luogo segreto del parco. Quando, tre anni dopo, Anna affittò una casa nell'attuale Schönbrunner Allee, le visite dell'imperatore erano diventate regolari, in genere fra le 4 e le 5 del mattino. La donna era la sua amante, e fra di loro non ci fu mai un altro tipo di rapporto. Era soltanto prostituzione. Il secondo marito di Anna, Franz Nahowski, un impiegato delle ferrovie del Sud, era probabilmente al corrente della relazione, poiché approfittò del denaro che l'imperatore regalava alla moglie, e non si trattava di pochi spiccioli. Anche i 15.000 fiorini con cui la coppia acquistò nel 1884 la villa in Maxingstraße, di fronte al parco del castello di Schönbrunn, e la somma equivalente che ci volle per restaurarla, non provenivano certo dalle prestazioni professionali di Franz Nahowski per la compagnia ferroviaria. Anna ricevette anche denaro per i tre figli, benché non fosse affatto sicuro che li avesse avuti tutti dall'imperatore. Quando Francesco Giuseppe conobbe Katharina Schratt, le visite mattutine ad Anna si diradarono. Allorché nel 1889 la relazione, durata ben quattordici anni, ebbe termine, la donna percepì una liquidazione di 200.000 fiorini.

È certo che l'imperatrice non seppe mai della relazione di Francesco Giuseppe con Anna Nahowski, convinta com'era che il marito le fosse assolutamente fedele. A poco a poco, però, si rese conto della situazione del marito, alla quale cercò di porre rimedio: non si trattenne più a lungo a Vienna e gli trovò una compagna.

L'imperatore e l'«amica»

Katharina Schratt aveva trentatré anni, l'imperatore cinquantasei. Lei era sposata con il gentiluomo di campagna ungherese Nikolaus Kiss di Ittebe e aveva un figlio, ma da tempo viveva separata dal marito, che Francesco Giuseppe a ogni buon conto provvide a inviare all'estero, affidandogli incarichi diplomatici nei posti più remoti. Pagava inoltre somme ingenti per ripianare i debiti e per risolvere così i problemi dell'«amica».

Quando l'imperatrice si accorse che a Francesco Giuseppe piaceva l'attrice del Burgtheater Katharina Schratt, incaricò la contessa von Ferenczy di metterla in contatto con il pittore Angeli, all'epoca molto noto. L'attrice avrebbe dovuto posare per un ritratto, e il quadro doveva essere un regalo per l'imperatore. Il 21 maggio 1886 Francesco Giuseppe incontrò la signora Schratt nello studio del pittore e poi le spedì una lettera di ringraziamento, in cui le si rivolgeva con le parole «Mia cara amica» e si firmava «Suo affezionatissimo», accompagnata da un prezioso anello di smeraldi.

A questa prima lettera ne seguirono numerose altre, inviate da tutti i luoghi in cui l'imperatore si trovava. E sempre la ringraziava con parole toccanti e con entusiasmo per le notizie che lei gli comunicava. Molto spesso alle lettere erano allegate somme di denaro. La signora Schratt, che apprezzava molto i gioielli, arrivò a possedere nel corso degli anni una delle collezioni di preziosi più prestigiose della monarchia.

Le visite mattutine di Francesco Giuseppe non avvenivano più alle 4 del mattino e, secondo la versione ufficiale, per motivi non evidenti. Comunque, la signora Schratt doveva essere pronta alle 7 del mattino, per ricevere l'imperatore a colazione. Un'ora del tutto normale per lui, che notoriamente si alzava presto, ma quasi impossibile per lei, che dopo lo spettacolo rincasava tardissimo e che, per di più, per quell'ora doveva essere perfettamente vestita e pettinata.

Affinché l'imperatore potesse gustare, con il caffè del mattino, anche un dolce squisito, un *gugelhupf*,* la cuoca aveva l'ordine di prepararne due. Era necessario prendere ogni precauzione nel caso una focaccia non fosse venuta bene.

Katharina Schratt era una donna allegra, che dava a Francesco Giuseppe quello che non aveva mai ricevuto: calore e sicurezza in un ambiente accogliente, un'atmosfera familiare e una conversazione libera, nella quale non mancavano i pettegolezzi. Lo faceva ridere con aneddoti divertenti e, ben presto, casa Schratt, a Vienna o a Bad Ischl, diventò un luogo in cui l'imperatore si trovava a proprio agio. L'attrice, sotto molti punti di vista, gli dava quello che avrebbe dovuto dargli sua moglie. Non aveva alcuna influenza politica, anche se l'imperatore le confidava alcune contrarietà procurategli dagli ungheresi o da quel fastidioso Parlamento. Durante la vecchiaia, ogni tanto si lamentava anche di diversi acciacchi che lo affliggevano. «Mia cara amica», così in breve diventò l'intesta-

* Focaccia dolce a forma di ciambella, tipica della cucina austriaca.

zione delle lettere di Francesco Giuseppe, nelle quali non mancava di sottolineare più di una volta «Lei mi è molto cara» e si concludevano con «Suo affezionatissimo F.J.».[4] Spesso, alla fine della lettera, accanto ai devotissimi saluti c'erano degli eloquenti trattini, e non si è lontani dal vero nel supporre che stessero al posto dei baci. Per Natale, una volta le scrisse: «Permettetemi che vi dia il mio modesto dono per Gesù Bambino pregandovi in ginocchio di accettarlo con la consueta bontà e condiscendenza...».[5] Il dono erano dei brillanti. Si diceva che l'imperatore non avesse la minima idea del valore del denaro e che non sapesse quanto prezioso fosse l'oggetto che stava regalando in quell'occasione.

Nel 1889 Katharina comprò una villa con un grande parco in Maxingstraße, non lontano da quella di Anna Nahowski, per facilitare così le visite mattutine dell'imperatore. Una porticina segreta, che era stata aperta nelle mura del castello di Schonbrünn già all'epoca delle visite ad Anna, dimostrò anche in questo caso la sua utilità. Sempre a spese dell'imperatore, Katharina Schratt comprò la villa Felicitas a Bad Ischl e, più tardi, un palazzo sul Kärtner Ring. Francesco Giuseppe pagò anche i non pochi debiti di gioco di Katharina, entusiastica frequentatrice del casinò di Montecarlo. La donna riceveva all'inizio un appannaggio annuo di 30.000 fiorini, che venne continuamente aumentato. La liquidazione da lei percepita nel 1911 – con la quale l'imperatore, che allora aveva ottantun anni, volle assicurare la vecchiaia di Katharina – ammontava a 2 milioni e mezzo di corone, prelevati dal patrimonio privato e da quello di famiglia. Dopo la morte di Francesco Giuseppe, Katharina Schratt era una signora ricchissima.

L'imperatrice Elisabetta si preoccupò sempre di approvare la relazione del marito con la Schratt, che invitava ogni tanto a corte per far vedere a tutti che era anche sua amica. Nelle lettere a Francesco Giuseppe l'attrice lo pregava diligentemente di trasmettere a Sua Maestà l'imperatrice i suoi devoti ossequi. Di nascosto l'imperatrice prendeva in giro la «povera grassa Schratt», che combatteva con la bilancia e spaventava l'imperatore sperimentando sempre nuove diete dimagranti.

La relazione tra Francesco Giuseppe e Katharina ebbe anche momenti di crisi, ad esempio quando lui si rifiutò di licenziare il direttore del Burgtheater con cui l'attrice non andava d'accordo. Anche se il teatro era un bene privato dell'imperatore, egli aveva timore di proteggere la Schratt in modo così manifesto. Ma Katharina si risentì e, come Elisabetta, lo punì andandosene da Vienna.

Molte parole sono state spese sull'imperatore e la «cara amica». Insomma, l'hanno fatto o non l'hanno fatto? Brigitte Hamann, che fra l'altro ha esaminato a fondo il carteggio tra Francesco Giuseppe e Katharina Schratt e possiede un'approfondita conoscenza in materia, è convinta che il rapporto fra i due sia stato soltanto platonico, un «amore elevato» diverso da quello «basso» che aveva legato l'imperatore ad Anna Nahowski. Alcuni passi delle lettere lasciano adito a dubbi. Lo storico Wandruszka è invece dell'opinione che fra i due ci sia stata una relazione intima. Molto spesso l'imperatore scendeva nei dettagli delle «settimane di silenzio», come egli definiva con discrezione i cicli mestruali della Schratt. Questo significa che nella loro amicizia c'era una certa intimità, anche se l'«amica» si rivolgeva all'imperatore chiamandolo «Maestà». Ma in quale tono gli parlava? Katharina Schratt era pur sempre un'attrice.

Non a tutti, però, questa relazione andava a genio. Soprattutto l'arciduchessa Maria Valeria mostrò spesso la sua insofferenza: «La signora Schratt ha pranzato con noi (in quattro), ha fatto una passeggiata con noi ed è rimasta fino a sera. Non posso dire quanto penosi siano per me questi pomeriggi, quanto incomprensibile che la mamma li trovi piuttosto gradevoli».[6]

Quando, nel 1909, Nikolaus Kiss morì, circolò voce che l'imperatore avesse sposato Katharina con un matrimonio segreto. Georg Markus riferisce nel suo libro di un «matrimonio di coscienza» che sarebbe stato celebrato dopo la morte di Kiss nella cappella di Sant'Andrea del palazzo arcivescovile a Vienna. Si è parlato della testimonianza di una coppia che il 30 giugno 1934 aveva contratto un matrimonio di coscienza e che raccontò di aver letto la registrazione del matrimonio dell'imperatore nel libro conservato nell'archivio segreto della curia. Come molte altre cose, anche questo documento è scomparso e i testimoni sono morti. Se questo «matrimonio di coscienza» sia stato effettivamente celebrato o no, non è più possibile stabilirlo. Può darsi però che il documento incriminante sia stato distrutto anche solo per fare un piacere a qualcuno.

Una sposa per Rodolfo

A 19 anni Rodolfo terminò gli studi e prese commiato dal conte Latour. Il conte Charles Bombelles, un uomo di mondo, diventò il suo ciambellano e, al posto dello studio e dei libri, lo istruì nell'andare a cavallo e a caccia, e nell'allacciare rapporti con il gentil sesso. Rodolfo avrebbe iniziato molto volentieri a seguire un corso universitario di scienze naturali, e vi sarebbe stato anche portato, ma per il principe ereditario della casa d'Absburgo una tale ipotesi era fuori discussione. Aveva un'unica possibilità: la carriera militare. Era questa la decisione del padre e del prozio, l'arciduca Alberto, individuo rigidamente conservatore.

Il primo viaggio all'estero Rodolfo lo compì in compagnia di Carl Menger, il suo insegnante di economia nazionale, ed ebbe come mete la Svizzera e l'Inghilterra, dove in quel momento si trovava l'imperatrice Elisabetta. Come abbiamo detto, in quell'occasione il principe ereditario fu costretto a confrontarsi con i pettegolezzi che circolavano sulla madre e Bay Middleton. Sua zia, l'ex regina Maria Sofia, gli aveva raccontato degli intimi rapporti tra i due e la contessa Larisch, presente alla conversazione, aveva rincarato la dose. Rodolfo pensò quindi di avere elementi sufficienti per credere alle dicerie e ne chiese conto allo scozzese. La conseguente rabbia di Elisabetta si rivolse contro la sorella, ma questo episodio non contribuì certo a migliorare i rapporti tra madre e figlio.

Nel frattempo il principe ereditario era diventato un giovane dotato di un forte fascino personale. Aveva successo con le donne e ne approfittava con passione: «Più che bello, era seducente ... faceva pensare involontariamente a un purosangue».[7] Il vecchio maestro di Rodolfo, Walterskirchen, si vide costretto a esortare l'ex allievo: «Lei non ha bisogno di vuotare affrettatamente il calice della vita ... si goda con misura le gioie della vita».[8]

E questo è il giudizio della contessa Festetics: «È tanto un bravo ragazzo, ma non conosce misura, d'altra parte è un bene quando riesce a divertirsi in maniera innocente e normale perché ha tante avventure da far venire i brividi».[9] A corte circolava voce che il principe ereditario avesse avuto una storia con Elena Vetsera, la madre di Mary, che all'epoca era una bambina. «Non ho mai trovato una donna che mi abbia resistito»,[10] questa frase gli è stata attribuita dalla principessa Luisa di Coburgo.

Rodolfo, comunque, non tralasciò completamente le sue ambizioni in ambito scientifico, dedicandosi soprattutto agli studi di ornitologia, come testimoniano i numerosi scritti da lui raccolti nell'opera *Die österreisch-ungarische Monarchie in Wort und Bild* (La monarchia austroungarica in parole e immagini) e nei suoi contributi sugli uccelli per il *Tierleben* (La vita degli animali) di Alfred Edmund Brehm. Innumerevoli furono poi i suoi articoli politici, pubblicati anonimi per opera dell'amico Moritz Szeps, caporedattore del foglio liberale «Wiener Tagblatt». La lotta del principe ereditario per il progresso, contro il clericalismo e i privilegi dell'aristocrazia, le critiche mosse alla miseria della classe operaia e ai preconcetti della monarchia, avrebbero lasciato spazio a molte speranze per il futuro.

Mentre Rodolfo iniziava il servizio nel 36° reggimento di fanteria, nell'anno 1879 a Vienna ci si dava da fare per trovare una moglie adatta a lui. Dato che le principesse di Madrid, Lisbona e Dresda non erano di suo gusto, ci si rivolse alla casa reale cattolica belga. Il progetto incontrò un vivace consenso, giacché il re Leopoldo II aveva una figlia in età da marito, la quindicenne principessa Stefania. Tutto fu organizzato fin nei minimi particolari. Nel terzo giorno della sua visita nella capitale belga Rodolfo doveva esprimere la sua intenzione. Ma lasciamo la parola alla stessa Stefania: «Mi baciò la mano, rivolgendomi la parola in tedesco, e mi parlò di mia sorella Luisa, che egli venerava. Poi mi disse qualche frase lusinghiera, ma molto banale, e dopo pochi minuti pronunciò la grave domanda che doveva decidere il nostro avvenire. Infine mi offerse il braccio e ci avvicinammo ai genitori pregandoli di benedire il nostro fidanzamento. Essi baciarono il loro futuro genero, pieni di gioia, e ci permisero di darci d'ora innanzi del tu».[11]

«Fu un momento edificante e solenne, le autorità non osavano parlare» riferì il conte Chotek, ambasciatore austroungarico a Bruxelles, che aveva preparato l'incontro. Brigitte Hamann aggiunge: «Per rendere meno imbarazzante l'atmosfera e creare un po' di allegria, era stato scritturato un prestigiatore che divertì la coppia dei fidanzati, i genitori della sposa e il seguito con le sue trovate».[12]

«Sono felice e pieno di gioia. Ho trovato ciò che cercavo, un buon angelo fedele!»[13] così scrisse Rodolfo con entusiasmo all'amico conte Wilczek. Non si accorda con quest'affermazione il fatto che al suo seguito ci fosse anche la sua amante, «una giovane e graziosa ebrea», attrice del teatro di Baden.

L'imperatore non era molto entusiasta della futura nuora. Il re Leopoldo non gli piaceva. Anche l'imperatrice, che si era fermata a Bruxelles di ritorno dall'Inghilterra, era scettica. Quando arrivò il telegramma del fidanzamento e non poté trattenere la gioia perché non si trattava dell'annuncio di una disgrazia, pare abbia esclamato: «Voglia Iddio che non lo sia».[14] Un'affermazione profetica. Il motivo per cui i genitori di Rodolfo, pur con queste premesse, abbiano accordato il permesso alle nozze, rimane comunque un mistero. Forse possiamo trovare una spiegazione nel fatto che in quel momento la scelta tra le principesse cattoliche in età da marito, eredi di case reali, era molto limitata.

La dama di corte di Elisabetta, la contessa Festetics, annotò a proposito di questo fidanzamento: «Il principe ereditario non sembrava molto felice e la moglie faceva una brutta impressione. Era molto giovane, molto alta, con braccia e gambe molto lunghe. L'attaccatura dei capelli cominciava a metà della testa. Sembrava un'albina, aveva occhi piccoli e astuti, cerchiati di rosso, gradevole era solo la carnagione chiara...».[15] «Nella bambina angolosa, timida, con i braccini rossi, nulla giustificava la speranza che si sarebbe trasformata in una figura femminile leggiadra e piena di grazia»[16] fu l'impietoso giudizio espresso dal conte Lützov durante le nozze. Di tenore non molto diverso quello del principe Khevenhüller: «La principessa non è granché, bionda slavata, pochi capelli, una faccia priva di espressione, naso lungo».[17] Negativa fu anche la valutazione della contessa Larisch: «Con il vestito da sposa la principessa belga aveva un aspetto veramente sgraziato: le braccia erano arrossate e l'acconciatura dei capelli biondi non le donava. Era molto alta e la sua figura quel giorno aveva un aspetto miserevole ... Non aveva ciglia né sopracciglia. L'unica sua bellezza era la carnagione perfettamente chiara».[18] Sembra davvero incredibile che questa ragazza immatura ed evidentemente bruttina sia diventata negli anni successivi una figura dall'aspetto regale e una delle donne più eleganti del suo tempo. Anche in seguito, comunque, Stefania non fu mai benvoluta in famiglia: l'imperatrice Elisabetta la definiva il «brutto cammello» o la «contadina fiamminga», e l'arciduchessa Maria Valeria «un pezzo di legno ... grande, grassa, gialla e bionda».[19]

Il matrimonio fu celebrato nel maggio 1880. Per festeggiare l'arrivo di Stefania fu organizzata al Prater una festa con fuochi d'artificio, un concerto con milletrecento cantanti e una grande lotteria. «Da tutte le parti piovevano i fiori; si camminava su petali di rose»[20] scrisse Stefania. Per la cena nella sala della Hofburg c'erano cento coperti d'oro e sessantaquattro d'argento. Per l'occasione Johann Strauss compose il *Myrthenblütenwalzer* e Eduard Strauss il valzer *Schleier und Krone*. La cerimonia nuziale fu celebrata dal cardinale principe Schwarzenberg: «Il suo [di Rodolfo] "Sì" aveva un tono molto serio e triste, tanto più che fu pronunciato con voce molto bassa»[21] annotò la contessa Festetics. Poi gli sposi andarono a Laxenburg. Ecco come Stefania descrisse le impressioni di quella serata: «Il tempo era nebbioso e coperto. Rabbrividendo, e completamente esausta, mi adagiai sui cuscini della carrozza. Sola con un uomo che conoscevo appena, provavo un'ansietà atroce ... Non avevamo nulla da dirci. Eravamo completamente sconosciuti l'uno all'altro. Invano attendevo una parola affettuosa o amichevole, che mi liberasse da quello stato d'animo. La stanchezza si univa a sentimenti confusi di paura e di solitudine, gettandomi in una angoscia cupa e quasi priva di speranza. ... Ci condussero negli appartamenti situati nella corte azzurra, dirimpetto alla chiesa del Castello. Io credevo di trovare una dimora bella e ridente; tutti i giornali parlavano delle quattordici stanze che da settimane si stavano trasformando e mobiliando per noi... Quando entrammo negli appartamenti preparati in nostro onore, fummo accolti da un'aria di cantina, viziata e gelida, che toglieva il fiato. Non v'era neppure una pianta, non un fiore, per festeggiare il mio arrivo ... Non v'era alcun tappeto morbido e seducente, non una tavola di *toilette* né una stanza da bagno. Non c'era che una catinella, posta su un treppiedi. ... Nessuno aveva pensato di preparare alla giovane sposa una casa degna della futura Imperatrice d'Austria».[22]

Pare incredibile che l'imperatrice Elisabetta, la quale a suo tempo si era lamentata tantissimo della cupa atmosfera di Laxenburg, non avesse apportato alcun cambiamento per rallegrare l'arrivo della nuora.

Della catastrofica prima notte di nozze della giovane coppia abbiamo già parlato. Il giovane, che fino ad allora aveva frequentato solo donne esperte, si trovò improvvisamente davanti una ragazzina che affrontava l'evento di quella notte soltanto con paura e timidezza. Anche in questo episodio è possibile rinvenire il germe della futura tragedia. Stefania, comunque, non si stancò mai di ribadire le sue critiche alla Hofburg: le stanze non le piacevano perché non erano confortevoli – il che era vero –, le lampade a petrolio puzzavano e facevano fumo, il cibo era di qualità mediocre. Perciò la corte la considerò una persona fredda, e non si limitò a pensare che fosse priva di gusto nel vestire e poco elegante, ma la giudicò anche presuntuosa e arrogante.

Una settimana dopo il matrimonio, la coppia si recò a Praga dove Rodolfo riprese servizio nel suo reggimento. Sembrava che i due giovani sposi si fossero un po' riavvicinati, malgrado tutto. «Non sono mai stato così felice come quest'anno in estate, quando, circondato da una confortevole atmosfera domestica, ho potuto tranquillamente seguire gli studi preliminari per il "viaggio in Oriente". Stefania è intelligente, piena di attenzioni e di sentimenti molto delicati ... lei sarebbe l'unica persona capace di farmi fare tante cose!»[23] scrisse sei mesi dopo Rodolfo a Latour.

Una figlia per i principi ereditari

Quando Stefania rimase incinta, il matrimonio acquisì maggior serenità, ma nel contempo aumentarono anche i dissapori via via che emergeva la profonda diversità tra i due sposi. Rodolfo desiderava un figlio maschio, al quale dare il nome Václav, il corrispettivo ceco di Wenzel.

Per il principe ereditario, l'andamento della politica austriaca era causa d'infelicità più ancora del matrimonio. Era in aperto contrasto con il presidente del Consiglio, il conte Taaffe, e con l'arciduca Alberto, convinto clericale. Le opinioni politiche del principe ereditario sono espresse negli articoli di Moritz Szeps sul «Wiener Tagblatt», redatti in una forma che permettesse al loro vero autore di rimanere nell'ombra. Rodolfo non ebbe il coraggio di formulare critiche esplicite nei confronti del modo di governare del padre, del ruolo dei nobili, che non stimava, della grande influenza della Chiesa e del compito delle forze armate. Francesco Giuseppe amava il suo esercito: le parate, nelle quali brillavano tutti i bottoni delle uniformi, le manovre in cui tutto si svolgeva alla perfezione. Questo non mutava la situazione, e il tempo per mettere a punto i nuovi e necessari cambiamenti era sempre più ridotto. Siccome l'imperatore non parlava mai di politica con il figlio, gli articoli anonimi erano l'unico modo a disposizione di quest'ultimo per opporsi al regime conservatore.

Per tutta la vita Rodolfo fu sorvegliato dalla polizia segreta. I cosiddetti «confidenti» raccontavano per filo e per segno dove andasse e chi incontrasse. Perciò è molto probabile che l'imperatore fosse al corrente dell'attività politica del figlio e che, semplicemente, facesse finta di niente.

Il 2 settembre 1883, a Laxenburg, la principessa Stefania diede alla luce un figlio. Il popolo attese con ansia i colpi di cannone che annunciavano la nascita. Furono soltanto ventuno, il che voleva dire che non era nato un principe ma una principessa. Tutti si consolarono pensando che i due coniugi erano giovani e quindi avrebbero ancora avuto la benedizione di un figlio maschio. La bimba ricevette il nome di Elisabetta, ma verrà chiamata «Erzsi», il corrispettivo ungherese di Elisabetta. Attirerà l'attenzione su di sé in modo del tutto insolito per un membro di una casa reale, tant'è che dopo la prima guerra mondiale si parlerà di lei come della «principessa rossa».

UN CASINO DI CACCIA NEL WIENERWALD

Nubi sul matrimonio

Nel 1883 l'imperatore esaudì il desiderio del principe ereditario di avere un comando a Vienna. Rodolfo era diventato nel frattempo luogotenente feldmaresciallo: una carriera fulminea, come accadeva in genere agli appartenenti alla casa reale. Dovette confrontarsi spesso con l'arciduca Alberto, suo prozio, che aveva una grande influenza sull'imperatore e che, come il nipote Francesco Giuseppe, non voleva assolutamente sentir parlare di riforme, che pure erano da tempo necessarie. Rodolfo invece era giovane e affascinato dalle innovazioni in campo militare e civile. Un equipaggiamento migliore avrebbe aumentato la capacità offensiva dell'esercito, cosa che in seguito si sarebbe rivelata indispensabile. Dacché il principe ereditario capì che non sarebbe riuscito a ottenere nulla di ciò che gli stava a cuore nell'interesse della monarchia, provò un'avversione sempre più forte per il servizio militare.

Anche la sua vita matrimoniale entrò in crisi. Gli intrattenimenti di corte, che divertivano la nobiltà, non gli erano particolarmente congeniali. Il calendario delle feste dell'aristocrazia, cui appartenevano circa duecento famiglie, era sempre lo stesso. Dopo Capodanno aveva inizio la stagione con serate, manifestazioni di beneficenza, balli, corse e gite sulle slitte; poi si andava in riviera, oppure a Biarritz o a Parigi; a maggio si tornava a Vienna dove, da Korso e Derby, si sfoggiavano le nuove toilette. Dopodiché, un soggiorno nelle tenute di campagna per andare a cavallo e scambiarsi le visite. «In Svizzera, nei luoghi di cura, al mare per fare i bagni o sull'altipiano austriaco, aspettano con grande noia la fine dell'estate» scrisse Rodolfo nell'articolo sulla nobiltà austriaca, di cui criticava aspramente – in netto contrasto con la moglie – lo stile di vita. A ottobre veniva finalmente il momento di visitare i castelli di campagna, perché era il periodo della caccia e delle grandi cavalcate a Pardubitz. Le signore invitavano i parenti, o venivano da questi invitate, e spesso in queste occasioni maturavano i progetti matrimoniali per i figli.

Rodolfo non era fatto per questa vita. Preferiva i locali in cui si beveva il vino novello e ci si poteva sedere liberamente in mezzo alla gente del popolo. Una volta Stefania lo accompagnò e rimase sconvolta. Le differenze di carattere fra i due coniugi, superate all'inizio con difficoltà, diventarono sempre più nette. Ben presto Rodolfo riprese a frequentare la vecchia compagnia e in questi suoi giri era costante la presenza al suo fianco di donne giovani e belle. Di qui le scenate di gelosia della moglie, che aveva anche iniziato a trattarlo male in pubblico, con il risultato di rendere sempre più sgradevoli al marito i soggiorni a casa. «Il principe cominciò a venire a casa solo al mattino e in uno stato deplorevole. Non era più possibile una vera convivenza, in queste condizioni. Soltanto la pietà mi teneva avvinta a lui, dopo che ogni stima e ogni fiducia si erano spente nel mio cuore»[1] disse Stefania molto più tardi, quando era da tempo diventata principessa Lonyay, a Juliane von Stockhausen, che ne curò le memorie.

Mizzi Caspar

Nella folla di accompagnatrici che cercavano di aiutarlo a dimenticare l'opprimente atmosfera domestica emerge la figura di Mizzi Caspar, che Rodolfo negli ultimi anni della sua vita frequentò regolarmente. Quella che oggi definiremmo una prostituta d'alto bordo era una donna giovane e carina, esile, con i capelli neri, che il principe aveva conosciuto tramite la maîtresse Wolf, famosa a Vienna non solo per la sua bellezza ma perché procurava ragazze poliglotte e raffinate a uomini di alto rango che in loro compagnia non volevano fare brutta figura. E questo, ovviamente, aveva un prezzo. Una volta la signora Wolf aveva prestato i suoi servigi al futuro kaiser Guglielmo II, che per tale motivo si era fatto prestare da Rodolfo 3000 fiorini. A casa Guglielmo recitava il ruolo del marito fedele, ma nei suoi viaggi all'estero si rifaceva con gli interessi, senza molti problemi di coscienza. E pare che si sia molto divertito con il prestito ricevuto.

Dopo il 1886 Mizzi Caspar fu vista spesso in compagnia di Rodolfo. Ogni tanto lui la portava con sé nei suoi viaggi di servizio in altre guarnigioni, ma più spesso si incontravano nei locali in cui si beveva vino e si ascoltava musica popolare, dove la accompagnava il cocchiere del principe, Bratfisch. Quell'anno Mizzi comprò una casa in un prestigioso quartiere viennese per 60.000 fiorini e da allora si fece chiamare «proprietaria». Si può ragionevolmente affermare che, per il principe ereditario, quella donna fosse qualcosa di più di una semplice prostituta.

Malattia di Rodolfo

La frequentazione di donne sempre diverse costò cara a Rodolfo: contrasse la gonorrea, forse da una bella gitana, e in una forma così grave da risultare incurabile. La vera natura della malattia rimase beninteso nascosta, ufficialmente si parlò di reumatismi, bronchite e infiammazione della vescica. I medici lo mandarono a curarsi sull'isola di Lacroma (oggi Lokrum), vicino a Ragusa (oggi Dubrovnik). In seguito Stefania, anch'essa contagiata, scrisse: «Io stessa non immaginavo il motivo del mio male. Per un ordine venuto dall'alto, tutto venne insabbiato ... Solo più tardi scoprii e appresi che colpevole del mio male era il Principe Ereditario».[2] La malattia ebbe per lei gravi conseguenze: diventò sterile.

Rodolfo era probabilmente consapevole dell'inguaribilità della sua malattia, perciò quella sua voglia di vivere e conoscere, di assaporare e prendere tutto quanto gli veniva offerto, aveva una ragione. Per combattere il dolore e la bronchite assumeva morfina e cocaina, per eccitarsi e vincere l'impotenza beveva cocktail di champagne ghiacciato e cognac. Era afflitto sempre più spesso da ansia e depressione, causate certamente dalla malattia senza speranza e forse aggravate dalla predisposizione famigliare (Rodolfo aveva soltanto un quarto di sangue d'Absburgo, avendo ereditato dalla madre e dalla nonna Sofia tre quarti di sangue dei Wittelsbach).

Per nascondere al padre le sue cattive condizioni di salute continuava a prestare servizio nell'esercito come ispettore generale e lavorava spesso fino a tarda notte ai progetti politici. Ma alcool, droghe e sesso erano una miscela che l'avrebbe portato alla rovina. Hans Bankl, nel già citato libro sulle malattie degli Absburgo, ha scritto a proposito di Rodolfo: «Questi sbalzi di umore tra sfrenata sete di vivere e avidità di piaceri da un lato e profondissima, pessimistica afflizione dall'altro sono caratteristici dal punto di vista clinico ... Nella fuga dalle depressioni questo tipo di persone ricorre spesso all'uso di droghe o di alcol».[3]

Il principe ereditario condusse per un certo periodo una doppia vita: da un lato, l'ambizioso figlio dell'imperatore ed erede al trono; dall'altro, il giornalista radicale e libero pensatore, ma anche il compagno di bicchierate in locali di periferia e l'amico di donne facili. Non ci fu nessuno che previde come sarebbe finito quel trentenne fisicamente e psichicamente malato, né tantomeno ci fu qualcuno che cercò di arrestare la catastrofe (Rodolfo, visto con gli occhi di oggi, era il classico caso da sottoporre a un medico del corpo e dell'anima). A tutto questo si aggiungeva il fatto che egli giudicava la situazione politica dell'Austria in modo estremamente pessimistico: pericolosi gli parvero tanto lo stretto legame con la Germania, quanto l'intesa con l'Italia e l'impegno nei Balcani. Il kaiser Guglielmo II, salito sul trono dopo la prematura morte del padre, era considerato da Rodolfo con sospetto a causa delle sue manie di grandezza (il principe ereditario avrebbe preferito un'alleanza con Russia e Francia).

A questo proposito è illuminante un articolo intitolato *Austria-Ungheria e le loro alleanze. Lettera aperta a Sua Maestà Imperatore Francesco Giuseppe I*, uscito a Parigi nel 1888 e firmato Julius Felix. Benché non vi sia la certezza che sia stato scritto dal principe ereditario, l'articolo esprime fedelmente le sue opinioni: rifiuto dell'alleanza con la Germania a favore di quella con Russia e Francia. «Separatevi, Maestà, finché siete in tempo! Mettetevi direttamente d'accordo con la Russia ... Lasciate i Balcani, finché siete in tempo! Lasciate la Bulgaria, il principe di Coburgo, sua madre, i suoi ministri, la Turchia e tutta la marmaglia balcanica, e tirategli dietro magari la Bosnia e l'Erzegovina!» L'imperatore venne a conoscenza di questo articolo? E, se per caso lo lesse, sapeva chi si nascondeva sotto quello pseudonimo? Con il senno di poi, si può dire che sarebbe stato meglio se l'avesse ascoltato. Invece, tutto rimase come prima e Rodolfo capì ancora una volta di essere un fallito: in campo professionale, in quanto ricopriva un ruolo importante ma privo di qualsiasi reale influenza, e in campo politico, in quanto le sue idee liberali erano antitetiche a quelle paterne, senza peraltro alcuna prospettiva di salire al trono in tempi ragionevolmente rapidi (se fosse sopravvissuto, sarebbe diventato imperatore all'età di cinquantotto anni). Oltretutto, le sue condizioni di salute erano pessime e il suo matrimonio stava naufragando, anche se in pubblico veniva mantenuta la finzione di un'unione coniugale piena d'armonia. Insomma, la strada che il principe avrebbe poi imboccato era già tracciata.

La contessa Larisch e Mary Vetsera

In quest'ultima fase della vita di Rodolfo fece la sua comparsa Mary Vetsera. Come scrive Brigitte Sokop nel libro sulla contessa Larisch, nel 1886 metà del Gotha viennese si ritrovava a casa Vetsera (come detto, pur non essendo una famiglia particolarmente quotata, fra gli aristocratici era di moda frequentarne il salotto).

Maria Luisa non era un'ospite assidua della baronessa Vetsera, ma si sentiva personalmente attratta da lei. Anche la nipote dell'imperatrice non era particolarmente stimata dagli esponenti all'aristocrazia perché, nonostante i nobili natali del padre, restava pur sempre la «figlia dell'attrice». Dal punto di vista finanziario, poi, non poteva competere con loro, dato che non aveva un proprio patrimonio e il marito era abbastanza avaro con lei. E il suo rapporto con l'imperatrice Elisabetta non cambiava la situazione. «Gli spiccioli non bastano»[4] pare abbia detto più di una volta. Alla fine degli anni Ottanta, dopo la relazione molto chiacchierata con Enrico Baltazzi, aveva poca voglia di farsi vedere dalla buona società viennese. Inoltre, il marito era diventato sempre più sospettoso, vedeva in ogni uomo un nuovo amante della moglie e le scenate sgradevoli si moltiplicavano. La sua apparizione al ballo del 1888, «meravigliosamente bella in una toilette bianca con bordi di pelliccia, nei capelli *aigrettes* di pietre preziose e piume»,[5] fu un'eccezione. Voleva salvare le apparenze, far credere che il suo fosse un matrimonio normale.

Dopo un soggiorno nel Sud durato alcuni mesi, in casa Vetsera Maria Luisa incontrò nuovamente Mary, la figlia minore della baronessa Elena. «Tra le bellezze giustamente ammirate nella stagione scorsa, incontestabile è quella di Mary Vetsera, la cui grazia ... seduceva dovunque si posassero quegli occhi incantevoli. La graziosa bambina si è trasformata in una donna piena di grazia...» scrisse il «Salonblatt». Così, Mary diventò il fulcro di molte compagnie, circondata da cavalieri e seguita dagli sguardi sprezzanti delle rivali.

Da quando, nella primavera del 1888, Mary aveva visto il principe ereditario al Prater e alle corse di cavalli a Freudenau, aveva cercato in ogni modo di attirare la sua attenzione e si ritenne fortunata quando Rodolfo la salutò. La famiglia di Mary giudicò questa sua infatuazione un sogno d'adolescente. In effetti, il principe ereditario Rodolfo era l'idolo di molte ragazzine, ma anche di donne mature. «Tenevamo la sua fotografia nella cartella come un tesoro»[6] confessò nella vecchiaia l'attrice Rosa Albach-Retty a proposito della passione per il principe ai tempi della scuola. Benché Maria Luisa, che secondo Mary somigliava al cugino Rodolfo, si fosse gloriata dei suoi legami di parentela con lui, in realtà il loro rapporto non era così stretto, e non si sa neppure se gli abbia mai accennato alla passione della ragazza.

Alla fine di giugno la baronessa Vetsera si recò con le figlie a Londra, mentre Maria Luisa passò l'estate nella villa Valerie, a Rottach, dove aveva un allevamento di sanbernardo. L'imperatrice Elisabetta e le figlie, che erano andate in Baviera per l'ottantesimo compleanno della duchessa Ludovica, le fecero visita. Il 9 settembre il «Salonblatt» riferì che le Vetsera erano tornate a Vienna. La tragedia del principe, in cui Mary ha un ruolo da protagonista, aveva così inizio.

Rodolfo era allora un uomo profondamente infelice. Mentre in Germania, il 16 giugno 1888, il suo quasi coetaneo Guglielmo era salito al trono dopo la prematura morte del padre, per lui non c'era in vista alcuna prospettiva analoga. Non poteva sperare quindi di cambiare la politica del padre, a suo giudizio destinata al fallimento. I suoi sogni politici non si realizzavano, il suo matrimonio era un fiasco. Gli rimanevano soltanto il disgusto della vita, la fuga nel piacere, nell'alcool e nella droga, e le squallide avventure con donne disponibili. Sembrava che, nell'imminenza della fine, volesse gustare avidamente tutto ciò che la vita poteva ancora offrirgli.

Già nell'estate del 1888 Rodolfo aveva proposto all'amica Mizzi Caspar di suicidarsi insieme a lui nel classicheggiante Tempio degli Ussari nei pressi di Mödling, nel Wienerwald.

Mizzi gli aveva riso in faccia, ma la cosa le sembrò troppo seria per fare finta di niente. Andò dal capo della polizia, il barone Krauss, e fece mettere a verbale il colloquio. Krauss però, al quale la macabra idea del principe sembrò soltanto ridicola, non diede seguito a quella deposizione, sicché l'imperatore Francesco Giuseppe non ne seppe mai nulla. A prescindere da questo episodio, sembra singolare che né l'imperatore né l'imperatrice si siano accorti delle cattive condizioni di salute del figlio. Soltanto la principessa Stefania aveva tentato di intervenire, rivolgendosi direttamente al suocero: «Trovai il Principe terribilmente invecchiato. Era pallido e aveva la pelle flaccida, i suoi occhi lampeggiavano irrequieti e i tratti del volto erano completamente cambiati ... Col cuore colmo di angoscia, decisi di andare dall'Imperatore e di rivelargli tutto senza il minimo ritegno e spietatamente ... Lo scongiurai di sottrarre Suo figlio dalla logorante vita che stava conducendo, mandandolo presto a fare un lungo viaggio in tutto il mondo. L'Imperatore mi interruppe: "È solo la tua immaginazione. Rodolfo non ha niente. È pallido solo perché va sempre in giro, pretende troppo dal suo organismo. Deve restare di più con te; non aver paura!"».[7]

In un colloquio con la contessa Festetics, Rodolfo confessò di sentire la morte vicina. «Nessuno attribuì [a tale affermazione] l'importanza dovuta; tutti se ne ricordarono solo in seguito»[8] annotò più tardi la contessa, che non ne aveva fatto parola con l'imperatrice per non inquietarla.

L'estate trascorsa lontano da Vienna aveva trasformato la passione di Mary per il principe in un vero e proprio culto. A metà ottobre Maria Luisa era venuta a sapere che la ragazza aveva addirittura scritto una lettera, sia pur anonima, al principe e l'aveva rimproverata, dopodiché se n'era tornata in Boemia alle corse dei cavalli. All'inaugurazione della stagione teatrale e alle corse di Freudenau, a cui Rodolfo aveva partecipato con il principe di Galles, Mary l'aveva rivisto, anche se da lontano. La sua cameriera, Agnes Jahoda, racconterà in seguito di una lettera in cui Rodolfo le comunicava di avere il suo stesso desiderio – parlarle – e le chiedeva un appuntamento al Prater. (Se questo era il tenore della risposta del principe, non è difficile immaginare quale deve essere stato quello della lettera, sicuramente non anonima, da lui ricevuta.) Poiché era impossibile che una ragazza andasse da sola a un appuntamento con un uomo, Mary scrisse subito alla contessa Larisch pregandola di tornare a Vienna. E anche Rodolfo telegrafò alla cugina per lo stesso motivo. «Non posso vivere se non lo vedo o non gli parlo» scrisse Mary alla sua ex insegnante di pianoforte e confidente Hermine Tobis di Francoforte. «Non datevi pena per me, cara Hermine, so che tutto ciò che mi dite è vero, ma io non posso fare altro. Ho due amiche: Voi e Maria Larisch. Voi vi preoccupate della felicità della mia anima, Maria della mia infelicità morale.»[9]

Molto probabilmente non è possibile attribuire a Maria Luisa una tale doppiezza. Nei confronti del principe, che l'aveva spesso aiutata a superare difficoltà finanziarie, si sentiva senz'altro obbligata e, se non l'avesse accontentato, si sarebbe dimostrata priva di riconoscenza. E poi è possibile che andasse anche un po' orgogliosa del fatto che Mary considerasse l'amicizia con lei un legame filiale. Nonostante tutto questo, però, avrebbe fatto meglio a consigliare alla ragazza di mettere la testa a posto. Con il pretesto di una visita odontoiatrica, la contessa Larisch si recò a Vienna. Il 28 ottobre andò all'ultima corsa di cavalli a Freudenau e chiese a Elena Vetsera il permesso di portare con sé Mary. La gita era una scusa per far incontrare la ragazza con Rodolfo.

Non sappiamo quando iniziarono gli incontri segreti tra i due. Le uniche notizie ci vengono dagli scritti giustificatori di Elena Vetsera e Maria Luisa Larisch, sicché le loro affermazioni vanno prese con la dovuta cautela. Secondo quanto raccontato dalla ragazza alla sua confidente contessa Larisch, tutte le sere a mezzanotte ci sarebbe stata una carrozza che l'aspettava per un'ora davanti a casa e sulla quale lei cercava con ogni mezzo di salire senza che nessuno della sua famiglia se ne accorgesse (per esempio, quando la madre e la sorella maggiore uscivano e ci si aspettava che tornassero tardi). Particolarmente attese da Mary erano le lunghe serate teatrali in cui veniva rappresentata l'opera wagneriana *L'anello del Nibelungo*, alle quali lei non partecipava. Le serviva l'aiuto della cameriera Agnes, che aveva facile accesso alla chiave del portone in quanto era la figlia del portiere. «Quando ero accanto a lui, ero quasi fuori di me per la felicità, mi sentivo al settimo cielo ... Era veramente degno di essere adorato, come avevo immaginato»[10] avrebbe confidato Mary a Maria Luisa, che riferì il loro colloquio.

Poiché, come scrive Brigitte Hamann nella biografia di Rodolfo, ci sono sufficienti testimonianze sul fatto che, alla fine del gennaio 1889, Mary fosse tra il quarto e il quinto mese di gravidanza, la sua relazione con il principe doveva essere iniziata poco dopo il ritorno dalle vacanze. Più volte è stata invece avanzata l'ipotesi che il loro primo rapporto intimo avesse avuto luogo il 13 gennaio 1889. Come riferisce nel suo diario la baronessa Vetsera, dopo un nuovo incontro segreto con il principe Mary avrebbe detto alla cameriera che «ora doveva fare tutto ciò che lui pretendeva perché adesso lei non apparteneva più a se stessa, ma solo a lui».[11] E a Hermine scrisse: «Devo confessarti una cosa che so che ti farà arrabbiare. Ieri, dalle 7 alle 8, sono stata da lui. Abbiamo perso la testa tutti e due. Adesso ci apparteniamo anima e corpo».[12]

Due giorni dopo, Mary comprò da Rodeck una tabacchiera d'oro per 480 fiorini e vi fece incidere queste parole: «13 gennaio. Grazie al destino». In quel giorno deve essere stata presa una decisione importante, probabilmente quella di morire insieme, come sarebbe confermato anche dal regalo di Rodolfo a Mary, una fede di ferro con impresse le lettere I.T.V.B.I.D.T., ossia: *In Treue vereint bis in den Tod* (Uniti nella fedeltà fino alla morte).

Nel novembre 1888, con ogni probabilità c'era stato un diverbio fra Mary e la madre. Evidentemente quest'ultima aveva trovato le prove degli incontri segreti della figlia e le aveva proibito di continuare la relazione. A questo punto era più che mai necessario l'aiuto della contessa Larisch che, essendo ben conosciuta in famiglia, poteva invitare Mary a uscire senza destare sospetti.

Una conferma sicura sarà fornita, dopo la morte di Rodolfo, dal cocchiere Bratfisch, il quale dichiarò di aver atteso una ventina di volte la baronessa Mary Vetsera dietro il Grand Hotel, dove alloggiava Maria Luisa, per portarla al castello. In Augustinerrampe c'era una piccola porta in ferro varcata la quale – dopo aver attraversato lunghi corridoi e stanze buie e, infine, una finestra – si giungeva a una strada nascosta che conduceva agli appartamenti di Rodolfo. Si trattava di una porta di servizio, che doveva essere stata utilizzata spesso dalle donne innamorate. Non può quindi essere veritiera la dichiarazione della baronessa Vetsera secondo la quale la figlia aveva fatto un'unica visita al principe a novembre, in compagnia della contessa Larisch.

Quest'ultima, nel suo rapporto con Mary, non aveva agito soltanto per un «legame filiale», né per un sentimento derivato dalla parentela con Rodolfo, le cui scappatelle considerava legittime visto il suo infelice matrimonio, bensì per ben precisi interessi personali. Stando al racconto di Agnes, confidente oltre che cameriera della baronessina Vetsera, la contessa aveva pregato Mary di procurarle i 25.000 fiorini necessari per saldare urgentemente un debito. La ragazza, piena di riconoscenza per l'aiuto e la comprensione di Maria Luisa, volle accontentarla e chiese la somma al principe. Il giorno stesso un cameriere della Hofburg consegnò un plico sigillato contenente il denaro ad Agnes, allo stesso indirizzo al quale venivano recapitate le lettere di Rodolfo. Una successiva richiesta, questa volta di 10.000 fiorini, fu trasmessa da Mary al principe, che però fece orecchie da mercante.

È probabile che in novembre Mary non abbia avuto la possibilità di uscire di casa, perché scrisse a Hermine a

Francoforte: «Maria L. è lontana e quindi non posso vederlo. Sono piena di nostalgia e non riesco ad aspettare il giorno in cui tornerà ... Conto le ore, poiché da quando l'ho conosciuto il mio amore è diventato ancora più grande. Di giorno e di notte penso al modo di vederlo, ma senza Maria è impossibile».[13]

Il 21 novembre la contessa Larisch, tornata finalmente a Vienna, ottenne da Elena Vetsera il permesso di andare a prendere la figlia Mary nel primo pomeriggio, per fare alcune «commissioni». Invece l'accompagnò, come era stato concordato, nella piazza retrostante il Grand Hotel dove l'aspettava Bratfisch con la carrozza. All'ora stabilita andò a riprenderla e la accompagnò a casa. A questo proposito Mary scrisse a Hermine: «Oggi ricevete una lettera piena di felicità, perché sono stata da lui. Maria Larisch mi ha portato con sé per fare delle commissioni, poi siamo andati da "Adèle" per farci fare delle fotografie, per Lui naturalmente, e poi dietro il Grand Hotel, dove ci aspettava Bratfisch...».[14] Una volta la contessa Larisch si recò all'opera insieme a Mary e, nel corso della serata, la ragazza si fece notare in modo così vistoso, fissando in continuazione la coppia dei principi, che la contessa ebbe timore di uno scandalo e vide compromessa la propria reputazione. Il 27 gennaio 1889, durante una *soirée* organizzata dal principe Reuss, ambasciatore tedesco a Vienna, in occasione del trentesimo compleanno del kaiser Guglielmo II, Mary, conscia dell'amore di Rodolfo, aveva nuovamente provocato la principessa Stefania. «Se ne stava lì, radiosa come una regina che non tema nessuna rivale, tanto luminosa e trionfante sembrava la sua bellezza» scrisse Luisa di Coburgo.[15]

Rodolfo e la moglie trascorsero il mese di dicembre ad Abbazia (oggi Opatija), in Croazia. Il principe tornò a Vienna alla fine del mese, mentre la moglie rientrò soltanto a metà gennaio.

Il 26 (o il 28) gennaio ci fu probabilmente un aspro diverbio tra Rodolfo e il padre. Non abbiamo elementi per stabilire se l'imperatore fosse venuto a conoscenza del fatto che Rodolfo si era personalmente rivolto al papa per l'annullamento del matrimonio, o se invece avesse preteso che il figlio troncasse definitivamente la relazione con la Vetsera. Quel che è certo è che deve essere accaduto qualcosa di spaventoso, dato che l'imperatore, secondo Brigitte Hamann, pronunciò queste parole: «Tu non sei degno di essere il mio successore».[16]

D'altro canto, esistono prove che a Rodolfo l'amore possessivo dell'esaltata ragazza stesse già dando parecchio sui nervi. Il principe, secondo la testimonianza della contessa Larisch, le aveva rivelato che il rapporto era già divenuto intimo, ma le aveva anche giurato che avrebbe riportato Mary alla ragione. La baronessa Vetsera sostenne che il 26 gennaio, avendo scoperto la relazione della figlia con il principe, l'aveva chiusa in casa e minacciata di chiuderla in convento. È vero? O si tratta di una menzogna per apparire in una luce migliore? Ci sono elementi che inducono a pensare che fosse da tempo al corrente della relazione. Quel giorno la contessa Larisch fece ritorno a Vienna, evidentemente su richiesta di Rodolfo. Negli atti del capo della polizia, in data 3 febbraio 1889 si trova una dichiarazione del presidente del Consiglio, conte Taaffe, secondo la quale tra le carte di Rodolfo c'era una lettera del 25 o 26 gennaio 1889 in cui la contessa Larisch affermava di poter combinare un incontro tra il principe e Mary, e concludeva con queste parole: «Sai che Ti sono assolutamente devota e seguirò il Tuo comando ogni volta che mi chiamerai».[17]

Il 27 gennaio il principe cercò Maria Luisa in albergo. Sembrava molto turbato e la supplicò: «Maria, se non mi aiuti, è tutto finito».[18] Durante il colloquio le rivelò che anche lui era in pericolo e che aveva necessità di incontrare Mary, e lei doveva assolutamente condurla alla Hofburg. Alla domanda se il pericolo fosse rappresentato da Stefania, egli avrebbe risposto: «Stefania! Ma no, quella è solo una calamità domestica. Il pericolo che mi minaccia è di natura politica».[19]

In questa occasione Rodolfo diede alla cugina una scatola ricoperta di stoffa con l'indicazione di consegnarla soltanto alla persona che si sarebbe fatta riconoscere pronunciando la parola d'ordine «Riuo». L'individuo si presentò il 4 febbraio: era l'arciduca Francesco Salvatore.

Questo particolare, che non troviamo in altre fonti, fu collegato successivamente a un giuramento tra Rodolfo e Giovanni Salvatore, con cui il principe era in contatto in Ungheria, ma è una tesi priva di fondamento. Per Brigitte Hamann, la parola d'ordine alluderebbe a una loggia ungherese della massoneria, associazione alla quale agli appartenenti alla casa d'Absburgo era severamente proibito partecipare. In ogni caso, la scatola è sparita.

Viaggio verso Mayerling

Il 28 gennaio, verso le 10, la contessa Larisch andò in Salesianergasse. Dato che Mary sembrava diventata «ragionevole», poteva accompagnarla. «Aveva i capelli semplicemente annodati e tutto il suo aspetto era così fresco e verginale ... Mai dimenticherò l'espressione dei suoi meravigliosi occhi, un amore quasi ultraterreno brillava nel loro profondo azzurro»[20] scrisse Maria Luisa a proposito di questo incontro. Le due donne si recarono prima nel negozio di biancheria Weisse Katze, in Kärtnerstraße, poi, attraverso una strada nascosta, alla Hofburg. Il principe le aspettava e subito chiese di poter parlare a Mary da solo per dieci minuti. Era una scusa, poiché la ragazza ne approfittò per raggiungere, attraverso un passaggio segreto, la carrozza di Bratfisch che doveva portarla al casino di caccia di Mayerling. Maria Luisa rimase comprensibilmente sconvolta allorché Rodolfo tornò da solo con un biglietto su cui la ragazza aveva scritto: «Non posso vivere. Oggi sono in vantaggio. Quando mi raggiungerai, sarò già nel Danubio».[21] Rodolfo le suggerì di raccontare alla baronessa Vetsera che la ragazza era fuggita, e le diede 500 fiorini per far confermare dal cocchiere quella versione. Voleva avere

Mary accanto a sé, si giustificò dinanzi alle rimostranze della cugina, e le disse: «Non lasciamoci in discordia ... Se tu sapessi quanto sono infelice».[22] Alla contessa Larisch non rimase che soddisfare i desideri di Rodolfo. Pagò il cocchiere, andò dalla madre di Mary e poi dal capo della polizia per riferire che la ragazza era scomparsa mentre faceva acquisti da Rodeck, senza ovviamente fare menzione dell'incontro con il principe Rodolfo.

Quest'ultimo era rimasto in attesa di un telegramma, poi si era congedato dalla moglie per andare a caccia a Mayerling. La figlia non lo rivide mai più: la bambinaia non lo lasciò entrare, dato che la piccola era sul «trono», cioè sul vaso da notte, ed egli non ebbe tempo di aspettare. Lasciò Vienna su una carrozza a un tiro solo, che a metà strada rimandò indietro per dirigersi a piedi fino al luogo convenuto dove lo aspettava Bratfisch con Mary. Anche a Mayerling si mosse con circospezione. Fece l'ultimo tratto di strada da solo e a piedi. Soltanto un'ora dopo, quando era quasi completamente buio, arrivarono il cocchiere e la ragazza. È probabile che soltanto Bratfisch e il cameriere Loschek fossero al corrente della presenza di Mary. Il conte Hoyos e il principe Filippo di Coburgo, che erano stati invitati per la battuta di caccia, arrivarono soltanto il giorno seguente. A colazione Rodolfo spiegò loro che il giorno prima si era buscato un raffreddore e quindi preferiva non uscire. I due ospiti non sospettarono minimamente che ci fosse anche la baronessina Vetsera.

L'ultima sera

Soltanto il principe di Coburgo era presente alle 18 nella Hofburg alla cena di famiglia alla quale doveva partecipare anche Rodolfo, il quale però inviò un telegramma adducendo come scusa una forte infreddatura. Dopodiché trascorse la serata con il conte Hoyos. Alle 21, quando questi si ritirò nei suoi appartamenti in un edificio laterale, il principe raggiunse Mary. Oltre a loro due c'era soltanto Bratfisch, che intrattenne la coppia cantando e suonando il piffero, cosa che sapeva fare egregiamente. Fu l'ultima persona che li vide vivi.

Il giorno precedente Rodolfo aveva scritto le lettere d'addio, indirizzate alla sorella Maria Valeria, alla moglie Stefania, al barone Hirsch e a Mizzi Caspar, e aveva fatto alcune visite. Tra le altre cose aveva stabilito che soltanto il conte von Szögenyi-Marich, capo della sezione del ministero degli Esteri, poteva aprire la sua scrivania alla Hofburg e doveva distruggere alcune lettere della contessa Larisch e della baronessina Vetsera. Il denaro, 30.000 fiorini, doveva essere consegnato a Mizzi Caspar, con la quale aveva trascorso l'ultima notte a Vienna. L'agente di polizia Meissner, che sorvegliava Rodolfo, scrisse nel suo rapporto: «Lunedì, 28 gennaio 1889, E.R. [*Erbprinz Rudolf*, il principe ereditario Rodolfo] si è recato da Mizzi alle 3 del mattino, ha bevuto molto champagne e ha dato al portiere una mancia di 10 fiorini. Prendendo commiato da Mizzi, contrariamente alle sue abitudini, le ha fatto un segno di croce sulla fronte». Meissner riferì ancora una volta del progetto di Rodolfo di suicidarsi con Mizzi nel Tempio degli Ussari. Come allora la donna gli aveva riso in faccia, così non gli credette neppure quel lunedì 28 gennaio 1889 quando le disse che si sarebbe ucciso a Mayerling.

Delle lettere di Rodolfo conosciamo soltanto alcune parole: «Cara Stefania! Eccoti liberata dalla mia presenza ... Affronto tranquillamente la morte che sola può salvare il mio buon nome».[23] In una lunga lettera alla madre, che è andata perduta, sembra che il principe abbia dichiarato di non osare scrivere al padre perché non era degno di essere suo figlio.

Anche Mary scrisse alla madre: «Perdonami quello che ho fatto; non sono stata capace di resistere all'amore ... Sono più felice nella morte che non nella vita»;[24] alla sorella Hanna: «Entrambi, felici, ci avviamo verso l'incerto aldilà. Pensate qualche volta a me, siate felici e sposatevi solo per amore. Io non ho potuto farlo e vado con Lui perché non ho potuto resistere all'amore»;[25] alla contessa Maria Luisa: «Cara Maria! Perdona tutto il male che ti ho fatto. Ti ringrazio di cuore per tutto quello che hai fatto per me. Se la vita diventerà troppo dura per te, e temo che lo diventerà, seguici e fa' quello che abbiamo fatto noi. È la cosa migliore che puoi fare. Tua Mary».[26] Rodolfo aveva trovato in quella ragazza appassionata ed esaltata quella compagna ideale per morire che aveva cercato invano in Mizzi Caspar.

Anche se è impossibile ricostruire le ultime ore nel casino di caccia di Mayerling, secondo gli storici è quasi sicuro che Rodolfo abbia sparato prima a Mary e poi abbia rivolto l'arma contro di sé. Soltanto i fidati Bratfisch e Loschek sapevano la verità. Il primo ha taciuto per tutta la vita. Il secondo, quarant'anni dopo, ha scritto nelle sue memorie che poco dopo le 6 di mattina il principe era andato da lui perfettamente vestito e gli aveva ordinato di sellare i cavalli. Appena uscito di casa, aveva sentito due spari. Contrariamente alle abitudini, la camera era chiusa a chiave, perciò aveva chiamato il conte Hoyos e, in sua presenza, aveva forzato la serratura con un martello: sui loro letti giacevano immobili Mary e Rodolfo, che aveva accanto a sé la pistola.

Su questa duplice morte sono state fatte innumerevoli congetture, e le voci non sono mai cessate. Si è parlato di un guardaboschi geloso, che si sarebbe vendicato perché Rodolfo aveva sedotto sua moglie; dei fratelli Baltazzi, che l'avrebbero colpito con una bottiglia di champagne per vendicare la nipote. Infine, anche l'ex imperatrice Zita fornì un'ennesima versione: Rodolfo sarebbe stato assassinato dai servizi segreti stranieri. Per lei era insopportabile l'idea che il principe della casa d'Absburgo fosse un assassino e un suicida. Si è anche parlato di un duello «alla russa», al quale per qualche misteriosa ragione Rodolfo non avrebbe potuto sottrarsi per difendere il suo onore. Nell'autobiografia Luisa di Toscana scrisse che suo padre, il granduca Ferdinando IV di Toscana, aveva visto il cadavere di Rodolfo: il cranio era sfondato e nella pelle erano conficcati alcuni frammenti di vetro. In seguito il volto e il corpo erano stati rivestiti con una maschera di cera. L'ipotesi di Maria Luisa, secondo la quale Mary gli avrebbe sparato perché non poteva sposarla, sembra quindi poco credibile. È probabile che Loschek e Bratfisch conoscessero almeno una parte di verità, ma non è affatto sicuro che sapessero i motivi che avevano portato a quella tragica conclusione. Possiamo però senz'altro escludere che Rodolfo abbia agito in quel modo perché gli era stato proibito di sposare Mary: parafrasando Schiller, «il principe Rodolfo non muore per una Mary Vetsera».

Erano in gioco anche interessi politici? Una ribellione contro l'onnipotente padre, di fronte al quale si era ritratto spaventato all'ultimo momento e con il quale si sentiva impegnato nell'onore? In questa circostanza sono state fatte molte illazioni sull'Ungheria. È assodato che anche a Mayerling Rodolfo ricevette dei telegrammi che, come tante altre cose, sono spariti. Voleva davvero porre fine anticipatamente alla sua vita per il disgusto che ne provava? Un desiderio della morte, dell'eterno oblio, dato che tutto è vano e privo di senso? Perché si sentiva vicino alla fine, nell'anima come nel corpo? E proprio perché era arrivata questa ragazza, un'amante appassionata, pronta a seguirlo in quella terra ignota dalla quale nessuno è mai tornato? O si trattava di qualcosa di diverso, di completamente diverso?

La teoria del medico Gerd Holler

Dobbiamo forse sposare la teoria del dottor Gerd Holler, secondo cui il suicidio di Rodolfo fu soltanto l'esito di una concatenazione di eventi sfortunati? Per Holler, la causa di quella tragica fine fu un aborto non riuscito, che doveva essere praticato a Mary, dopo che la contessa Larisch l'aveva condotta alla Hofburg. «Ti giuro, Maria, che ti dico la verità. Voglio soltanto avere Mary accanto a me per due giorni»[27] avrebbe detto Rodolfo alla contessa, mentre la baronessina Vetsera era già in viaggio verso Mayerling. Inoltre, una certa Therese Miller, levatrice di corte e dell'aristocrazia che aveva già curato Rodolfo durante le malattie dell'infanzia, aveva fatto visita alla contessa Larisch nel suo albergo. Secondo Holler è verosimile che la Miller abbia messo un catetere a Mary, un intervento per il quale a una donna esperta sono sufficienti pochi minuti. Dopodiché bisognava che la paziente si muovesse, perciò i sobbalzi della carrozza sarebbero stati utili. Mary avrebbe potuto così recarsi a Mayerling. Ventiquattr'ore dopo, il catetere doveva essere rimosso, un'operazione semplice anche per un profano. A Mayerling sarebbero invece sopravvenute delle complicazioni, in seguito alle quali Mary sarebbe morta per setticemia fulminante o per emorragia. Rodolfo sarebbe stato colto dal panico e non avrebbe trovato altro rimedio che il suicidio. Infatti il principe di un paese cattolico, che si era reso colpevole di un aborto con conseguenze letali, non poteva restare in vita. Per confermare la sua ipotesi, l'autore cita le frasi scritte da Rodolfo nelle lettere d'addio, nelle quali dice di dover morire, di essere «indegno» di continuare a vivere, di non aver più diritto di vivere, perché aveva ucciso, e questa era l'unica motivazione per cui un uomo d'onore poteva togliersi la vita.

Occultamento della verità

Quando il conte Hoyos portò alla Hofburg la funesta notizia della morte del principe, l'imperatrice Elisabetta stava prendendo lezione di greco. Si assunse lei il compito di portare all'imperatore la terrificante ambasciata. Ebbe subito inizio un'attività febbrile. Come sempre, la verità non doveva diventare di pubblico dominio. Soprattutto doveva essere tenuta nascosta la presenza di un secondo cadavere. In un primo tempo venne dichiarato che Rodolfo era stato stroncato da un infarto, ma erano già circolate troppe voci e quindi bisognava denunciare almeno una parziale verità. Per garantire un funerale cristiano, i medici asserirono che il principe era in uno stato di confusione mentale, e per compiacere la casa imperiale affermarono altresì che nel cervello di Rodolfo erano stati rinvenuti «reperti patologici».

Il desiderio di Rodolfo di essere sepolto con la baronessina Vetsera nel cimitero di Alland, nei pressi di Mayerling, non fu esaudito. La cerimonia funebre fu celebrata in pompa magna come era richiesto dal suo rango. Il cadavere del principe fu dapprima composto nel suo appartamento, poi nella cappella della Hofburg, dove si formò una coda di oltre centomila viennesi che attesero per ore al freddo solo per poterlo vedere un'ultima volta. Il dolore che la gente semplice dimostrava era sincero, anche perché molti capivano che con lui veniva sepolta una grande speranza per l'Austria. Viceversa, i suoi nemici non furono affatto contrariati per questa svolta inattesa a loro favore. Il 5 febbraio Rodolfo fu sepolto secondo il cerimoniale nella Cripta dei Cappuccini. Di fronte alla bara del figlio Francesco Giuseppe scoppiò a piangere. E nello stesso giorno, in una lettera indirizzata a Katharina Schratt, lo definì «il figlio migliore e il suddito più fedele».[28] Esiste però un'altra affermazione attribuita all'imperatore, secondo la quale il figlio sarebbe morto «come un vigliacco». Non si può comunque evitare di muovere un rimprovero all'imperatore, che come padre aveva fallito. Se si fosse preso cura del figlio, forse le cose sarebbero andate diversamente.

Con il cadavere di Mary si comportarono in modo veramente vergognoso. Vestita di tutto punto, con un cappotto di pelliccia e un cappello, fu trascinata dagli zii, il conte Stockau e Alessandro Baltazzi, fino alla carrozza preparata per l'occasione. La misero in mezzo a loro e, poiché continuava a cadere, le infilarono un bastone sotto il vestito perché sembrasse eretta. Per mettere a tacere le autorità, nel certificato di morte il medico dichiarò che si trattava di suicidio. Il «cadavere femminile» era stato ufficialmente «trovato» vicino a Mayerling. Nell'obitorio di Heiligenkreuz Mary fu composta in una bara e sepolta nell'angolo dei suicidi. Soltanto in un secondo tempo ricevette una degna sepoltura.

Nonostante tutto, erano in tanti a conoscere la verità, o perlomeno a intuirla: la servitù di Mayerling, che aveva visto molte cose, e i medici, che avevano esaminato i cadaveri. Tutti furono costretti al silenzio sotto giuramento. Per la corte non esisteva nessuna Mary Vetsera.

Il silenzio venne ben ricompensato. Quando abbandonò il servizio, Loschek ricevette la croce d'oro e un compenso personale. Karl Nehammer, che aveva introdotto Mary e tante altre donne attraverso la porta di ferro lungo i corridoi segreti fino agli appartamenti del principe, fu più volte ricompensato. Non sappiamo però se e in che modo il patrimonio della famiglia imperiale abbia contribuito a coprire spese così frequenti.

L'organizzazione che, subito dopo la morte di Rodolfo, permise alla corte di nascondere ogni cosa funzionò perfettamente. Tutti i documenti che avrebbero potuto fornire qualche chiarimento sono scomparsi. In quell'occasione fu fatto il nome del conte Taaffe, per lungo tempo presidente del Consiglio e uomo di fiducia di Francesco Giuseppe. Pare siano stati trovati documenti decisivi nel suo castello a Ellischau, in Boemia, andati distrutti però in un incendio. Esisteva quindi un segreto sulla morte di Rodolfo? Ed era così grave che nessuno doveva conoscerlo?

La tomba di Mary fu saccheggiata negli ultimi giorni della seconda guerra mondiale dai soldati russi. Quando fu rimessa in ordine, si constatò che il cranio era intatto, e non mostrava ferite da arma da fuoco. L'abate di Heiligenkreuz respinse la richiesta di riesumazione del cadavere e di perizia medico-legale, chiedendo di rispettare la pace dei morti. Una scusa che sembra poco fondata. La Chiesa aveva paura di una scoperta che avrebbe potuto danneggiare la memoria di Rodolfo? Dalla morte del principe e di Mary Vetsera sono trascorsi più di cento anni. La monarchia austroungarica e la casa imperiale sono soltanto una nozione storica. Ci sarebbero ancora persone interessate a nascondere la verità? Le ipotesi del dottor Holler rimangono una teoria che non può essere provata.

Il casino di caccia di Mayerling fu trasformato, per ordine dell'imperatore, in un convento, in cui le monache dovevano pregare per l'anima del figlio sventurato. L'aspetto esterno dell'edificio rimase immutato, mentre l'interno fu completamente modificato e adattato alla nuova destinazione. Nel corso degli anni è rimasto comunque un'attrazione per i turisti.

Quando Rodolfo morì, la contessa Larisch era a Pardubitz, ma all'inizio di febbraio tornò a Vienna. Le fu proibito di partecipare al funerale nella Cripta dei Cappuccini, e tutti i suoi tentativi di parlare all'imperatrice per riabilitarsi furono vani. Senza neppure aver avuto la possibilità di giustificarsi, Maria Luisa fu giudicata da lei colpevole di ruffianeria. Elisabetta, che per la coccolata nipote avrebbe voluto rimanere per sempre la «zia Sissi», la lasciò semplicemente cadere. La contessa Larisch non vide mai più né l'imperatore né l'imperatrice, e questo per lei significò la morte sociale. Elena Vetsera, poi, ci aggiunse del suo. Nella lettera giustificativa che inviò agli aristocratici del suo giro addossò ogni colpa dell'accaduto all'ex amica. Anche se molti ritennero che Maria Luisa fosse stata giudicata troppo severamente, l'atteggiamento dell'imperatrice nei suoi confronti ebbe ripercussioni anche tra i parenti bavaresi e nella società di Monaco. Per riguardo a Gisella, ormai principessa bavarese, la corte reale si allontanò da Maria Luisa, che diventò così «quella contessa Larisch».

LA CONTESSA DI TRANI

Matrimonio a Monaco e nascita di una figlia

Chiamata fin da bambina da famigliari e molti parenti semplicemente «Spatz», Matilde era nata nel 1843 ed era la penultima delle cinque figlie del duca Max in Baviera. Come abbiamo visto, si sposò nel 1861 con il conte Luigi di Trani, principe di Borbone, fratellastro minore dell'ex re Francesco II di Napoli, e condivise l'esilio con la sorella e il cognato.

Troviamo Matilde a Roma, poi a Parigi, spesso in Baviera sulle rive del lago Starnberg o a Baden-Baden e in altre località termali, dove in genere si fermava per mesi. Come per molti appartenenti alla nobiltà senza un incarico ben preciso, la sua vita si limitava a viaggi, soggiorni termali, visite ai folti rami della parentela e numerose battute di caccia, che venivano organizzate dappertutto e alle quali partecipavano con entusiasmo soprattutto gli uomini. E, pur vivendo in esilio, non sembrava mancasse loro il denaro.

Il conte di Trani era «colonnello-proprietario» del 13° reggimento imperialregio degli ulani, ma si trattava soltanto di una carica onorifica conferitagli nel 1861 e da lui mantenuta fino alla morte. Per il coraggio dimostrato durante la difesa di Gaeta aveva ricevuto la croce di cavaliere dell'ordine di Maria Teresa.

Il matrimonio dei conti di Trani si dimostrò un'unione molto problematica. A Matilde fu attribuita una relazione con un grande di Spagna. In questo senso si può dire che non fu soltanto la fedele accompagnatrice della sorella Maria Sofia, in difficoltà a causa della storia d'amore con il conte belga Lavayss, ma ne condivise anche il destino. Infatti, i frutti dell'albero dei Wittelsbach non caddero mai molto lontano dalle radici.

Il 15 gennaio 1867 Matilde diede alla luce una figlia nel comune di Enge, in seguito «assorbito» dalla città di Zurigo. Sissi non andò a trovare la sorella. La bambina, a cui venne dato il nome Maria Teresa, in famiglia venne sempre chiamata «Mädi». L'uso frequente di diminutivi, vezzeggiativi e soprannomi era dovuto al fatto che i nomi di battesimo si ripetevano spesso nell'ambito della parentela e quindi c'era l'esigenza di distinguere le persone. Mädi rimase l'unica figlia della coppia. Quando l'imperatrice si trovava con la figlia minore Maria Valeria sul lago Starnberg, la cuginetta, che aveva solo qualche anno in più, era un'apprezzata compagna di giochi. E le due cugine rimasero molto legate per tutta la vita.

Il 26 aprile 1883 l'«Interessante Blatt» di Vienna riportò la notizia di una visita dell'imperatrice Elisabetta a Baden-Baden: «Mai prima d'ora i monti dello Schwarzwald, che adesso sono coperti di neve, avevano visto una signora a cavallo seguita solo da uno stalliere a debita distanza. Grazie alla sua abilità e alla sua resistenza la nobile dama non teme le distanze, e non si lascia intimorire da alcun ostacolo. Soltanto nei percorsi facili l'imperatrice prende con sé la figlia, l'arciduchessa Maria Valeria, e la nipote, la contessa di Trani. Le fanciulle sono in groppa agli asini, mentre l'imperatrice è in sella al cavallo».

Ma torniamo a Mädi e alla sua infanzia. Nell'archivio di Stato degli Hohenzollern a Sigmaringen sono conservate numerose lettere inviate alla madre o al padre, spesso assente. Ecco un esempio del 14 marzo 1876. Mädi, all'età di nove anni, evidentemente impressionata dalla fiaba di Cappuccetto rosso, scrive da Baden-Baden alla madre: «Amatissima, carissima mamma. Mi rivolgo direttamente a te per augurarti buon onomastico. Voglio essere obbediente come Cappuccetto rosso e fare sempre quello che tu mi dici, così il Lupo cattivo non mi mangia e tu avrai sempre gioia dalla tua buona e obbediente Mädi». Era usuale spaventare i bambini disobbedienti con la minaccia del Lupo cattivo, e le governanti delle principessine non facevano eccezione. Negli anni Settanta le lettere inviate dalla bambina ai genitori, che si trovassero a Parigi o a Possenhofen, provengono soprattutto da Baden-Baden, talvolta da Franzensbad, dalla Svizzera o da spiagge della costa atlantica. Sono scritte in tedesco, francese o inglese, o indirizzate in italiano al «carissimo papà», ed esprimono una grande nostalgia dell'assente. Non sappiamo se questo fosse il reale sentimento della scrivente o frutto dell'influenza dalle governanti. Tutte le lettere sono perfette dal punto di vista ortografico: evidentemente sono state corrette con cura e poi ricopiate da Mädi in bella scrittura. Il conte di Trani scriveva alla figlioletta in italiano e in francese alla moglie, che in famiglia chiamava solitamente «Chère Spatz».

Il conte Luigi di Trani morì l'8 giugno 1886 a Parigi, all'età di quarantotto anni. Si dice che si sia suicidato, e la voce non fu mai smentita. Ufficialmente si sa solo che era malato da mesi. I suicidi godevano sempre di una cattiva fama, poiché il loro funerale non poteva essere celebrato in chiesa. Come risulta da una notizia data dalla stampa, Luigi potrebbe anche essere stato confuso con il fratello minore, Gaetano conte di Girgenti, suicidatosi nel 1871 a Lucerna. Il conte di Trani trovò il suo ultimo – temporaneo – luogo di riposo a Baden-Baden. Qui, nella collegiata, si svolse una solenne cerimonia funebre, cui parteciparono non soltanto i due fratelli, l'ex re di Napoli Francesco II e il conte di Caserta, ma anche la delegazione della città e i rappresentanti delle case imperiali austriaca, tedesca e di altri paesi.

Come riferì il giornale di Baden-Baden, la bara del conte di Trani fu dapprima portata nella cappella del cimitero cittadino, dove rimase fino al 14 luglio 1890, e poi, secondo il sepoltuario del cimitero, «estratta» (il giornale non seppe dire dove fosse stata portata). La contessa Matilde di Trani e la figlia rimasero fedeli alla città di Baden-Baden e vi abitarono a lungo, dato che la principessa Maria Teresa fu scolara del collegio Vittoria di Schloßberg.

Matilde diventa suocera. Matrimonio di Mädi a Sigmaringen

Un'ulteriore conferma del legame con la città termale tedesca è una poesia pubblicata sul «Badeblatt» del 24 giugno 1889 come *Saluto d'addio a Sua Altezza la principessa Maria Teresa di Borbone* in occasione del matrimonio, di cui riportiamo i versi finali: «E che tu possa prosperare al Suo fianco, / Tu felicissima principessa, / Tu principessa Maria / che per tanti anni ci hai incantato».

Qualche giorno prima, nello studio Jungmann e Schorn di Baden-Baden erano stati fotografati la principessa e il principe ereditario Guglielmo di Hohenzollern-Sigmaringen, e sempre in quella città venne stipulato il contratto di matrimonio fra i due. Ma il rinomato centro termale non si limitò a salutare con una poesia «Sua Altezza che aveva trascorso [a Baden-Baden] quasi tutta la sua giovinezza». L'imperatrice tedesca Augusta, fedele ospite di Baden-Baden, organizzò un pranzo d'addio e un «tè con venti persone» e, su disposizione del Consiglio comunale, l'orchestra suonò «una serenata d'addio con un programma molto ben scelto. Di fronte al n. 4 di Werderstraße si raccolse molta gente. La principessa di Borbone ringraziò personalmente e benevolmente il direttore Könnemann». Alla fine, riferì ancora il «Badeblatt», la principessa «in compagnia della nobile madre, la contessa di Trani, andò fino a Costanza con il treno rapido e poi venne accompagnata con un treno speciale fino a Sigmaringen». Il marito di Maria Teresa era strettamente imparentato con gli arciduchi di Baden, essendo nipote della principessa Giuseppina di Baden e pronipote dell'arciduchessa Stefania, a sua volta nipote dell'imperatrice francese Giuseppina, adottata da Napoleone e sposatasi in seguito con l'arciduca di Baden. Leggiamo a questo riguardo un passo delle già citate *Hofchronik* della baronessa Redwitz: «L'imponente castello di Sigmaringen è in una posizione dominante. Si trova su un'alta roccia e con gli edifici vicini forma una piccola città, dall'aspetto interessante e magistralmente curata. A ogni passo si incontrano cose preziose».

I principi di Hohenzollern-Sigmaringen appartenevano al ramo cattolico svevo della famiglia. In seguito alla rivoluzione del 1848 i due rami della famiglia Hohenzollern, gli Hohenzollern-Hechingen e gli Hohenzollern-Sigmaringen, furono sottomessi alla Prussia e dal 1850 al 1945 costituirono il distretto prussiano di Sigmaringen. Come riferisce la baronessa Redwitz, «tutta la famiglia Hohenzollern era presente nella parentela di Baden». Tra questi c'era anche il re Carol I di Romania, il secondogenito del principe Carlo Antonio di Hohenzollern-Sigmaringen, il quale, sempre secondo la baronessa Redwitz, era «molto gentile, cortese, allegro parlava in modo affabile e semplice e risultava molto simpatico». Sua moglie Elisabetta, una principessa di Wied, era nota come poetessa con il nome di Carmen Sylva. Autrice anche di romanzi, descrisse il paese e le usanze della Romania e tradusse poesie rumene in tedesco. L'imperatrice Sissi la adorava e trovò in lei un'anima gemella, in cui vedeva un modello. A volte andò a trovarla in Romania e scrisse questi versi:

> Non volevo visitare la corte
> e neppure recarmi dalla regina,
> solo per vedere la poetessa
> sono venuta, per cercare Carmen Sylva.[1]

Come scrive Brigitte Hamann, le due amiche avevano molto in comune: lo spiritismo, l'amore per la poetessa greca Saffo e, infine, il distacco dagli onori mondani e dal regime monarchico. «Mi sento costretta a simpatizzare con i socialdemocratici, soprattutto in presenza della fannullaggine e abiezione degli aristocratici ... La forma repubblicana dello Stato è l'unica razionale; continuo a non comprendere i popoli tanto stolti da tollerare ancora la nostra presenza»[2] scrisse Carmen Sylva nel suo diario.

Un altro legame tra le due donne era il fatto che entrambe erano insoddisfatte dei loro matrimoni. Tra le due donne, però, c'era una grande differenza: la regina di Romania era consapevole della responsabilità che comportava la sua posizione, tanto da ammonire al riguardo l'amica. Ma l'adorazione di Sissi per lei non giunse mai al punto di trasformarsi in imitazione... «Tiene i piedi piantati a terra; lei non potrebbe mai capirmi»[3] scrisse Elisabetta alla figlia Maria Valeria, che condivideva con la madre l'ammirazione per la poetessa.

Per le sue opere la regina di Romania non ricevette dai connazionali soltanto ammirazione. «La famiglia non era ben disposta nei confronti della sua attività letteraria, anche il marito non se ne è mai interessato molto» scrisse la baronessa Redwitz. «Se una sera le veniva chiesto di leggere qualcosa, lei si mostrava subito disponibile, ma questo era per molti, e in particolare per tutti gli Hohenzollern, il momento di alzarsi per andare a bere.»

«All'arrivo della sposa [Mädi] scoppiò un'ovazione. Le scuole e le associazioni la accolsero alla stazione, tutti erano entusiasti per la sua avvenenza, per il suo amabile e accattivante sorriso, e la madre della sposa, la contessa di Trani, era molto distinta ed elegante.» Poi giunse anche la famiglia reale di Sassonia e, nella tarda serata del 26 giugno, era previsto l'arrivo della coppia imperiale tedesca. «Queste celebrazioni non si svolgono mai senza affanno e fatica. Particolarmente defatigante fu il concerto la mattina presto» rilevò in tono critico la dama di corte, che così continuava: «Il 27, alle 10, si riunirono nel vecchio castello, da cui partì il corteo che a piedi si diresse verso la chiesa ai piedi della collina. Le costose toilette delle signore e le brillanti uniformi degli uomini offrivano un'immagine di ricchezza e di sfarzo nel silenzio della scena».

La giovane coppia si stabilì dapprima a Berlino, dove il

principe Guglielmo fu prima comandante del 2° reggimento delle guardie di fanteria e poi della 3ª brigata dello stesso corpo. Vissero in un palazzo in Tempelhofer Ufer e occuparono un posto importante nella società berlinese.

Il 19 agosto 1890, a Potsdam, Maria Teresa diede alla luce una bambina, Augusta Vittoria, e un anno dopo, il 30 agosto, a Heiligendamm i gemelli Federico Vittorio e Francesco Giuseppe.

Malattia e morte prematura della principessa di Sigmaringen

Mädi, dal 1905 principessa di Sigmaringen, non ebbe molta fortuna. Da bambina era stata colpita da una malattia del midollo spinale «che resisteva a tutti gli sforzi dei medici e che non veniva frenata né tantomeno guarita dalle cure più solerti né influenzata dalle condizioni climatiche» scrisse l'«Hohenzollernsche Volkszeitung» al momento della morte della principessa. E proseguiva: «Negli ultimi anni l'ammalata trascorreva l'estate a Tölz, stazione climatica e termale nell'Alta Baviera, e in inverno si recava nella mite Cannes. Il clima di Sigmaringen non le giovava e la posizione del castello era scomoda per gli spostamenti, che diventavano per lei sempre più gravosi. Il principe faceva spesso visita alla moglie malata a Tölz o a Cannes, e anche i figli passavano sempre le vacanze insieme alla madre». Sulla natura della malattia non si sa nulla di concreto. I giornali oscillarono tra affezioni polmonari e patologie del midollo spinale e dei nervi, o parlarono di «deperimento nervoso». Probabilmente si trattava di una sclerosi multipla.

Nel settembre 1907, dopo una visita a Tölz, l'arciduchessa Maria Valeria scrisse nel suo diario: «Viaggio a Tölz a trovare zia Spatz e Mädi. Ho trovato quest'ultima in uno stato penoso di paralisi progressiva e di incipiente indebolimento mentale, benché inconsapevole della sua condizione disperata. Ha sempre parlato di cavalli. Che martirio per la povera zia. Come mi appare grande nella sua devota e silenziosa rassegnazione e che carattere dimostra... "Ah, prega per noi" mi ha detto la povera zia in lacrime quando siamo rimaste sole un momento ... Mädi, balbettando e con un sorriso straziante e un po' ebete, mi ha detto: "Io credo più alle medicine che alle preghiere"».

A metà febbraio 1909 l'arciduchessa ricevette ancora notizie rassicuranti sulla condizione della cugina. Ma la fine era vicina. Come scrisse l'«Hohenzollernsche Volkszeitung», la paralisi continuava a progredire, l'ammalata doveva essere nutrita artificialmente, finché il 1° marzo 1909 a Cannes, in seguito a una rapida e violenta infiammazione polmonare, fu liberata dalle sue sofferenze.

La contessa di Trani, che fino all'ultimo aveva curato la figlia, ne accompagnò la bara in treno a Sigmaringen, dove fu tumulata. Accompagnata dal suono delle campane e da una grande partecipazione popolare, la bara con le spoglie mortali della principessa Maria Teresa fu portata in chiesa da otto guardaboschi del principe, seguiti dal principe Guglielmo, i due figli e i parenti stretti, le autorità e i dipendenti del principato. Il corteo era accompagnato dai vigili del fuoco con le fiaccole in mano. In rappresentanza dell'imperatore Francesco Giuseppe era arrivato l'arciduca Francesco Salvatore, e anche il kaiser aveva inviato un proprio emissario. La lista dei partecipanti al funerale era lunga e conteneva molti nomi illustri, come il principe Giorgio di Sassonia, l'arciduchessa Luisa di Baden, la principessa Gisella di Baviera e l'arciduchessa Maria Valeria.

Appare strano che sulla stampa la defunta venisse ricordata come nipote dell'imperatore Francesco Giuseppe e dell'ex regina di Napoli Maria Sofia, e che non fosse mai nominata l'imperatrice Elisabetta, zia di Maria Teresa. Quasi che, dieci anni dopo la sua tragica morte, Sissi fosse stata dimenticata.

Il principe Guglielmo sposò in seconde nozze la principessa Adelgunde di Baviera.

Conseguenze della prima guerra mondiale e morte di Matilde di Trani

Fra il 1894 e il 1896 Matilde di Trani trascorreva i primi mesi dell'anno a Cap Martin, sulla Costa Azzurra, con la sorella Elisabetta. L'ultima volta che si videro fu probabilmente nel 1898 all'hotel Continental di Monaco, dove Sissi si era fermata e dove la sorella le fece visita. Le lettere spedite dal Grand Hotel di Ginevra dimostrano che Matilde trascorse gli ultimi anni della prima guerra mondiale e l'inizio del 1919 in Svizzera. Il vivace carteggio con l'ex genero, principe Guglielmo di Hohenzollern-Sigmaringen, ci informa sugli ultimi anni della sua vita, passati a Monaco in compagnia della sorella Maria Sofia, ex regina di Napoli. I tempi erano cambiati. In Germania e in Austria non c'era più la monarchia, né gli alti appannaggi che permettevano una vita lussuosa. Gran parte dei beni di famiglia erano diventati proprietà della repubblica. La parola d'ordine era quindi diventata «risparmio». Entrambe le sorelle Wittelsbach vissero in un primo momento all'hotel Königshof, poi, quando l'edificio in Ludwigstraße fu affittato a banche e uffici, e i camerieri vennero licenziati, Matilde e Maria Sofia tornarono nella casa paterna.

Nell'aprile 1920 giunse l'invito da parte dell'ex re di Sassonia Federico Augusto per le nozze, celebrate a Sybillenort, in Slesia, della figlia Margherita con l'ex principe Federico di Sigmaringen, nipote di Matilde.

Da una lettera di Matilde di Trani al principe di Hohenzollern-Sigmaringen apprendiamo che nel 1920 l'ex regina di Napoli Maria Sofia si era recata nella sua casa vicino a Neuilly, abbandonata in fretta e furia sei anni prima allo scoppio della guerra, e che, solo due mesi dopo, aveva fatto ritorno a Monaco.

Alla fine del 1923 o all'inizio del 1924 pare che la contessa di Trani abbia avuto un incidente, poiché lei stessa parla di un ricovero in clinica. Il 16 gennaio 1924 leggiamo dell'applicazione di un «apparecchio» che le provoca un vero tormento, il 1° marzo 1924 di «esercizi per camminare» che deve eseguire con l'aiuto di un bastone e di un'infermiera. Il 20 aprile è ancora in clinica. In questo periodo la contessa di Trani non è evidentemente più in grado di scrivere, dato che la grafia delle sue lettere è diversa. Soltanto l'incipit, la firma e alcune parole, purtroppo tutte illeggibili, sono di suo pugno.

Matilde morì quasi ottantenne, ultima tra sorelle e fratelli, il 18 giugno 1925 e fu sepolta accanto alla sua dama di corte Nelly von Schmidt, morta nel 1919, nel cimitero di Monaco. Quando i diritti d'uso furono scaduti, la doppia tomba fu distrutta. La croce realizzata dallo scultore Alois Stehle con lo stemma e i titoli fu portata a Sigmaringen, dove trovò posto nel coro della Hedinger Kirche.

La contessa Larisch a Rottach, sul lago Tegernsee

A causa dell'ambiguo ruolo svolto nell'affare Mayerling, Maria Luisa venne evitata dai più importanti circoli della società viennese e tornò quindi nel paese natale in Baviera, visto che almeno i suoi parenti arciduchi pensavano che l'imperatore l'avesse trattata troppo severamente. La situazione era aggravata dal fatto che, subito dopo la tragedia, la letteratura rosa si era impossessata dell'argomento ed erano state pubblicate innumerevoli opere sull'amore disperato tra il principe ereditario e Mary Vetsera. Le pubblicazioni erano opera di persone presumibilmente a conoscenza dei fatti, che mettevano in piazza il nome della contessa Larisch portando così acqua al mulino dei suoi nemici, tra i quali – in seguito a un sorprendente mutamento di fronte – era da annoverare l'imperatrice.

Maria Luisa passò l'estate successiva ai fatti di Mayerling nella villa Valerie, a Rottach, poi si trasferì nella casa paterna a Haidhausen, in riva all'Isar. Il padre, il duca Luigi, che si era da tempo staccato dalla nobile parentela, frequentava soprattutto artisti e faceva il direttore artistico straordinario dell'opera di corte. Era spesso ospite a casa sua un giovane e promettente cantante, Otto Brucks, che avrebbe avuto un ruolo molto importante nella vita di Maria Luisa.

Brucks, che nel 1890 era stato assunto dall'Opera di Monaco, aveva fatto una rapida carriera, principalmente come interprete di personaggi wagneriani, diventando ben presto la colonna portante del complesso artistico.

Morte della baronessa di Wallersee

In questo periodo, nel palazzo del duca Luigi gli animi non erano rivolti all'arte e agli artisti, perché Henriette di Wallersee aveva un tumore all'addome. Neppure un intervento chirurgico riuscì a guarirla. Morì il 12 novembre 1891. Tutta la famiglia pianse la morte di questa donna amabile e piena di tatto, che dopo il matrimonio era sempre rimasta nell'ombra. Scrisse l'imperatore Francesco Giuseppe a Katharina Schratt: «La povera Wallersee è stata finalmente liberata dalle sue sofferenze ed è morta dolcemente. Ho telegrafato la notizia a Corfù all'imperatrice ... La morte della povera Henriette commuoverà l'imperatrice nonostante tutto quanto è successo, poiché in passato frequentava spesso la defunta e la considerava con simpatia. Era una donna buona e sobria, il cui destino non è stato certo invidiabile...».[1] L'imperatore mandò un magnifico mazzo di rose bianche. Il corteo funebre, che si snodava dal palazzo del duca fino alla Damenstiftskirche, era formato, oltre che dai famigliari, da molti parenti e appartenenti alla casa reale. In seguito la salma fu traslata nella cripta ducale a Tegernsee.

Alcuni mesi dopo, nel gennaio 1892, morì la duchessa Ludovica. Secondo il resoconto del «Salonblatt», seguirono la bara diciassette nipoti (tra cui Maria Luisa) e quindici pronipoti (tra cui i figli di Maria Luisa). Nel giugno 1893 morì il duca Massimiliano Emanuele e, l'anno seguente, sua moglie Amalia. Alla fine del dicembre 1894 l'ex re di Napoli Francesco II, ammalato di diabete, morì ad Arco dove fu sepolto. Nel 1919, quando il paese diventò italiano, la sua salma fu traslata a Tegernsee, dove anni dopo fu tumulata anche sua moglie, l'ex regina Maria Sofia. L'ex re di Napoli non doveva rimanere sepolto in un paese contro la cui unità aveva così strenuamente combattuto. Soltanto nel 1938 le spoglie mortali della coppia furono traslate dapprima nella chiesa romana di Santo Spirito dei Napoletani, quindi nella chiesa dei Borbone, vicino a Napoli.

Anche Otto Brucks ebbe un grave lutto: sua moglie Eda morì poco dopo Henriette di Wallersee. Egli fu di nuovo ospite alle serate in casa del duca, e Maria Luisa l'accompagnava al pianoforte.

Secondo matrimonio del duca Luigi in Baviera

La vita continuava e le incomprensioni non erano terminate. Ancor prima che fosse trascorso un anno di lutto il duca Luigi comunicò alla figlia in modo «brusco» che pensava di risposarsi. La prescelta era Antonie Barth, un'allieva del balletto dell'Hoftheater. Maria Luisa si spaventò: il padre aveva sessantun anni, la sposa ventuno! Scrisse la baronessa Redwitz nelle sue *Hofchronik*: «A Monaco si parla molto dell'inatteso matrimonio del duca ... Il duca Luigi si è sposato all'insaputa dei fratelli, che hanno appreso la notizia dai giornali. Nessuno della famiglia ha mai parlato con la sposa. Il duca faceva solo sporadiche visite a palazzo e si tingeva i capelli di un nero sempre più intenso...». Il 19 novembre 1892 la stampa riferì: «A Monaco è stato celebrato il matrimonio morganatico del duca Luigi in Baviera con la signorina Antonie Barth ... L'attuale sposa del duca Luigi ha ricevuto dal principe reggente il titolo "von Bartolf". Il matrimonio civile è stato stipulato nel secondo ufficio municipale di Monaco alla presenza dell'assessore comunale del sobborgo di Haidhausen ... dove successivamente il parroco ha celebrato il matrimonio religioso. La moglie ha anche una sorella ... Entrambe hanno fatto parte del balletto dell'Hoftheater fino alla fine della settimana scorsa».

La nuova signora von Bartolf, il cui ruolo principale era stato quello della coniglietta che suona il tamburo nel balletto bavarese *Die Puppenfee* (La fata dei pupi), era di umili origini. Il padre era magazziniere, la madre ricamatrice, perciò i fratelli e le sorelle si rallegrarono di essere al centro dell'attenzione generale. Piovvero le critiche. Maria Luisa abbandonò la casa paterna, nella quale il duca visse ancora per un certo periodo con la moglie per poi trasferirsi, dopo averla venduta, in una villa che aveva acquistato a Bogenhausen, in Möhlstraße. Il tutto all'insaputa della figlia. Alla nuova «cognata» si interessò stranamente l'imperatore Francesco Giuseppe. «Un giorno o due prima del matrimonio, Louis [Luigi] chiese al reggente il permesso di sposarsi, o, se non era possibile, di portare la prescelta a casa sua. Il reggente disse che era meglio portarla quando fossero sposati e quindi il matrimonio avvenne immediatamente. La madre e la sorella sono andate ad abitare da Louis» scrisse l'imperatore alla moglie, dopo essersi fatto procurare una foto della «coniglietta» il cui aspetto suscitò la sua approvazione. Meno entusiasta fu un po' di tempo dopo quando vide il cognato: «Louis ha perso molti capelli, se è possibile è ancora più magro di prima, pallido, vecchio e con i baffi tinti di nero color carbone non ha certo un bell'aspetto».

Adesso Maria Luisa viveva tutto l'anno a Rottach. Il marito, conte Georg Larisch, dopo aver venduto i possedimenti di Pardubitz si trasferì in Slesia e troncò ogni rapporto con la moglie. C'è quindi da supporre che il bambino che quest'ultima diede alla luce il 5 settembre 1894 a Monaco, Friedrich-Karl conte Larisch-Moennich, non sia figlio del marito ma di Karl-Ernst von Otto-Kreckwitz, direttore della rivista «Hundesport und Jagd» (Cani da competizione e caccia), con cui la contessa aveva fatto amicizia. Evidentemente Maria Luisa pensava di non essere tenuta alla fedeltà in un matrimonio che non aveva voluto.

Divorzio della contessa Larisch e matrimonio con il cantante d'opera Brucks

Come riferisce il «Fremdenblatt», il matrimonio del conte e della contessa Larisch fu sciolto in una sessione straordinaria della prima camera civile del tribunale di Monaco. Maria Luisa fu considerata colpevole ed entrambi i figli, Mary e Georg, furono affidati al padre, che secondo la legge era il conte Larisch. Gli altri due figli erano già grandi.

Soltanto il piccolo Karl rimase con la madre, che ricevette una rendita annuale di 12.000 marchi. Nel 1898 il conte Larisch vendette Schönstein e si trasferì nella Slesia prussiana, dove prese la cittadinanza tedesca e comprò un castello a Sakrau. Un capitolo della vita di Maria Luisa, che si chiamava adesso contessa di Wallersee-Larisch, si era definitivamente concluso.

Evidentemente Maria Luisa non doveva tenere in gran considerazione la libertà e preferiva la sicurezza di un matrimonio. Pertanto, poco tempo dopo, fece una richiesta di matrimonio al sunnominato cantante Otto Brucks, che rimase allibito dall'inattesa domanda. Pare che il duca Luigi non gradisse che la figlia vivesse «senza l'appoggio di un uomo» e che le ore di musica in compagnia di Brucks avessero dato adito a molte chiacchiere. Il 15 maggio 1897, a Monaco, ebbe luogo il matrimonio della coppia, che il «Münchner Neueste Nachrichten» definì un «evento sensazionale»: la figlia di un duca, nipote di un'imperatrice ed ex contessa, era diventata semplicemente la signora Brucks. Così è la vita. Non c'è da stupirsi che i parenti Wittelsbach non fossero molto entusiasti. Anche l'imperatore sottolineò, al riguardo, che gli esseri umani possono cadere molto in basso.

La coppia Brucks abitava nella villa Valerie o a Monaco. Il cantante si era licenziato dall'Opera e limitava la sua attività ad alcune esibizioni. Un artista fino allora osannato doveva essere certamente infastidito dal fatto che il pubblico adesso si mostrava molto più interessato all'ex contessa, che poco tempo prima era stata al centro di uno scandalo. La conseguenza fu una malattia psicosomatica che si manifestava con una frequente raucedine. Anche se Georg Larisch continuava a pagare la rendita, ben presto sopraggiunsero difficoltà finanziarie. Come spesso era accaduto durante il primo matrimonio, Maria Luisa non riusciva a cavarsela con il denaro. Durante la giovinezza non era stata ricca (nella casa paterna non si soffriva certo la fame, ma il duca Luigi, preferendo un matrimonio d'amore, aveva dovuto rinunciare a notevoli introiti), poi la zia

Sissi l'aveva presa sotto la sua ala protettrice e la ragazza aveva sperimentato che tra la gente che allora frequentava il denaro non aveva alcuna importanza. Quella gente non ne parlava mai, semplicemente lo possedeva. Il conte Larisch non era sempre stato un partner comodo, ma nei primi anni di matrimonio si era dimostrato generoso, sicché per Maria Luisa era ancora più difficile adattarsi alle nuove condizioni. Soltanto molti anni dopo avrebbe imparato a fare il passo secondo la gamba. In compenso, non rimase mai a corto di idee.

Maria Luisa Brucks scrittrice

Dopo la morte della madre, la contessa Wallersee-Larisch ritrovò quegli scritti che aveva compilato per la zia Sissi. Il pacchetto era stato sigillato e consegnato alla baronessa di Wallersee perché lo conservasse. Quando Henriette era morta, l'imperatrice non aveva chiesto che le fosse restituito, e adesso Elisabetta non dimorava più tra i mortali.

Ci si può quindi immaginare con quale sconcerto la corte apprese la notizia che Maria Luisa, in quanto profonda esperta in materia, avrebbe scritto un romanzo sull'imperatrice e su Mayerling. L'imperatore Francesco Giuseppe era fuori di sé. «Quella contessa Larisch» non aveva già provocato abbastanza sofferenze? E adesso voleva addirittura scrivere un libro…

L'imperatore era sicuro che lei fosse a conoscenza di molte cose. Per mesi era stata la confidente di Elisabetta a Gödöllö e a volte l'aveva seguita anche in Inghilterra. Aveva conosciuto Gyula Andrássy e Bay Middleton, che l'imperatrice aveva invitato senza apparenti ragioni in Ungheria. Solo Dio sapeva quali spiegazioni avesse dato l'ex contessa Larisch, cosa avesse inventato e cosa avesse scoperto, quali sciocchezze avesse fatto diventare cose importanti, e quali insetti avesse tramutato in elefanti! Francesco Giuseppe non poteva sopportare il pensiero che tutte quelle cose che chiamava i «castelli in aria» dell'imperatrice – le sue poesie, il suo amore per Heine, la sua passione per lo spiritismo –, tutto ciò di cui non aveva capito il significato, potesse essere gettato in pasto al pubblico. E il peggio era che la gente considerava tutto vero, e avrebbe creduto a ogni parola di quella donna. Un libro del genere avrebbe certo suscitato un enorme interesse, quindi bisognava impedire che uscisse, a ogni costo. Come se non ci fossero già abbastanza grattacapi, si sarà detto probabilmente l'imperatore al colmo dell'amarezza.

Problemi nella casa imperiale. La lotta per la lingua

In Boemia e in Moravia si scatenò una sempre più aspra lotta per la lingua, dato che il presidente del Consiglio Kasimir Badeni aveva ottenuto che, nelle pratiche burocratiche e giudiziarie, ogni cittadino potesse usare la propria madrelingua. Ciò significava che il ceco, per esempio, sarebbe stato utilizzato anche in paesi tedeschi e che ogni impiegato statale avrebbe dovuto conoscere entrambi gli idiomi (aveva tre anni di tempo per imparare la seconda lingua). In pratica, però, questo voleva dire che sarebbero stati gli impiegati tedeschi a dover imparare il ceco, giacché quasi tutti quelli cechi conoscevano già il tedesco.

I tedeschi erano enormemente indignati. Ci furono manifestazioni, pestaggi e, alla fine, si arrivò all'uso delle armi. Intervenne l'esercito. A Vienna il Parlamento sembrava un manicomio. Ogni giorno i deputati venivano aggrediti con estrema violenza, subissati di urla. Non si poteva sperare che una sola seduta si svolgesse in modo normale. Bisognava imparare il ceco? In un paese che, a memoria d'uomo, era patria dei tedeschi? Non erano forse i tedeschi a governare lo Stato? I cechi non avevano sempre fatto gli operai, i sarti o i ciabattini, e le loro figlie non erano sempre state cuoche e cameriere? Un popolo di servitori! I tedeschi si ribellarono. E anche i cosiddetti «Jungstchechen», studenti e intellettuali, reclamavano i loro diritti. Non c'era altra via d'uscita che la divisione in senso federalista della parte austriaca dell'impero. Anche se l'imperatore Francesco Giuseppe si definiva un «principe tedesco», i tempi erano maturi per questo. L'Ungheria mise il proprio veto. L'esempio sarebbe stato contagioso per gli altri gruppi etnici: i serbi e i croati, i rumeni e gli slovacchi. Nel suo fanatico desiderio di «magiarizzare», ovvero di sottomettere gli altri popoli che abitavano la sua parte dell'impero, l'Ungheria si preoccupava che l'elemento slavo non assumesse troppa importanza. Una federazione avrebbe valorizzato le nazioni slave nell'ambito della monarchia, avrebbe spezzato l'equilibrio – o, per meglio dire, lo squilibrio – esistente.

Molti slavi, a causa della loro origine, erano favorevoli ai russi. Agli occhi del kaiser Guglielmo, un rafforzamento delle nazioni slave significava un indebolimento della monarchia austroungarica. E questo andava contro i suoi piani perché, nella Triplice alleanza, aveva bisogno di un partner forte. Infatti, qualora la Germania avesse combattuto contro la Francia, un'eventualità del tutto verosimile, l'Austria avrebbe dovuto intervenire contro la Russia. Per questo la popolazione tedesca doveva avere la supremazia e garantire la stabilità del patto. Bisognava evitare qualsiasi rafforzamento della componente slava: era questa la parola d'ordine dell'ambasciatore, il principe Philipp Eulenburg.

La lotta per la lingua diventò una lotta per la nazionalità. Il conte Badeni si dimise e l'ordinanza sulla lingua dovette essere ritirata.

Gli arciduchi ribelli

Un altro motivo di preoccupazione per l'imperatore era costituito dai giovani arciduchi, soprattutto quelli del ramo toscano. Da una parte Leopoldo, figlio del granduca di Toscana Ferdinando IV, con le sue relazioni con donne malfamate; dall'altra il fratello minore di Ferdinando, Giovanni, il quale aveva rinunciato ai diritti che gli derivavano dall'appartenenza al ducato, e quindi in un certo senso aveva gettato ai piedi di Francesco Giuseppe, suo imperatore e sovrano, il titolo e i privilegi imperiali. Con il nome di Johann Orth, Giovanni si era comprato una nave commerciale, ma non era andato molto lontano. L'imbarcazione era naufragata con tutto il carico a Capo Horn durante una tempesta. Da allora del giovane arciduca sembravano essersi perse le tracce, anche se ci furono sempre delle voci che sostenevano vivesse da qualche parte nell'America del Sud.

Come se non bastasse, c'erano poi i nipoti, i figli di Carlo Luigi, fratello dell'imperatore: Otto, che a causa delle sue scappatelle era sempre sulla bocca di tutti, e in particolare Francesco Ferdinando, purtroppo successore al trono dopo la morte di Rodolfo, persona affabile ma ostinata, che si era messo in testa di sposare una certa contessa Chotek (è vero che la donna aveva degli antenati boemi, ma non era certo del suo stesso rango). Doveva Francesco Giuseppe, in quanto capostipite, accordare il permesso di matrimonio contro la tradizione e lo statuto delle leggi di famiglia?

L'imperatore non sapeva cosa fare. La caparbietà di Francesco Ferdinando faceva supporre che non avrebbe mai lasciato quella donna, così come non sembrava avesse la minima intenzione di rinunciare al trono. Voleva entrambe le cose: diventare imperatore e sposare la contessa Chotek. Cosa succedeva a questi giovani? La dignità della casa imperiale non aveva importanza per loro? L'onore di appartenere a una delle più antiche e famose famiglie europee non aveva alcun valore?

La principessa Stefania, la vedova di Rodolfo, anziché risposarsi con una persona del suo rango voleva assolutamente unirsi in matrimonio con un semplice conte ungherese. Francesco Giuseppe non avrebbe «mai più visto», come mise per iscritto, l'unica nuora, la cui nuova unione rappresentò per lui un passo falso.

Si può immaginare che un uomo così radicato nella tradizione come Francesco Giuseppe talvolta non comprendesse i cambiamenti del mondo. E a tutto ciò si aggiungevano le rivelazioni che si annunciavano scandalose di questa donna, la nipote dell'imperatrice, sua nipote.

Il libro di «quella contessa Larisch»

Il libro dell'attuale signora Brucks non doveva essere pubblicato: per l'imperatore Francesco Giuseppe, questo era un punto fermo. Per negoziare la scabrosa questione furono incaricati i due uomini di fiducia di Katharina Schratt, il conte Hanns Wilczek e il direttore della Länderbank, Palmer. «Questa sera Palmer deve andare a Monaco. Speriamo che Dio conceda fortuna alla sua impresa» scrisse l'imperatore il 18 gennaio alla «cara amica» Schratt. Voleva acquistare tutte le carte relative a quella pubblicazione, manoscritti o bozze che fossero. Per il pagamento sarebbe stato utilizzato il patrimonio di famiglia, che consisteva nel lascito della vedova dell'imperatore Carlo VI e nel fondo costituito da Maria Teresa e amministrato dal capostipite. Al patrimonio di famiglia si attingeva per far fronte alle spese straordinarie, come le liquidazioni per le numerose avventure degli arciduchi, i debiti dei giovani e i conti dell'imperatrice. Alla cassa privata l'imperatore ricorreva altresì per sanare il deficit dello Staatstheater e per le non poche elargizioni alla signora Schratt.

Tra il 1903 e il 1915, più di 3 milioni di fiorini di questo fondo furono destinati a Elisabetta, figlia del principe Rodolfo e nipote dell'imperatore, sposata con il principe Windisch-Graetz.

Gli appannaggi dei membri della casa imperiale erano invece prelevati dalle casse dello Stato. Secondo lo statuto, a ogni membro spettava «un sostentamento e una dotazione» corrispondente al titolo, e questa «dotazione adeguata al rango ... era un obbligo dello Stato».[2]

Otto Brucks fu quindi invitato come ospite d'onore all'Hofoper di Vienna. In questa occasione Maria Luisa consegnò il manoscritto originale e le copie, con tutto il materiale usato per la pubblicazione. Ricevette subito la somma di 150.000 marchi, oltre a una rendita vitalizia annuale di 100.000 marchi. Il coautore del libro, Otto Kreckwitz, percepì 50.000 marchi per i mancati guadagni e una rendita vitalizia annuale di 2400 marchi. Il 22 marzo 1898 Brucks cantò all'Hofoper nel ruolo di Hans Sachs, nei *Maestri cantori* di Richard Wagner, per un onorario di 250 fiorini, e alcuni giorni dopo in quello di Wotan, nel *Siegfried*. Ricevette buoni giudizi da parte della critica, ma il palco reale era però vuoto. La presenza dell'ex contessa Larisch passò inosservata. Il soggiorno a Vienna fu anticipatamente interrotto per indisposizione del cantante. Commetterebbe un grave errore chi pensasse che Maria Luisa avesse in tal modo soddisfatto per sempre le proprie pretese economiche.

Il castello «Wotansquell»

All'inizio Maria Luisa ebbe a disposizione denaro sufficiente non solo per saldare i debiti più pressanti, ma anche per costruire la casa per Otto Brucks sopra Rottach. *Noblesse oblige*. Il castello «Wotansquell», come fu chiamato, aveva un ampio parco, con un lago per i pesci e una cascata artificiale, e fu arredato in modo molto pretenzioso. E, naturalmente, richiese un aumento della servitù, con l'aggiunta di un cameriere personale. Il 9 marzo 1899 alla coppia Brucks nacque un figlio, battezzato con il nome di Josef Otto. Il Wotansquell, la cui costruzione era all'epoca ultimata, diventò sede di feste brillanti, in cui si beveva champagne nelle scarpe delle signore e lo spumante scorreva letteralmente a fiumi, tanto che il giorno dopo i tappeti dovevano essere stesi ad asciugare. Non c'è quindi da meravigliarsi se, in seguito a queste bisbocce, la voce di Brucks venne danneggiata.

Dal momento in cui Maria Luisa aveva ricevuto il vitalizio da Vienna, Brucks aveva lasciato l'incarico all'Opera e le uscite erano molto superiori alle entrate. Ancora una volta gli spiccioli non bastavano più... Si preannunciava quindi un nuovo libro, questa volta sugli «amori» dell'imperatrice (un libro che «contrariamente agli impegni doveva essere sgradevole e inquietante» scrisse l'imperatore alla Schratt). Ancora una volta fu inviato il banchiere Palmer per sottoscrivere un altro accordo con l'ex contessa Larisch, questa volta per 107.000 marchi. Su Brucks queste manovre ricattatorie ebbero un effetto catastrofico. Non sopportava di non essere più un cantante dotato, ma soltanto il marito di una donna famigerata. Come scrive Brigitte Sokop, «il bevitore diventò un etilista» e la sua voce lo piantò in asso sempre più spesso. Il 15 ottobre 1900 la «Breslauer Zeitung» commentò così una sua esibizione: «Il nostro critico musicale ... ha già notato che dalla gola del cantante uscivano tonalità strane e poco armoniose, e che il suo modo di cantare era poco fluido e bizzarro. Il critico e il pubblico sembravano essere della stessa opinione, vale a dire che questa prestazione poteva essere soltanto il risultato di un'abbondante ingestione di bevande alcoliche». Ma poiché Brucks non aveva bevuto, il critico ne trasse la conclusione che «la deplorevole figura dell'artista era dovuta a disturbi nervosi», conseguenza di «una vita irregolare». Si giunse al punto in cui Brucks si sentì vittima della moglie e glielo fece capire, talvolta alzando anche le mani su di lei. E, di nuovo, il denaro non bastava mai. Sul Wotansquell furono messe delle ipoteche, i vitalizi vennero impegnati e del «caso Brucks» finirono per occuparsi impiegati austriaci, avvocati di Monaco ed esperti bancari.

Brucks direttore di teatro. Le memorie di Maria Luisa

Nel 1907 sembrò intravedersi un miglioramento nella vita di Otto Brucks. Gli fu affidata la direzione dello Stadttheater di Metz, ma anche per questa impresa occorreva del denaro: 85.000 marchi per i costumi e per le scene. Richieste supplichevoli pervennero a Palmer e allo stesso imperatore, il quale alla fine si lasciò commuovere. Alla fine del 1907 il «caso Larisch» era già costato alla casa imperiale più di mezzo milione di corone. Allo Stadttheater di Metz, con oltre 1200 posti, venivano messe in scena opere e *pièces* in lingua tedesca, talvolta in francese. Brucks iniziò il 23 settembre 1906 con la rappresentazione del *Lohengrin*.

Quando la figlia di Maria Luisa, Marie Henriette, morì di vaiolo, ripresero i racconti su «quella» contessa Larisch, che accarezzò nuovamente l'idea di scrivere le proprie memorie. Dopo un lungo braccio di ferro, la vendita del manoscritto della signora Brucks, nata baronessa di Wallersee, fu conclusa. Il compenso fu la ragguardevole somma di 334.000 marchi. Anche a Metz i Brucks diedero grandi feste, e lo champagne tornò a scorrere a fiumi, i tappeti furono nuovamente stesi ad asciugare. Tutto si ripeteva, pure il divario fra le entrate e le uscite, le ipoteche, i debiti. Nel periodo 1898-1911 la casa imperiale versò all'ex contessa Larisch qualcosa come 1.072.000 marchi.

My Past, il libro della contessa Maria Larisch, nata baronessa di Wallersee, nipote dell'ultimo imperatore d'Austria e figlia del duca bavarese Luigi, fu pubblicato nella primavera del 1913 a Londra: Maria Luisa infatti, nonostante tutti i soldi ricevuti non si era tolta dalla testa l'idea di pubblicare le sue memorie. *My Past* fu redatto dalla giornalista Maude Mary Chester Foulkes, che nello stesso periodo scrisse i ricordi dell'ex principessa di Sassonia, Luisa di Toscana. Entrambi i libri uscirono presso l'editore londinese Eveleigh Nash.

Il libro comprato dall'imperatore Francesco Giuseppe parlava dell'imperatrice, *My Past* raccontava invece gli avvenimenti di Mayerling. A giugno uscì a Berlino da Fontane la traduzione tedesca, *Meine Vergangenheit*. Soltanto l'edizione inglese e i primi esemplari di quella tedesca furono comprati per conto dell'imperatore, mentre ad Amburgo ne fu stampata in migliaia di copie un'edizione pirata. Per non correre rischi, i librai vendevano clandestinamente l'opera, che veniva letta con passione.

Come scrive Brigitte Sokop nella biografia della contessa Larisch, l'autrice sapeva perfettamente che non poteva permettersi indiscrezioni sulla corte: «Usò certamente dei riguardi nei confronti delle persone ancora viventi e si avvertiva la sua ammirazione per l'imperatore».[3]

Tuttavia, Maria Luisa non aveva ancora soddisfatto le

sue brame finanziarie (pare che sia anche stata truffata dai suoi editori). Le dame di corte dell'imperatrice la giudicarono severamente. «Perfida ingrata, [Elisabetta] merita questo?» scrisse la contessa Festetics, schiumante di rabbia nei confronti della scellerata. «Elisabetta ... ti ha ricoperto di attenzioni e di regali. Tu l'hai ingannata. E questo non ti è bastato. Tu cavi fuori i morti dalle tombe, trasformi quell'angelo dell'imperatrice in una caricatura e non tremi di fronte alla condanna del Cielo ... Non vorrai mica oscurare con il tuo schizzo di veleno la luce che quella nobile creatura irradia su di noi?...»[4]

Otto Brucks continuò a dirigere con successo il teatro di Metz, ma le sue condizioni di salute peggioravano di giorno in giorno. La cirrosi epatica progrediva, ipertensione e danni cardiaci diventarono cronici. L'epoca delle grandi feste in casa Brucks era ormai finita. La vita scorreva ora su binari più tranquilli.

Divorzio del duca Luigi e morte di Otto Brucks

Quando viveva ancora a Rottach, Maria Luisa aveva litigato con il padre. È possibile che le continue pressioni da parte della casa imperiale fornissero al duca il pretesto per rimproverarla, ma è anche possibile che Maria Luisa si intromettesse troppo nel suo matrimonio e prendesse le parti della giovane matrigna. Luigi, come detto, aveva quarant'anni più della seconda moglie e le rendeva la vita difficile con continue scenate di gelosia. Il duca, dopo aver investito la figlia «con un vocabolario da caserma», la cacciò di casa.

L'11 luglio 1913 il matrimonio finì con un divorzio. Il duca aveva cercato in tutti i modi di ringiovanirsi, tingendosi di nero barba e capelli, ma la natura aveva dei limiti anche per l'ottantenne Luigi. Era già un miracolo che il matrimonio fosse durato più di vent'anni. Ora la «coniglietta» si era innamorata del capitano bavarese Maximilian Mayr. Dopo un breve dibattimento svoltosi a porte chiuse, la baronessa Bartolf fu dichiarata colpevole di infedeltà. L'unica figlia del duca Luigi non aveva da tempo alcuna relazione con lui e venne a sapere dai giornali del divorzio del padre.

Nel gennaio 1914 Otto Brucks si ammalò di polmonite, dalla quale non guarì. Morì poco dopo, il 15 gennaio, senza avere nessuno accanto a sé. La moglie era in Inghilterra e non partecipò neppure ai funerali. Il corteo funebre fu comunque lungo, poiché Brucks si era conquistato parecchie simpatie.

Disordini nei Balcani. Un attentato e le sue conseguenze

La morte di Otto Brucks segnò profondamente la vita di Maria Luisa, che fu di nuovo costretta a cavarsela da sola. Nel frattempo la situazione mondiale era decisamente peggiorata. Nel 1908 la monarchia austroungarica si era annessa le due province della Bosnia e dell'Erzegovina, che fino ad allora avevano formalmente fatto parte della Turchia, scatenando in questo modo una crisi nei Balcani. Le potenze occidentali reagirono con sdegno. La Serbia e il suo paese protettore, la Russia, si allarmarono per il rafforzamento del potere austriaco nella regione balcanica. E, nel caso in cui l'impero ottomano si fosse dissolto, evento che prima o poi si sarebbe certamente verificato, l'Italia non avrebbe voluto restare a mani vuote. Infatti, se nel 1908 si riuscì ancora a evitare il peggio, nel 1912, con l'annessione della Libia da parte dell'Italia e il conseguente conflitto armato con la Turchia, scoppiò la cosiddetta «guerra dei Balcani». Gli Stati balcanici ne approfittarono subito per spartirsi la parte turca della Macedonia, cosicché al momento dell'armistizio la Turchia perse quasi tutti i suoi possedimenti nella regione. Benché l'Austria non avesse alcuna responsabilità in tutto ciò, la situazione rimase comunque esplosiva, anche a causa dell'aggressivo programma navale del kaiser Guglielmo II che provocò la reazione dell'Inghilterra.

A poco a poco il mondo si stava avvicinando alla guerra. L'attentato contro il successore al trono austriaco Francesco Ferdinando, compiuto da nazionalisti bosniaci il 28 giugno 1914 a Sarajevo, fu solo l'evento decisivo che scatenò la catastrofe. Dopo lunghe discussioni l'imperatore Francesco Giuseppe aveva dato il permesso al successore al trono di contrarre un matrimonio «morganatico», elevando la contessa Chotek dapprima al rango di principessa e poi a quello di duchessa di Hohenberg. Dal canto suo, però, Francesco Ferdinando aveva dovuto accettare numerose restrizioni e giurare formalmente che sarebbe rimasto fedele agli accordi (divenuti superflui dal momento che anche la duchessa era rimasta uccisa nell'attentato di Sarajevo).

Molte voci si levarono allora in favore della guerra, prima fra tutte quella del capo di stato maggiore, il generale Conrad von Hötzendorf, che da tempo sosteneva un intervento preventivo contro la Serbia, il paese effettivamente responsabile del duplice assassinio. Come lui, anche molti altri uomini politici ritenevano che l'autorità dell'Austria sarebbe stata irrimediabilmente compromessa se avesse subìto senza reagire una provocazione di tale entità da parte del minuscolo paese che si celava dietro l'attentato. Nessuno tenne conto del fatto che le forze della Triplice alleanza erano circondate da ogni parte e che l'Italia costituiva un alleato poco sicuro. Quanto questo paese fosse inaffidabile divenne chiaro nel 1915, allorché si fece imminente la minaccia di una guerra su tre fronti che avrebbe potuto estendersi addirittura a un quarto. Questa ipotesi, che appariva ai più soltanto come uno spauracchio, diventò ben presto realtà. Infatti, quando nel 1915 l'Austria si rifiutò di soddisfare le sue richieste, l'Italia considerò annullati i suoi obblighi ed entrò in guerra a fianco dell'Intesa. Si stava poi sottovalutando clamorosamente la piccola Serbia. L'ultimatum rivoltole dall'Austria, in cui il partito favorevole alla guerra era riuscito finalmente a prevalere, conteneva richieste talmente pesanti da risultare del tutto inaccettabili per uno Stato sovrano. Come previsto, la Serbia lo respinse, e questo significò la guerra.

«Serbien muß *sterbien*» (La Serbia deve morire) era lo slogan che veniva scandito in Austria storpiando l'ultima parola,* mentre la maggior parte dei soldati era convinta che a Natale sarebbe già tornata a casa. Una valutazione errata che avrebbe avuto tragiche conseguenze. La piccola Serbia costringerà infatti le truppe austriache, tanto sicure della vittoria, a una ritirata umiliante, e soltanto molto più tardi verrà sottomessa, grazie a un massiccio intervento da parte tedesca.

La prima guerra mondiale

Il 28 luglio 1914 l'imperatore Francesco Giuseppe firmò il proclama *Ai miei popoli*, nel quale era scritto: «Ho considerato e soppesato tutto». Dopo cinquant'anni di pace, la monarchia austroungarica e la Germania entrarono in guerra. Questo conflitto sarebbe entrato nella storia dapprima come la «Grande Guerra mondiale» e, più tardi, come la «prima guerra mondiale». L'imperatore non ne avrebbe visto la fine, che determinò anche il crollo della doppia monarchia e quindi del regno degli Absburgo, durato oltre sei secoli. Francesco Giuseppe morì infatti il 20 novembre 1916 all'età di ottantasei anni, dopo aver regnato per quasi sessantotto.

Maria Luisa crocerossina. La fine della guerra

Nel luglio 1914 Maria Luisa venne chiamata a Losanna, dove giaceva gravemente ammalata sua figlia Marie Valerie, che aveva lavorato come infermiera in un ospedale delle missioni in Africa contraendovi un morbo incurabile.

È possibile che la decisione di Maria Luisa di partecipare alla guerra ormai imminente come volontaria della Croce

* La corretta dizione del verbo sarebbe «*sterben*».

Rossa sia da ricondurre proprio a un desiderio della figlia moribonda. Marie Valerie von Larisch-Moennich morì il 31 ottobre 1915 a Losanna, mentre Maria Luisa iniziò la propria attività a Mühlhausen, in Alsazia, e in seguito lavorò presso un ospedale di Baden-Baden. Dopo un corso di specializzazione a Monaco di Baviera, assistette i chirurghi in sala operatoria, inoltre si occupò dei pazienti che giacevano nelle baracche dei malati infettivi e del rimpatrio dei feriti dal fronte. Nell'ottobre 1918 fuggì con il suo reparto dalla Francia e a novembre raggiunse Monaco. Frattanto tutti i suoi beni erano andati perduti; il Wotansquell, pesantemente ipotecato, era già stato venduto nel 1916, presumibilmente all'asta, e la rendita di Georg Larisch aveva perso valore a causa dell'inflazione.

Quando il medico militare presso il cui ambulatorio aveva lavorato come assistente lasciò Monaco, Maria Luisa si trovò a dover ricominciare da zero. Ormai sessantunenne, non aveva né lavoro né casa, non percepiva uno stipendio né possedeva un patrimonio. In quel momento le venne in aiuto la notizia, letta su un giornale, che una casa di produzione di film muti aveva in progetto un'opera su Mayerling, di cui Maria Luisa riuscì a ottenere l'incarico di sceneggiatrice. Nel frattempo nacque anche l'idea di un film su Luigi II, mentre se ne stava preparando un altro su Elisabetta per il quale Maria Luisa non avrebbe dovuto soltanto scrivere il copione, ma anche interpretare se stessa nel ruolo della contessa Larisch. I compensi erano buoni ma, come sempre, i soldi le scivolarono tra le mani. All'inizio riuscì addirittura a permettersi un appartamento migliore, ma ben presto il suo lavoro di sceneggiatrice ebbe termine, per il fallimento della casa di produzione.

Nel novembre 1920 Maria Luisa venne a sapere dai giornali che suo padre, l'ormai ottantanovenne duca Luigi in Baviera, era morto, stroncato da una sincope dopo alcuni giorni di malattia. Al suo capezzale c'erano la cognata Maria José, vedova del fratello Carlo Teodoro, e il vecchio aiutante Düring. Sua figlia, invece, non venne informata, probabilmente per desiderio del duca. Luigi venne seppellito nell'Ostfriedhof, a Monaco di Baviera. Secondo le sue volontà, nessuno doveva partecipare ai funerali, e per la messa non cantata nella chiesa di Bogenhausen aveva richiesto soltanto la presenza dei fratelli. Ciononostante arrivarono le nipoti Sofia e Gisella, e i nipoti nati dal matrimonio della figlia con il conte Larisch.

Il duca Luigi, che ormai da tempo si faceva vedere raramente dai parenti, negli ultimi anni aveva vissuto in modo molto riservato nella sua villa in Möhlstraße a Monaco, dove, ancora in tarda età, lo si poteva vedere passeggiare a cavallo nel Giardino inglese, oppure nei dintorni della città. Era molto amato dal popolo ma, dopo il divorzio, doveva essersi circondato di persone poco affidabili, perché la sua villa era diventata luogo d'incontro per gente ambigua, che manovrava e sfruttava a proprio piacimento l'anziano signore. Il palazzo venne poi ereditato da Maria Luisa, anche se tutti gli oggetti di valore erano ormai spariti e l'edificio si trovava in uno stato deplorevole. Le tasse e l'inflazione ne avevano ridotto il valore a zero, e un restauro era semplicemente impensabile. Oggi il solo terreno varrebbe una fortuna.

Disperata, l'ex contessa figlia di un duca accettò un posto come «aiutante della padrona di casa» a Berlino, dove veniva trattata molto duramente. In seguito le fruttò un po' di denaro un articolo pubblicato su un giornale americano, che le era stato commissionato tramite Mary Chester Foulkes, la quale probabilmente tenne per sé una buona parte del compenso.

Maria Luisa nel Nuovo Mondo. Un altro matrimonio

Quell'articolo fu letto da un agricoltore di origine belga, William Henry Meyers, che in seguito contattò l'autrice. Le scrisse di essere ricco, di avere una tenuta in Florida, e le propose di aprire, insieme a uno sponsor, un sanatorio «di lusso», in cui lei avrebbe diretto il personale infermieristico. Allegati alla lettera c'erano un assegno e un biglietto per una cabina di prima classe sul panfilo *Bremen*. Maria Luisa si recò dunque a New York. Malgrado i suoi sessantasei anni, sperava ardentemente di imprimere una svolta positiva nella propria vita, ma sarebbe rimasta amaramente delusa. In verità, il presunto milionario era lontanissimo dall'essere tale, la tenuta si rivelò un arido pezzo di terra praticamente senza valore, e la casa di cura un castello in aria. D'altronde, anche Meyers aveva immaginato che la contessa europea fosse molto diversa. Al posto di una donna giovane, agile e slanciata, con cui far colpo sul prossimo, si era trovato di fronte una signora piuttosto in là con gli anni, dall'aspetto ancora gradevole ma che non poteva certo nascondere del tutto la propria età.

A ogni modo, Maria Luisa sposò Meyers poco dopo il suo arrivo, il 24 settembre 1924. Lo fece perché completamente priva di mezzi e quindi dipendente da lui? O perché così poté diventare cittadina americana? Le ragioni di queste nozze molto precipitose non vennero mai chiarite. Quel che è sicuro è che la sua scelta fu un grave errore. Meyers non esitò a scaricarle addosso la rabbia per la delusione subita. Le dava da mangiare solo latte e mais, le nascondeva i vestiti per impedirle di uscire di casa, e anche se non avrebbe potuto comprare niente perché non aveva denaro, spesso la rinchiudeva. «Sono completamente deperita a causa della malnutrizione e della malaria, mi sono rifugiata in una baracca di legno ... non ha porta, l'ho chiusa inchiodandoci sopra una vecchia coperta e il pavimento ha delle crepe che riempio di carta, ma ciononostante è invasa da ratti e parassiti. Non c'è luce, ho soltanto una candela ... e un grande coltello per difendermi»[1] scrisse a un'amica di Monaco, che aveva rapporti con i Wittelsbach. Pare che allora avesse contratto un'infezione malarica, che si sarebbe protratta a lungo. In risposta alle sue implorazioni, nel 1926 la contessa Larisch ottenne finalmente dalla previdenza sociale un biglietto per

New York e venti dollari per acquistare gli indumenti indispensabili.

Nella metropoli, all'inizio Maria Luisa lavorò e abitò in una sorta di asilo per senzatetto, una casa per persone bisognose e derelitte, in cui si guadagnava da vivere facendo le pulizie, cucinando e lavando la biancheria. La conoscenza di una baronessa austriaca, sposata con un compositore americano, la indusse successivamente a trasferirsi a Hoboken, sul fiume Hudson, dove incontrò molta gente. Ebbe così accesso al salotto newyorchese di una multimiliardaria a Park Avenue, i cui ospiti incuriositi si contendevano l'ex contessa, nipote dell'imperatrice Elisabetta d'Austria. In America, l'antica nobiltà europea aveva sempre un suo fascino. Infine Paul Maerker Branden, un americano di origine tedesca, editore della rivista «American Monthly», procurò di quando in quando a Maria Luisa qualche occasione di guadagno e le spianò la strada dell'attività letteraria. Le preoccupazioni più pressanti erano quindi risolte, ma lei desiderava tornare in Europa.

Ritorno in Germania e attività letteraria

Nel maggio 1929 Maria Luisa arrivò ad Augusta, sua città natale. Per non dare nell'occhio, prese la residenza sotto il nome borghese di Meyers. Con il direttore editoriale Friedrich Eisenberger come agente, sbarcò faticosamente il lunario con l'attività letteraria. Nel 1934 venne pubblicato a New York il libro *Her Majesty Elizabeth of Austria-Hungary, the Beautiful Tragic Empress of Europe's Most Brilliant Court*, a cura di Maria Luisa contessa Larisch di Wallersee-Wittelsbach, in collaborazione con Paul Maerker ed Elsa Branden, che l'anno successivo uscì anche a Parigi e a Londra, e, poco più tardi, fu dato alle stampe dalla casa editrice tedesca Goten. Nel 1935 Maria Luisa si occupò di un progetto per un film su Luigi II, mentre l'anno dopo vennero pubblicati a Lipsia due volumi intitolati rispettivamente *Kaiserin Eli-*

sabeth und ich (L'imperatrice Elisabetta e io) e *Die Heldin von Gaeta* (L'eroina di Gaeta).

Come spesso accadde nella sua vita, però, Maria Luisa ebbe poca fortuna nella gestione degli affari: in America, Branden aveva incassato la maggior parte dei guadagni; in Germania, diversi intermediari e editori la imbrogliarono, sfruttando la sua inesperienza. Sovente non ricevette neppure un vero e proprio compenso né alcuna percentuale sulle vendite, ma soltanto – tre o quattro volte l'anno – 200 marchi. E non c'era più l'imperatore a tirarla fuori dai guai, mettendo mano al suo scrigno personale. Eppure, malgrado l'età (stava per compiere ottant'anni) aveva ancora molti progetti. Scrisse un «dramma mistico» su Johann Orth, curò una nuova edizione di *Meine Vergangenheit* e, nell'autunno del 1937, la «Augsburger Zeitung» pubblicò a puntate il suo *Mein Leben mit zwei Herrscherinnen* (La mia vita con due sovrane). Tuttavia continuava a essere angustiata da preoccupazioni pecuniarie: con i suoi libri, che si vendevano piuttosto bene, avrebbe potuto condurre una vecchiaia tranquilla, ma la casa editrice Goten, che già le corrispondeva uno stipendio da fame, ritardò i pagamenti. Maria Luisa si ritrovò di nuovo senza un soldo, visto che la piccola pensione assegnatale dai Wittelsbach copriva a malapena le spese di prima necessità. Ormai ridotta in miseria, il 22 marzo 1939 si trasferì nella stanza numero 45 del convento di San Servazio dove, finché le fu possibile, passò il tempo a letto leggendo. Dopo poco più di un anno, il 4 luglio 1940, Maria Luisa nata Mendel, baronessa di Wallersee, contessa di Larisch-Moennich, Frau Brucks, Mrs Meyers, morì di vecchiaia. Venne sepolta accanto al padre nell'Ostfriedhof di Monaco. Era sopravvissuta a tutti i suoi figli, a eccezione di Otto Brucks, morto nel 1977.

Pochi giorni dopo la sua morte, l'intendenza di finanza di Augusta pubblicò la dichiarazione dei redditi di Maria Luisa per l'anno 1939: entrate provenienti da lavoro autonomo 82 Reichsmark, utili derivanti da altri proventi 885 RM, tasse da pagare 14 RM, oltre all'imposta per la chiesa di 1,12 RM. Una conclusione davvero triste per una vita che era iniziata in modo così promettente ed era stata per un certo periodo tanto brillante.

Maria Luisa sarebbe potuta rimanere una moglie rispettabile (il conte Larisch, infatti, non avrebbe mai preso l'iniziativa di chiedere il divorzio, perché era troppo conservatore e temeva lo scandalo), avrebbe potuto vivere una vita tranquilla, magari noiosa ma agiata, accanto a un consorte talora fastidioso. Ma non volle. Scelse il fascino eccitante dell'avventura.

Avrebbe deciso diversamente se avesse saputo come si sarebbe svolta – e quanto, a volte, sarebbe stata difficile – la sua esistenza? Maria Luisa non lo dice.

GLI ULTIMI ANNI

Vienna nel 1898

Dopo aver anticipato gli eventi dei decenni successivi, torniamo ora al 1898. Un anno prima, a Vienna, l'imperatore Francesco Giuseppe aveva finalmente ratificato l'elezione a borgomastro del popolare Karl Lueger, dopo che per ben tre volte l'aveva rifiutata a causa del suo antisemitismo. Il governo continuava a seguire il principio del «tirare avanti». Gustav Mahler era diventato direttore dell'opera di corte e Arthur Schnitzler scriveva le sue opere malinconiche, che riflettono lo spirito della società viennese a cavallo del XX secolo. In tutto l'impero le minoranze facevano sentire la loro voce, mentre la riforma del diritto elettorale aveva concesso il voto anche ai cittadini meno abbienti, o perlomeno a coloro che erano in grado di pagare 5 fiorini l'anno di tasse. Questa riforma portò a un rafforzamento del Partito cristiano-sociale di Lueger. Ma anche i socialdemocratici si erano organizzati e il 1° maggio attraversarono con le bandiere rosse il parco del Prater. Il 20 aprile 1896 nella capitale dell'impero erano state proiettate per la prima volta le «immagini in movimento» del «cinematografo». Nel 1898 circolavano in città venti automobili. Nemmeno l'imperatore, in genere poco favorevole alle innovazioni, si lasciò sfuggire questa nuova opportunità. Era cominciata una nuova epoca.

Gli ultimi anni dell'imperatrice Elisabetta

Nel frattempo l'imperatrice Elisabetta aveva compiuto sessant'anni. Come sua abitudine, trascorreva la maggior parte del tempo in viaggio, soprattutto nel Mediterraneo oppure ai bagni termali di Kissingen, Nauheim e Karlsbad, sempre alla ricerca di qualcosa che nemmeno lei seppe mai identificare, mentre l'imperatore, a Vienna, aspettava ormai da anni che rinunciasse una buona volta a quella vita errante e senza quiete. Ma la sua attesa fu vana, perché Elisabetta trascorse tre inverni di seguito a Cap Martin, sulla Costa Azzurra, dove Francesco Giuseppe la raggiunse per due settimane. Anche là, però, l'attendente doveva prendere servizio alle 6 del mattino: a quell'ora, infatti, l'imperatore aveva già letto una montagna di telegrammi e abbozzato le risposte. Come notò l'ambasciatore tedesco, per tutta la durata di quel breve soggiorno Francesco Giuseppe fu angosciato per lo stato di salute della moglie e per il suo nervosismo.

Nemmeno la figlia prediletta di Sissi, Maria Valeria, trovava un modo di comunicare con la madre: «Spesso non sappiamo più di che cosa parlare tra noi» annotò nel diario. E quando Elisabetta parlava, raccontava le cose più tristi: «Voleva solo uscire da questa profonda solitudine, provare interesse per qualcosa, distrarsi ... ciò avrebbe contribuito molto a farla stare meglio. Invece si concentrava solamente sui propri pensieri cupi e incontrando qualcuno parlava unicamente della propria salute». Le sue condizioni fisiche erano veramente deplorevoli: dolori alla testa e agli arti, sciatica, insonnia. Eppure non rinunciava alle sue diete ferree.

Alla Hofburg Elisabetta si fece vedere soltanto sporadicamente e per brevi periodi, sicché i viennesi, che nel frattempo si erano abituati al fatto che lei non ci fosse quasi mai, non avvertivano più la sua mancanza.

Festeggiamenti per il millenario a Budapest

L'ultima volta in cui Elisabetta comparve in missione ufficiale fu a Budapest il 2 maggio 1896, in occasione delle celebrazioni del millenario dell'Ungheria. Quasi nessuno la riconobbe. Come sempre, dopo la morte di Rodolfo, era interamente vestita di nero e, a causa della sua magrezza, mostrava tutti i suoi anni. «Una testa femminile nera, un volto nuovo, sconosciuto, molto triste, il cui sorriso produceva l'effetto di un pallido riflesso. Saluta con grazia, ma in maniera quasi meccanica» scrisse il giornale ungherese «Magyar Hirlap» il 3 maggio 1896.[1] Appena le era possibile, Elisabetta nascondeva il viso dietro il ventaglio.

L'ambasciatore tedesco, il principe Eulenburg, raccontò le proprie impressioni sui festeggiamenti, in particolare sulla messa solenne celebrata nella chiesa di San Mattia: «Su tutte le sensazioni dell'incanto di questa messa, che probabilmente non si ripeterà mai più con una bellezza e uno splendore simili, grava però la figura di una donna, celata sotto numerosi veli neri: l'imperatrice Elisabetta. Circondata dalla sontuosità variopinta e lucente di tutta la casa regnante, sul palco rialzato domina questa figura nera, completamente velata». E aggiunse, in modo poco galante: «Come una macchia d'inchiostro su di un bellissimo quadro colorato… ». Ma il grido «*Eljen*, Evviva!», ripetutamente scandito dalla folla, fu la dimostrazione di quanto Elisabetta fosse ancora amata in Ungheria. «La regina piega il capo. Il volto eburneo comincia a prendere colore. Spalanca gli occhi che scintillano dell'antico splendore. Ma quegli occhi, un tempo ridenti e seducenti, ora si riempiono di lacrime. Il feeling è ristabilito: questa terra fortunata ha saputo consolare la regina, ma solo per un istante. Lentamente il rossore della vita abbandona il suo volto e in breve la regina cede nuovamente il posto alla donna vestita a lutto: la *mater dolorosa*»[2] scrisse un testimone oculare. Gli ungheresi non avrebbero mai più rivisto la loro regina.

Alcuni mesi dopo, un'eruzione cutanea iniziò a deturpare il volto di Elisabetta, che da quel momento si ritirò ancora di più dal mondo. La tragica morte di sua sorella Sofia Carlotta a Parigi non contribuì certo a un miglioramento, anzi la precipitò in un abisso di tristezza e malinconia. Nel febbraio 1898 scrisse all'imperatore che si sentiva «come se avessi ottant'anni».[3]

E l'8 maggio 1898 Maria Valeria, dopo una visita alla madre a Nauheim, espresse nel diario tutto il proprio sconforto: «La mamma ha un bruttissimo aspetto ... Dopo tutto ciò che sento dire qui, l'inverno della mamma è stato ancora peggiore di quanto sapessimo noi ... tutto lo strazio di quella povera, sconsolata vita, ora aumentato dall'età e dagli acciacchi e tuttora senza il conforto della luce che sola potrebbe aiutare a superare tutta questa miseria...».[4] Sembrava che, insieme all'indebolimento delle forze fisiche, se ne fosse andato anche l'ultimo barlume di gioia di vivere. Questa fu l'ultima volta che vide sua madre in vita. Elisabetta stessa constatò che le cure non le erano servite a nulla: «Sono di cattivo umore e triste, e la famiglia può essere contenta di trovarsi lontana da me. Ho la sensazione che non mi riprenderò più»[5] scrisse alla fine di luglio a Maria Valeria.

Elisabetta non volle mai riconoscere che le diete folli a cui si sottoponeva e l'ossessione del peso corporeo potessero essere la causa del suo cattivo stato di salute, e per tutta la vita non riuscì a spezzare questo diabolico circolo vizioso: anche in quel periodo era sempre la bilancia a determinare i suoi scarsi pasti quotidiani. Continuava a non rendersi conto che il viso pieno di rughe, che teneva accuratamente nascosto dietro un ventaglio di pelle, era innanzitutto il risultato delle sue diete spartane.

Ginevra

Da Nauheim Sissi partì per la Svizzera. Amava la città di Ginevra e il suo lago, perché le ricordava il mare. Quel settembre sperò che il sole, il caldo e il clima mite della zona le giovassero. A Caux, vicino a Montreux, dove aveva alloggiato già altre volte, pensava di sottoporsi a una cura di quattro settimane. Il 9 settembre, insieme alla sua dama di compagnia, la contessa Irma Sztáray, andò a Pregny per fare visita alla baronessa Rothschild (per ricompensare con l'onore della sua amicizia la ricca famiglia che sovvenzionava generosamente sua sorella Maria Sofia). È facile immaginare quanto la baronessa si sentisse onorata dalla visita dell'imperatrice. La tavola era decorata copiosamente con orchidee, le portate furono servite su piatti di porcellana di Meissen, mentre da una stanza laterale giungeva il suono di una musica sommessa. Eccezionalmente, Elisabetta provò un piacere talmente intenso nell'assaporare le pietanze che ne segnò qualcuna sul menu, incaricando la contessa Sztáray di spedirlo all'imperatore. Dopo mangiato si fece condurre nel parco, ammirò gli acquari, le voliere e le serre in cui venivano coltivati i fiori più rari. Dopo un soggiorno di tre ore a Pregny, l'imperatrice e la dama di compagnia proseguirono per Ginevra, dove Elisabetta si sistemò in una suite dell'albergo Beau Rivage. Come tante altre volte, viaggiò sotto lo pseudonimo di contessa di Hohenems, scelto da tempo perché per una contessa non era prevista la «grande sfilata», cioè tutte le celebrazioni inevitabili per il ricevimento di un'imperatrice, così come non c'era nemmeno bisogno che l'albergo esponesse la bandiera austroungarica. Nei luoghi dove era conosciuta veniva rispettato il suo desiderio di passare inosservata. L'albergatore non pensava che un'indiscrezione avesse fatto trapelare a un giornale la notizia che l'imperatrice d'Austria si trovava a Ginevra. E proprio questa notizia decise il destino di Sissi. L'assassino aveva trovato la sua vittima.

Elisabetta si recò nella sua pasticceria preferita, mangiò di gusto una porzione di gelato, poi acquistò giocattoli per i nipoti e, da un antiquario, un tavolo intarsiato per Maria Valeria. Quando tornarono in albergo era già buio e la contessa Sztáray non riuscì a reprimere una sensazione di angoscia. Due donne da sole per le vie deserte di quella città, nota per essere il punto di ritrovo di anarchici e gentaglia d'ogni risma. Ma l'imperatrice la prese in giro. Lei non aveva paura. Non aveva mai voluto guardie del corpo e la corte imperiale non aveva insistito. Chi mai avrebbe voluto fare del male a un'anziana signora, completamente indifferente alla politica?

Il giorno dopo Elisabetta rimandò in treno a Caux il suo seguito che, pur essendo ridotto, era composto da dodici persone. Lei stessa aveva intenzione di prendere nel primo pomeriggio il battello per Territet, da dove avrebbe raggiunto Caux in cremagliera. Le due signore andarono quindi in città, e in un negozio Elisabetta si fece mostrare un organetto che eseguiva melodie da opere di Bizet, Wagner e Verdi. Aveva intenzione di comprarlo per Maria Valeria. Sebbene il proprietario non sapesse assolutamente chi fosse, la pregò tuttavia di scrivere il proprio nome in un registro. L'imperatrice firmò scrivendo «regina Elisabetta», ma in ungherese, rassicurando la sua dama di compagnia che comunque nessuno avrebbe capito. Dopodiché le due donne tornarono in albergo per riposarsi un po'. C'era piuttosto caldo e, come d'abitudine, a pranzo l'imperatrice bevve unicamente un bicchiere di latte tiepido. Faceva le cose con molta calma, tanto che la contessa Sztáray si premurò di ricordarle in modo discreto che bisognava affrettarsi per raggiungere il battello. Nessuno avrebbe mai potuto immaginare che l'assassino l'aveva seguita per tutto il giorno, senza aver avuto l'occasione di colpire.

Luigi Lucheni

Luigi Lucheni aveva allora venticinque anni. Nato a Parma, era cresciuto in un orfanotrofio. Non sapeva cosa fosse una famiglia, perché la gente che più tardi lo accolse lo fece soltanto per i soldi ricevuti in cambio della tutela. Appena imparò a leggere e scrivere, dovette guadagnarsi da vivere. Faceva il manovale, il lavoro era duro, il salario scarso, e neppure in Svizzera e in Francia, dove era emigrato, gli andò molto meglio. Il periodo più bello della sua vita l'aveva trascorso a Caserta e a Napoli durante il servizio militare, perché mangiava tutti i giorni, dormiva in camerate riscaldate e non doveva preoccuparsi del vestiario. Sebbene considerasse l'esercito soltanto come uno degli strumenti della classe dominante, adempì tuttavia così bene il suo servizio che, quando fu congedato, il comandante del suo reggimento, il principe Raniero d'Aragona, lo assunse al suo servizio. Conobbe allora un tipo di vita che non aveva mai immaginato: il lusso dei ricchi e la loro esistenza dispendiosa ai danni dei poveri, che spesso non avevano nemmeno i mezzi necessari per sopravvivere. Non erano quindi nient'altro che sanguisughe e parassiti che sfruttavano i lavoratori. Anche se al servizio del principe d'Aragona Lucheni conduceva una vita migliore di quella che aveva condotto fino ad allora, non riuscì a restarci a lungo. Ribolliva d'odio nei confronti della nobiltà e dei ricchi in generale. Ai suoi occhi, soltanto l'anarchia sembrava rappresentare la strada per la liberazione di tutti.

Per rafforzare le proprie convinzioni e per richiamare l'attenzione dell'opinione pubblica mondiale sulle insostenibili condizioni sociali della classe lavoratrice, Lucheni decise di compiere un gesto spettacolare. Avrebbe voluto colpire il principe Enrico d'Orléans, ma questi aveva cambiato programma e non era più andato a Ginevra. L'arrivo dell'imperatrice d'Austria, di cui era venuto a conoscenza, sembrò rappresentare un accettabile ripiego. La sua morte avrebbe sollevato almeno altrettanto scalpore di quella del duca, offrendo all'anarchico un pubblico a cui esporre le proprie idee. Con lungimiranza, già alcuni giorni prima Lucheni si era procurato presso un rivenditore l'arma mortale, una lima triangolare che completò con un manico di legno e che affilò con cura.

Tutto era pronto, dunque, quando l'imperatrice e la sua dama di compagnia si avviarono di buon passo lungo il Quai de Montblanc verso il molo del battello che era in partenza.

La contessa Sztáray raccontò nelle sue memorie ciò che successe allora: «In quell'istante scorgo a una certa distanza un uomo che, come fosse inseguito da qualcuno, sbuca dal bordo della via da dietro un albero e corre a quello successivo, guizzando a zig zag sul marciapiedi, e si avvicina a noi. Ci mancherebbe anche che ci facesse perdere tempo pure quello! penso senza volerlo, seguendolo con lo sguardo quando comincia a correre diagonalmente verso di noi. Senza volerlo faccio un passo in avanti, cosicché mi frappongo fra lui e l'imperatrice, ma l'uomo finge di inciampare, si spinge in avanti e nello stesso attimo si avventa col pugno contro l'imperatrice. Come se l'avesse colpita un fulmine, l'imperatrice cadde all'indietro senza una parola, e io, incapace di agire, mi piegai su di lei emettendo solo un grido disperato. L'imperatrice aprì gli occhi e si guardò intorno. I suoi sguardi rivelarono che era pienamente cosciente, quindi, sostenuta da me, si sollevò lentamente da terra. Poiché la gioia la vinse sullo spavento, le chiesi con voce strozzata:

«"Come Vi sentite, Maestà? Non Vi è successo nulla?"

«"No" rispose lei sorridendo, "non mi è successo nulla."

«"Dite, cosa voleva in realtà quell'uomo?" chiese poi per strada.

«"Non lo so, maestà. Ma è certamente un delinquente malvagio."

«"Forse mi voleva portare via l'orologio?" disse dopo un poco.

«Mentre io rispondevo e la guardavo, notai che i suoi tratti si alteravano per il dolore.

«"Credo che mi faccia un poco male il petto" disse lei. "Ma non ne sono sicura."

«Raggiungemmo il porto. Sul ponte della nave camminò ancora con passo lieve davanti a me, ma appena entrata sotto coperta, ebbe improvvisamente un capogiro.

«"Adesso il suo braccio" balbettò con voce soffocata.

«Con l'aiuto di due signori la portammo dunque in coperta e la sdraiammo su una panca.

«"Ma adesso cosa mi è successo?" furono le sue ultime parole, poi si accasciò priva di conoscenza. Sapevo che era vicina alla morte. L'imperatrice portava un piccolo figaro di seta nero che, per offrirle anche questo poco di sollievo, le volevo aprire sul petto. Allorché allentai i lacci, notai sulla camicia di batista, nelle vicinanze del cuore, una macchia scura, della grandezza di un fiorino d'argento. Cos'era mai? Nell'attimo successivo ebbi davanti agli occhi l'agghiacciante verità. Scostando di lato la camicia scoprii nella zona del cuore una piccola ferita triangolare, incrostata da una goccia di sangue rappreso. Lucheni aveva pugnalato l'imperatrice.»[6]

Quando il capitano del battello fu informato dalla contessa Sztáray dell'identità della moribonda, tornò subito a riva. Su una barella improvvisata Elisabetta fu riportata all'albergo Beau Rivage. Due medici si occuparono di lei, ma ogni tentativo di salvarla fu vano. Alle 14.40 ne fu annunciato il decesso. L'imperatrice era morta rapidamente e in modo indolore.

«Sua Maestà l'imperatrice è stata ferita gravemente. Prego di comunicare la notizia a Sua Maestà l'imperatore con delicatezza» aveva telegrafato, poco prima delle tre, la contessa Sztáray al conte Paar, l'aiutante di campo generale di Francesco Giuseppe a Vienna. Poco tempo dopo seguì un secondo telegramma: «Sua Maestà l'imperatrice si è spenta».

Francesco Giuseppe rimase per alcuni minuti in silenzio alla sua scrivania. «Lei non sa quanto ho amato questa donna»[7] avrebbe poi detto al conte Paar. Sembra che proprio in quel momento abbia anche pronunciato la famosa frase: «Non mi viene proprio risparmiato nulla».

È probabile che l'imperatore fosse un uomo semplice, senza alcuna propensione a spiccare il volo verso le alte sfere in cui spesso si muoveva Elisabetta. Il suo mondo era la scrivania, il suo impegno più importante il disbrigo delle pratiche. Non amava le lunghe spiegazioni, preferiva leggere tutto nero su bianco e teneva in gran considerazione una calligrafia curata. Per tutta la vita si alzò alle 4 del mattino, lavorando con brevi intervalli fino alle 9 di sera. Anche alla cena, che consumava solitamente in famiglia, dedicava poco tempo. Le sue uniche distrazioni erano le parate e le manovre militari, e le poche ore passate in casa della signora Schratt o a teatro, dove preferiva opere leggere. Francesco Giuseppe era un uomo senza la minima inclinazione per l'arte, eppure riveriva sua moglie in modo commovente. Quando l'aveva conosciuta, lei aveva quindici anni, lui ventitré. Ora ne aveva sessantotto, e in quei quarantacinque anni le aveva sempre riservato il primo posto nella sua vita sentimentale. Anche nell'ultima lettera che le aveva spedito – e che Elisabetta non ricevette mai –, l'imperatore annotava come fosse felice che lei avesse nostalgia dell'Hermesvilla, la casa che le aveva fatto costruire nel bosco e che, nonostante tutto, non era riuscita a trattenerla a Vienna. Come sua abitudine, aveva indirizzato la lettera in ungherese «Alla mia dolce, amata anima» e l'aveva conclusa con le parole: «Addio, angelo amato» (non era un'espressione formale, lo pensava davvero). Ora lei stava tornando da lui, non però a casa, a Schönbrunn o all'Hermesvilla, ma nella Cripta dei Cappuccini, morta. Francesco Giuseppe avrebbe certamente dato chissà cosa perché fosse ancora viva, anche se avesse viaggiato tutto l'anno.

La signora Schratt, che aveva saputo della morte dell'imperatrice mentre si trovava nella provincia di Salisburgo, tornò a Vienna il più in fretta possibile, giungendovi la mattina dell'11 settembre. Informato del suo arrivo, l'imperatore, malgrado le preoccupazioni, trovò il tempo di mandarle alcune righe: «Carissima amica, è bello da parte Sua che sia venuta. Con chi meglio che con Lei potrei parlare della persona che è trapassata? L'aspetto dalle 11 in poi e, per favore, non entri dal giardino ma dalla mia camera. Arrivederci! Suo Francesco Giuseppe».[8]

Quando giunse da Ginevra la richiesta ufficiale per l'autopsia del cadavere, l'imperatore rispose di agire secondo la procedura vigente in Svizzera. Grazie alla perizia necroscopica, i medici rilevarono che Lucheni aveva centrato il cuore dell'imperatrice con una precisione quasi incredibile: «L'arma letale triangolare è penetrata violentemente nel torace, fratturando una costola e perforando completamente il ventricolo cardiaco sinistro ... La morte è stata senza dubbio causata dal lento e progressivo effluire di una tale quantità di sangue da comprimere il cuore e comprometterne la funzionalità» diceva il referto. La sottigliezza dell'attrezzo usato e la ridottissima ampiezza della ferita da esso prodotta spiegano perché l'imperatrice riuscì ancora a muoversi autonomamente e a rimanere in vita per un periodo piuttosto lungo. Hans Bankl fornisce a questo proposito la spiegazione medica: «In chirurgia, fra gli eventi drammatici nei casi di emergenza vi è il trattamento di una ferita al cuore. Se, per esempio, il muscolo cardiaco viene trafitto con un pugnale, a ogni battito del cuore dalla ferita sprizza sangue che riempie a poco a poco il pericardio. Il tempo che può trascorrere tra il ferimento e l'arresto cardiaco può variare e nel caso di una semplice ferita da taglio è di circa 20-30 minuti. In questo lasso di tempo un chirurgo dovrebbe riuscire a suturare la ferita. Se la perdita di sangue non è eccessiva, la circolazione sanguigna riprende nuovamente e il ferito è fuori pericolo. La prima operazione di questo tipo venne effettuata dal dott. Ludwig Rehn, un chirurgo di Francoforte sul Meno, il 9 settembre 1896. ... Anche l'imperatrice Elisabetta morì per una ferita da taglio che causò un progressivo versamento emorragico nel pericardio. Il tempo trascorso fra l'attentato e la morte fu di circa 20 minuti. Non avvertì alcun dolore intenso, bensì un crescente indebolimento e finì col perdere conoscenza».[9] Questo significa che già allora si sarebbe potuto salvarle la vita, se fosse stata curata in tempo da mani esperte.

«Vorrei scomparire da questo mondo come l'uccello che vola in cielo e svanisce nell'etere» disse una volta Elisabetta alla contessa Sztáray, e in occasione della morte della madre l'arciduchessa Maria Valeria annotò nel diario: «Poi è successo tutto come ha sempre desiderato, rapidamente, senza dolore, senza consulti medici, senza lunghi, angosciosi giorni di preoccupazione per i Suoi».[10] A proposito dell'incontro con il padre, poco dopo la comunicazione della morte di Elisabetta, Maria Valeria scrisse che lui certamente aveva pianto ma che «poco dopo [era] di nuovo calmo, come allora, alla morte di Rodolfo».[11]

La salma dell'imperatrice fu imbalsamata e sistemata nella bara che era stata inviata da Vienna con un treno imperiale. Ecco come la descrisse Frederic Barker, un suo ammiratore inglese: «Sembra una donna di trent'anni. Bianca come il marmo appare la pelle levigata dalla morte, un leggero rossore affiora sulle labbra, così raffinate e delicate come erano state in vita. Alla sua vista dovetti pensare alla statua di Saffo, che Sua Maestà conservava a Lainz e che amava tanto».[12] Se non ha esagerato, la morte e l'arte dell'imbalsamazione avevano restituito all'imperatrice ciò a cui teneva di più: la bellezza giovanile.

L'arresto di Lucheni

Subito dopo l'attentato, Lucheni era stato fermato dai passanti e poi arrestato. Non era affatto pentito, anzi si vantò del suo gesto, che aveva compiuto senza l'aiuto di complici. Per lui, anche l'imperatrice d'Austria faceva parte di quella classe che doveva essere annientata, perché «solo chi lavora ha il diritto di mangiare». All'assassino venne mostrata la lima, che era stata trovata nell'ingresso di un portone dove lui l'aveva gettata. «È vero, ho colpito l'imperatrice con questa lima» dichiarò. «Ho scelto questo strumento perché è l'arma più affidabile e infallibile. L'ho preparata a questo scopo. Se tutti gli anarchici facessero il loro dovere, come io ho fatto il mio, la società borghese sarebbe già scomparsa.»

Il 14 settembre Lucheni scrisse alla principessa d'Aragona: «Con queste righe confesso di essere indegno di scriver-

Le ancora. Lo faccio comunque, perché devo combattere le cattiverie infami che la gente della Sua classe commette nei confronti dei propri simili ... In quanto comunista autentico non riesco a sopportare oltre l'umiliazione di quest'ingiustizia. E in quanto filantropo autentico Le comunico che l'ora in cui un nuovo sole illuminerà tutti senza distinzioni non è più lontana ... Signora Principessa, Le assicuro con tutto il cuore che mai nella mia vita sono stato così contento come lo sono ora, e Le dico apertamente che, se sarà possibile giudicarmi secondo le leggi del cantone di Lucerna, come ho richiesto di fare, salirò saltando i gradini dell'amata ghigliottina senza bisogno che qualcuno mi spinga...».[13]

«L'imperatrice giace in una camera d'angolo dell'albergo Beau Rivage alla quale si accede attraverso un'anticamera e che ha le pareti e il soffitto coperti di tessuto nero ... In mezzo alla stanza s'innalza il catafalco nero su cui è posata la bara» scrisse la «Neue Zürcher Zeitung» nell'edizione serale.

Il ritorno dell'imperatrice defunta e la sua sepoltura nella Cripta dei Cappuccini

Già in albergo la defunta ricevette la benedizione del vescovo di Friburgo, dopodiché venne portata alla stazione con tutte le cerimonie ufficiali. «La bara è stata posta su una "carrozza funebre di corte", che la casa imperiale aveva preso a noleggio dalla "Prima società delle carrozze funebri delle ferrovie". La carrozza, del peso di 9 tonnellate e laccata in nero e verde, aveva due scompartimenti: uno più spazioso per la salma e uno più piccolo per le persone del seguito. Le pareti e il soffitto erano rivestiti con tende in nero e verde, i finestrini chiusi da altre tende di seta nera e il pavimento ricoperto da tappeti neri con decorazioni bianche. Al centro dello scompartimento più spazioso c'era il catafalco. La bara era stata fabbricata dalle botteghe della Hofburg: montata su sei piedi d'oro, aveva un rivestimento di velluto nero e al centro del panno che la ricopriva splendeva una grande croce intessuta in oro vero» così il «Generalanzeiger der Haupt- und Residenzstadt München» del 15 settembre 1898 descrisse la carrozza dell'imperatrice defunta. Il treno speciale che la trasportava procedette molto lentamente. In ogni stazione si era radunato un gran numero di persone, l'esercito faceva ala al passaggio della carrozza e le campane suonavano a lutto. A Buchs, presso il confine, l'attendeva la coppia reale rumena, in quel periodo in cura a Bad Ragaz, per deporre sulla bara due corone di fiori. «A Innsbruck erano in attesa migliaia di persone per dare l'ultimo saluto all'amata imperatrice» rese noto lo stesso giorno la «Neue Freie Presse». «Le donne s'inginocchiarono in preghiera, gli uomini salutarono, la guardia d'onore fece per l'ultima volta il saluto militare ... Accompagnato dal solenne suono delle campane, il treno partì dalla città.» Venerdì 16 settembre, alle 10 di sera, il convoglio giunse finalmente alla Westbahnhof di Vienna. «Una folla composta si assiepò lungo Ringstraße fin dal primo pomeriggio. La maggior parte delle persone si accalcò in Mariahilferstraße, dove il corteo funebre doveva passare per accedere al castello. Dai tetti sventolavano gigantesche bandiere nere e i balconi, i portoni dei negozi, le lanterne erano rivestiti di drappi neri in segno di lutto. Nelle vetrine erano esposti i busti dell'imperatrice, circondati da splendide decorazioni funerarie ... All'imbrunire una folla che proveniva da tutte le direzioni invase la strada, bloccando a tratti il traffico. Alle 18.30 la strada fu illuminata da un'ondata di luce perché vennero accese le torce a gas ... I piccoli *déhors* dei caffè e dei ristoranti erano strapieni, la gente stava seduta gomito a gomito per poter lanciare uno sguardo sul corteo funebre ... Alle 19.30 si avvicinarono numerose guardie a piedi e a cavallo, che si disposero ai due lati della strada. Alle 20 comparvero le truppe che si schierarono lungo la via...»

Intanto, in Mariahilferstraße la massa si era quintuplicata. Gli unici che riuscirono a farsi strada tra la folla furono i camerieri delle diverse trattorie, che facevano la spola per consegnare a pagamento bicchieri di bevande fresche.

I viennesi hanno sempre avuto una macabra predilezione per i «bei funerali». Pare che esistano addirittura persone che partecipano alle esequie di un defunto che conoscevano appena. Un'ulteriore testimonianza di questa loro particolarità è il «Bestattungsmuseum» (Museo del funerale) in Goldegg-Gasse, a Vienna, dove viene ripercorsa la storia della cultura funeraria. Quel giorno si svolgeva il preludio di esequie straordinarie, in cui si stava per far sfoggio dell'antico cerimoniale di corte spagnolo, a dispetto del fatto che proprio Sissi avesse sempre odiato l'etichetta. Era un'occasione da non perdere, anche se durante una lunga attesa bisogna spesso sopportare la fame e la sete. «Le vetture dei membri della corte, delle alte cariche dello Stato e del corpo degli ufficiali procedevano incolonnate. Seguivano le carrozze a un tiro della servitù di corte e poi la guardia degli arcieri a cavallo ... Anche la stazione era addobbata a lutto ... Alle 21 tutte le persone designate a ricevere la salma si erano radunate alla stazione ... Otto paggi nel costume nero della tradizione spagnola si erano raccolti in gruppo. Si vedevano gli otto lacchè destinati a portare a spalle la bara. Nel frattempo erano giunti centinaia di ufficiali, un cospicuo numero di generali, il clero, il sindaco e l'intera corte.»

Il treno funebre entrò lentamente in stazione tra due file di ferrovieri e bigliettai che, con le torce accese, fecero ala fino al ponte di Schönbrunn. «Quando dai campanili si sentono scoccare le 22, un'ondata di profonda commozione attraversa la folla radunata là fuori. Il treno con l'imperatrice defunta entra in stazione. Il capitano della guardia d'onore ordina il rullo di tamburo cadenzato. Neanche uno sguardo si distoglie dal cupo convoglio, dai cui finestrini non trapela un filo di luce. Il sacerdote del castello sale nella carrozza funebre per benedire la salma. Dalle altre carrozze scendono le personalità che hanno formato il seguito dell'imperatrice defunta. Poi la bara viene spinta lentamente all'esterno e otto servitori la alzano portandola a spalle, sembra quasi sospesa in aria ed è visibile da lontano. In prima fila marcia la guardia del corpo, seguono i paggi con le candele accese e il sacerdote della Hofburg. Dietro la bara il ciambellano accompagna le dame, avvolte interamente nei veli funebri; seguono tutti gli altri partecipanti alla cerimonia, disposti secondo il rango e la posizione sociale.

«Nel frattempo, davanti alla stazione è arrivata la carrozza funebre, destinata ad accogliere esclusivamente imperatori e imperatrici, nera e ornata di legni splendidamente intagliati: sul tettuccio è posata la corona imperiale, mentre sui fianchi due aquile bicipiti tengono nei becchi nastri e nappe. A cassetta è seduto il cocchiere, con tricorno e parrucca bianca. La carrozza è tirata da otto morelli. La bara viene portata all'esterno e sollevata all'altezza della carrozza funebre con un argano ... La pazienza della folla in attesa viene messa a dura prova, ma la gente rimane tranquilla e silenziosa. Solo verso le 22.45 il convoglio si avvicina. Le truppe si schierano per porgere il saluto d'onore ... Quando da lontano compare l'alto carro funebre, un moto di commozione attraversa la folla. Tutti rimangono a capo scoperto. Gli ufficiali della guardia del corpo a cavallo, disposti su tre file, si affiancano alla carrozza. Si scorgono dapprima gli otto cavalli neri, coperti di gualdrappe nere e con piume nere penzolanti sulle teste, poi si distingue la sagoma della bara dell'imperatrice, avvolta in una coperta di velluto nero e posata sotto il baldacchino coronato della carrozza. Come una visione notturna, questo cupo corteo funebre passa e in silenzio: non si sente nemmeno lo scalpiccio dei cavalli sulla strada, precedentemente cosparsa di sabbia ... sono circa le 23 quando la salma dell'imperatrice viene portata nel castello dove la stanno aspettando l'imperatore e i parenti.»

L'arciduchessa Maria Valeria scrisse nel diario: «Attendemmo in angoscia nelle stanze di Radetzky, fino a quando il maestro di cerimonie verso le 23 annunciò l'avvicinarsi del corteo. Allora scendemmo per aspettare ai piedi della scala con le colonne. Io dovetti appoggiarmi a Gisella e quasi per la prima volta proruppi in alti singhiozzi. Ed ecco che arrivò una carrozza dopo l'altra, le ex dame di Corte [e] quelle che venivano da Ginevra. Singhiozzando stavo fra le braccia di Irma Sztáray, che l'avevano abbracciata per l'ultima volta! ...

«Con grande contegno papà seguì il feretro fino alla cappella del palazzo. Noi lo seguimmo. Là finalmente potemmo lasciarci cadere sulle ginocchia. Preghiere, breve benedizione. Poi papà si alzò, si inginocchiò al capo della bara chiusa e la baciò. Noi lo seguimmo. Oh madre, sapevi in questo momento che tua figlia ti amava di un amore che certo non ha mai sentito prima?»[14]

Gli interminabili litigi e le gelosie tra le diverse nazionalità non si fermarono però nemmeno di fronte alla morte. Il fatto che fosse esposto un unico stemma, con un'iscrizione che recitava: «Elisabetta, imperatrice d'Austria», scatenò immediatamente l'ira degli ungheresi, i quali rivendicarono che era stata anche regina d'Ungheria. E i cechi non vollero essere da meno, dato che Elisabetta era stata pure regina di Boemia.

«Vienna si è svegliata presto oggi. Chi ha gettato uno sguardo sulle strade alle 5 di mattina ha potuto osservare già un intenso traffico e, a partire dalle 6, i cortei che si erano formati in tutti i quartieri avevano un'unica meta: il castello» esordì la «Neue Freie Presse» nella cronaca del giorno dei funerali dell'imperatrice Elisabetta.

«La maggior parte di coloro che affluiscono al castello sono donne. Con una costanza e un'energia ammirevoli occupano il loro posto tra la folla, non si spostano di un millimetro, e la ressa, temuta ed evitata soprattutto dagli uomini, alle donne non sembra far paura.»

Nel frattempo erano giunti a Vienna molti ospiti illustri per rendere l'ultimo saluto all'imperatrice, con la quale parecchi di loro erano imparentati: il principe reggente Luigi di Baviera, il re e la regina di Romania, e il granduca russo Alessio, solo per citarne alcuni. I cronisti descrissero puntualmente chi era accorso alla stazione per ricevere gli aristocratici, e che tipo di divisa indossava questo o quel granduca. I responsabili del protocollo avevano compiuto un capolavoro di diplomazia, facendo attenzione che il rango del comitato di ricevimento fosse adeguato all'importanza del sovrano in arrivo. Così il granduca Alessio venne accolto dal successore al trono, l'arciduca Francesco Ferdinando, che per ragioni di cortesia in questa occasione aveva scelto di indossare la divisa del 26° reggimento russo dei dragoni su cui aveva appuntato la gran croce dell'ordine di Sant'Andrea. L'imperatore ricevette nella Hofburg i rappresentanti delle corti straniere, che fecero le loro condoglianze. «Alle 23 l'afflusso al castello aveva già assunto dimensioni enormi e, in particolare in Albrechtsrampe, occupata da migliaia di persone, si era creata una ressa estremamente pericolosa.» E il cronista non mancò di annotare che le persone previdenti «si erano fornite di provviste, suscitando l'invidia di coloro che non erano stati così accorti da fare altrettanto».

In Josefsplatz si era fermata un'ambulanza del corpo dei volontari, prevedendo che ce ne sarebbe stato bisogno. Per l'una era atteso l'ospite più illustre, che sarebbe stato ricevuto dall'imperatore Francesco Giuseppe in persona: il kaiser tedesco, che per l'occasione indossava la divisa dei generali austriaci.

Sulla piazza del Neuer Markt, teatro dell'ultimo atto, la «Neue Freie Presse», con lungimiranza, aveva affittato una camera dell'albergo Krantz, dalle cui finestre il cronista era in grado di abbracciare con lo sguardo l'intera scena. Il giornale sapeva cosa doveva offrire ai propri lettori. La piazza della chiesa dei Cappuccini era stata chiusa alle 2, eppure davanti ai due alberghi si erano accalcati quegli spettatori che erano riusciti per tempo ad accaparrarsi un posto. «Le finestre e i balconi di tutte le case erano gremiti di gente. Dopo le 2 giunsero diversi battaglioni di fanteria, che formarono un grande quadrato davanti alla chiesa, al cui centro si raccolsero i generali e gli ufficiali di tutte le armi. I generali erano in alta uniforme e se ne videro circa venti della cavalleria nelle loro splendide divise bianche e rosse. Nello stesso luogo arrivarono anche numerosi membri della delegazione ungherese, tutti con l'uniforme di gala nera. Davanti a loro si distinguevano nettamente le divise azzurre, rosse, gialle, ricche di nastri decorativi degli ussari e dei fanti dei magnati d'Ungheria ... I cavalieri dell'ordine di Malta indossavano sopra le uniformi rosse i lunghi mantelli di velluto nero con la croce bianca. I cavalieri tedeschi fecero la loro comparsa in divisa bianca con la croce nera sul petto. Molti degli ufficiali in pensione indossavano ancora le antiche divise bianche, ormai da tempo fuori ordinanza ... All'interno dell'ala formata da ufficiali, generali e cavalieri, passarono i francescani, a capo scoperto e avvolti nei loro sai marroni cinti dai cordoni bianchi, e i domenicani, che avevano abbassato il cappuccio del mantello nero per coprire il viso. I due cortei, preceduti dai crocifissi, si avviarono verso la chiesa dei Cappuccini» raccontò il giornalista dalla sua postazione privilegiata.

Nel frattempo la piazza antistante il castello era stata completamente chiusa al pubblico, poiché alle 15.30 partiva il corteo degli ospiti verso la chiesa, alla testa del quale c'erano Francesco Giuseppe e Guglielmo II.

«Un doloroso silenzio riempie la chiesa» così inizia il resoconto del cronista. «Pochi minuti dopo le 16, il conte Hunyady esce dalla porta sulla destra dell'altare. È il segnale che gli ospiti stanno per fare il loro ingresso in chiesa. Subito dopo, infatti, s'intravede la figura snella dell'imperatore tedesco, accanto al quale compare Francesco Giuseppe. Lo seguono i sovrani dei vari paesi accorsi per manifestare la propria solidarietà al nobile alleato nel momento della disperazione...» Venivano poi le figlie dell'imperatrice, la principessa Gisella e l'arciduchessa Maria Valeria, e gli altri parenti.

La disposizione degli ospiti seguì esattamente le prescrizioni del protocollo. In prima fila, sull'inginocchiatoio a lui riservato, prese posto Francesco Giuseppe; a poca distanza da lui si sistemarono il kaiser tedesco e gli altri sovrani. Dietro l'imperatore si inginocchiarono le nobildonne della casa imperiale. Dall'esterno risuonarono ordini secchi, seguiti da un rullio di tamburi. Sul portale della chiesa comparve il direttore del cerimoniale, dietro il quale camminavano otto paggi con le candele accese mentre le guardie al fondo del corteo issavano la bara sul catafalco collocato davanti all'altare. Un prete pronunciò la formula della benedizione, i coristi intonarono il *Libera nos a malo*. A questo punto il ciambellano si avvicinò all'imperatore e gli annunciò che stava per iniziare l'ultimo atto, il più difficile. I portatori alzarono la bara e l'imperatore la scortò con i generi e i parenti stretti di sesso maschile sino alla porta della Cripta dei Cappuccini. Seguendo l'antico rituale, il cerimoniere bussò alla porta chiusa. «Chi desidera entrare?» domandò il padre guardiano. Il maestro rispose elencando le quaranta designazioni del «grande titolo» di Elisabetta, da imperatrice d'Austria fino a regina di Gerusalemme e a sovrana di Trieste. Il cappuccino rispose che non conosceva questi titoli. Solo dopo che il maestro ebbe bussato per la terza volta, rispondendo ora con l'umile confessione: «Elisabetta, persona mortale, peccatrice», la porta venne aperta facendo largo alla bara, che fu deposta nella cripta accanto al feretro del figlio Rodolfo. Era la centoventisettesima bara a essere tumulata nella Cripta dei Cappuccini. Nello stesso ordine con cui erano entrati, gli ospiti lasciarono la chiesa, preceduti dall'imperatore Francesco Giuseppe accanto al kaiser Guglielmo II, al quale sulla porta cedette il passo.

Al termine della cerimonia, la folla si disperse. Ai giornalisti rimase l'obbligo di riportare gli avvenimenti di cronaca spicciola: «Non meno di novantadue casi, perlopiù di svenimenti di donne, insolazioni, crisi epilettiche ecc... Molte donne si sentirono male. Una vecchia arrivò con una caraffa d'acqua e un bicchiere. Centinaia di coloro che aspettavano avevano sete e la vecchia ne trasse un grosso guadagno ... In un attimo tutti i caffè sul Ring e il padiglione nel parco comunale furono occupati fino all'ultimo posto. Una folla impressionante lottava per una sorsata rinfrescante».

Dopo i funerali, l'imperatore fece pubblicare il seguente manifesto:

«Ai Miei popoli! La più terribile e crudele delle sciagure ha colpito Me e la Mia casa. Non c'è più Mia moglie, gioiello del Mio trono, compagna fedele che nelle ore più dure della Mia vita Mi è stata di consolazione e d'appoggio; con la sua persona ho perduto più di quanto potrò mai esprimere. Un destino terribile l'ha strappata a Me e ai Miei popoli. La mano di un assassino, strumento del fanatismo più abietto che mira alla distruzione dell'ordine sociale esistente, si è sollevata contro la più nobile delle dame, colpendo nel suo odio cieco e senza scopo un cuore che non ha mai conosciuto l'odio e che ha battuto esclusivamente per il bene. Accettando umilmente la disposizione divina, che Mi ha caricato di un fardello sì duro e incomprensibile, devo ringraziare il destino per il grande bene che Mi è rimasto: per l'amore e la fedeltà di milioni di persone, che nell'ora della sofferenza circondano Me e i Miei. Dal più profondo del Mio cuore addolorato ringrazio tutti per questo nuovo segno di partecipazione devota ... L'unione del nostro dolore crea un nuovo stretto legame tra il trono e la patria. Dall'amore immutabile dei Miei popoli traggo non soltanto il rafforzato sentimento dell'obbligo di rimanere nell'incarico a Me affidato, ma anche la speranza di riuscire a adempierlo ... Prego l'Onnipotente affinché benedica e illumini i Miei popoli sulla via dell'amore e della concordia, lungo la quale possano prosperare e trovare la felicità.

«Schönbrunn, addì 16 settembre 1898. Francesco Giuseppe».

Sebbene tanti curiosi si fossero riversati nelle strade per intravedere la carrozza funebre con la bara di Elisabetta, il dolore generale fu piuttosto contenuto. Troppo estranea era diventata alla popolazione la donna che pure era stata imperatrice per quasi mezzo secolo. Si era preoccupata poco dei suoi sudditi, tra cui erano tante le persone che vivevano nella miseria più nera, e non aveva fatto niente per appianare i contrasti tra le diverse nazioni. La compassione della gente si rivolgeva innanzitutto all'imperatore, che aveva subìto un altro duro colpo dal destino.

Condanna e morte di Lucheni

Il 10 settembre 1898 i giurati giudicarono all'unanimità Luigi Lucheni colpevole di aver assassinato premeditatamente l'imperatrice d'Austria.

Poiché a Ginevra non era più in vigore la pena di morte, il verdetto lo condannò all'ergastolo, mentre venne respinta la richiesta di estradizione fatta dalle autorità austriache.

Al momento della sentenza Lucheni si alzò in piedi ed esclamò: «Viva l'anarchia! A morte l'aristocrazia!». Poi si lasciò portare via senza opporre resistenza. Il mondo accolse la notizia della condanna con soddisfazione. La maggior parte della gente infatti esecrava l'immotivato assassinio di una donna di una certa età. «Luigi Lucheni! Con l'omicidio della bella, coraggiosa e nobile imperatrice Elisabetta d'Austria Lei ha dato dimostrazione di inaudita viltà ... esponendo il suo movimento anarchico al disprezzo e allo spregio del mondo intero ... Per persone come Lei bisognerebbe reintrodurre la tortura. Lei ha insudiciato la terra svizzera» così scrisse un operaio, «amante della giustizia, ma non è l'unico a protestare energicamente contro gli assassini anarchici».[15]

Subito dopo l'attentato, a Trieste si erano verificati episodi di violenza contro i connazionali di Lucheni e a Vienna erano cominciate delle persecuzioni ai danni dei lavoratori italiani. Per il popolo austriaco, evidentemente ogni italiano era un anarchico e la Svizzera, che concedeva asilo a gente di quel genere, era caduta in discredito.

Nei circoli anarchici, invece, Lucheni fu celebrato come un eroe. In carcere gli giunsero numerose congratulazioni e lettere di approvazione.

«Tra pochi giorni tu, nobile vittima della lotta per la liberazione dell'umanità, dovrai comparire davanti ai giudici, che pretendono di avere il diritto di addossarti la colpa delle tue azioni. Ti copriranno di offese e insulti, ti chiameranno assassino, criminale, vigliacco ... E sia! Parlate pure, Signori! Impiccate pure il povero diavolo! Ma noi, figli del popolo sofferente, noi vi disprezziamo! Lucheni! Procedi sulla strada del tuo calvario come fosse un cammino trionfale, a testa alta, con sguardo fiero, e cuore tranquillo! Il tuo esempio sarà seguito! In tutti gli angoli del mondo i difensori dei poveri e degli sconfitti si uniranno a te! ... Lucheni, bacio le tue mani, tu sei mille volte più nobile di tutti i sovrani ridicoli di questo mondo! Viva l'anarchia!»[16]

Dopo la condanna, su Lucheni calò il silenzio, anche se non diventò mai un prigioniero come gli altri e mai manifestò il minimo pentimento per il delitto che aveva commesso. Ebbe ripetuti accessi di violenza contro le guardie carcerarie e una volta persino contro il direttore del penitenziario, che tentò di uccidere. Il risultato fu che venne rinchiuso per alcuni giorni in una segreta, in totale isolamento. Comunque, dodici anni di prigionia lasciarono il segno: il 19 ottobre 1910 Luigi Lucheni s'impiccò in cella con la cintura dei calzoni.

IL MITO DI ELISABETTA

Anche dopo la morte di Lucheni, il crimine da lui commesso era destinato ad avere molte ripercussioni. Sebbene l'attentatore avesse in fondo esaudito il desiderio di Elisabetta di una fine rapida e indolore, l'imperatrice Sissi era divenuta grazie a lui una martire, vittima di un anarchico senza scrupoli che aveva assassinato una donna indifesa. A eccezione di un breve periodo in cui mostrò interesse politico per l'Ungheria, Elisabetta non si era mai esposta per il suo paese né si era mai impegnata per l'eguaglianza tra le diverse nazionalità. Aveva coltivato soltanto la propria bellezza macerandosi nella sua presunta sfortuna. Disprezzò la monarchia, ma seppe sfruttare i vantaggi della sua posizione sociale. Eppure, Lucheni non ne aveva fatto soltanto una martire, ma un mito.

Gli anni duri seguiti ai trattati di pace di Saint-Germain e di Versailles e allo smembramento della monarchia austroungarica, che si era ridotta alla sola, minuscola Austria, avevano suscitato in molti una certa nostalgia. Centinaia di migliaia di soldati non erano più tornati dalla guerra, le donne avevano perduto mariti e figli, qualcuno aveva perso anche il titolo e la posizione sociale. L'inflazione si era mangiata non soltanto i grandi patrimoni, ma pure i gruzzoli messi da parte per l'emergenza dalla povera gente. Era arrivata l'ora della borsa nera e dei contrabbandieri. Per queste ragioni il passato si trasformò, nella memoria di molti, nei «bei tempi andati», quando «c'era da mangiare e da bere per tutti». Il primo a essere trasfigurato nel ricordo fu l'imperatore, diventato ora il padre benevolo che aveva governato i suoi figli con saggezza e giustizia, mantenendo la pace. Ci si era dimenticati che la giustizia non era stata affatto uguale per tutti, essendo abissale il divario tra ricchi e poveri, e che i prezzi considerati economici erano stati in realtà fuori dalla portata della maggioranza dei cittadini. La gente aveva anche rimosso il fatto che l'imperatore, malgrado avesse «considerato e soppesato tutto», come lui stesso aveva affermato, aveva contribuito a scatenare una guerra mondiale, la vera causa di quella miseria.

Anche il ricordo dell'imperatrice si nutrì della nostalgia che fioriva attorno alla monarchia scomparsa: nacque il mito della donna bellissima e incompresa da tutti.

L'imperatrice Elisabetta venne trasformata in «Sissi», più precisamente nella Sissi dei film girati da Ernst Marischka negli anni 1955-1957: *La principessa Sissi*, *Sissi, la giovane imperatrice* e *Destino di una imperatrice*, interpretati da Romy Schneider, Karlheinz Böhm e da molti altri attori conosciuti e amati dal pubblico. Naturalmente la storia d'amore tra la quindicenne Elisabetta e il giovane imperatore era già stata in precedenza oggetto di opere letterarie d'ogni genere. Il musicista Fritz Kreisler la fece diventare un'operetta e furono scritti vari romanzi e commedie sul tema. Il conte Egon Corti aveva redatto ampie biografie sulla coppia imperiale e negli anni Venti erano state pubblicate numerose memorie, più o meno attendibili, scritte dai contemporanei dei sovrani. Ma a ottenere il grande successo di pubblico furono le pellicole di Ernst Marischka, con il loro equilibrato dosaggio di verità storica, sentimento e un pizzico di umorismo. Per soddisfare l'occhio vi venivano mostrate le montagne di Bad Ischl e la puszta ungherese, senza dimenticare le divise e gli abiti sgargianti. A entusiasmare il pubblico fu però soprattutto Romy Schneider nel ruolo di Sissi, che fece partecipare gli spettatori alle proprie gioie e ai propri dolori, portandoli di tanto in tanto a versare anche qualche lacrimuccia. Perché la Schneider non recitava la parte di Sissi, *era* Sissi. La Sissi identica a come il pubblico si immaginava la giovane imperatrice: amabile, dolce e carina, una ragazzina acqua e sapone, alla buona. La gente condivideva pertanto i suoi sentimenti ed era d'accordo con lei sul fatto che l'arciduchessa Sofia fosse una suocera cattiva. Il regista aveva colto nel segno e i lungometraggi riscossero un grande successo non soltanto in Germania e in Austria, ma anche in Francia, in Italia e in Spagna. Eppure gli esperti di cinema, veri o sedicenti tali, erano soliti bollare questi film come «polpettoni sdolcinati», beffandosi del gusto semplice di coloro che apprezzavano il genere. Dopo alcuni anni la stessa Romy Schneider prese le distanze da tali lungometraggi, sebbene fosse stato proprio questo ruolo a segnare l'inizio della sua grande carriera. Ancora oggi la televisione sfrutta il trionfo di Sissi: ogni anno, nel periodo natalizio, i suoi film tornano puntualmente sugli schermi, malgrado abbiano quasi mezzo secolo, e pare che trovino ancora un loro pubblico. Il mito di Sissi è diventato un affare commerciale di proporzioni colossali.

Il successo del recente musical *Elisabeth* dimostra che il tema non ha perso nulla della sua attualità e che l'emancipazione di Elisabetta dal ruolo tradizionale della donna ha contenuti moderni. Oggi il suo affrancamento verrebbe definito «autorealizzazione», resa possibile – fortunatamente per lei – dai suoi mezzi economici e dal marito, che tollerava tutte le sue scappatelle.

Intanto l'industria sfrutta il famoso dipinto di Winterhalter, raffigurante Elisabetta con le sue stelle di diamanti nei capelli, riproducendolo non soltanto su innumerevoli cartoline, ma anche sulle tazzine da caffè, sui posacenere e su numerosi altri oggetti più o meno utili. Senza il fascino di Sissi, né gli appartamenti imperiali nella Hofburg o nel castello di Schönbrunn né la Hermesvilla nel giardino zoologico di Lainz o la villa imperiale a Bad Ischl avrebbero ottenuto un successo di pubblico quale si è registrato negli ultimi decenni. Anche l'«Achilleion», il palazzo che Elisabetta si fece costruire sull'isola di Corfù e che nel frattempo è passato nelle mani dello Stato greco, è divenuto un'attrattiva per turisti. La letteratura e la televisione, l'industria austriaca dei souvenir e l'intendenza di finanza ne approfittano. Hans Bankl, autore del già citato libro *Mal d'Asburgo*, dedica un capitolo all'imperatrice, spiegando l'«effetto Elisabetta» con queste ironiche parole:

> digiunava come Lady Di,
> cavalcava e tirava di scherma come d'Artagnan,
> faceva ginnastica come Jane Fonda,
> venne ammazzata come J.F. Kennedy
> e assomigliava a Romy Schneider.[1]

Insomma, il mito di Sissi è vivo.

Molto meno conosciuti sono i suoi fratelli e sorelle, sebbene queste ultime non fossero meno belle di lei e alcune avessero avuto una vita altrettanto degna di nota. Qualche autore si è occupato di loro e ultimamente è stato girato un telefilm sulla principessa Sofia Carlotta, duchessa d'Alençon, che non ha comunque raggiunto la popolarità dell'imperatrice.

Mi auguro che questo libro contribuisca ad avvicinare un'ampia cerchia di lettori anche ai fratelli e alle sorelle di Elisabetta, e ai loro spesso tragici destini.

CRONOLOGIA

1805 Nascita della principessa Sofia di Baviera.
1808 Nascita del principe Max in Baviera.
Nascita della principessa Ludovica di Baviera.
1824 Nozze della principessa Sofia con l'arciduca Francesco Carlo d'Austria.
1828 Nozze della principessa Ludovica con il duca Max in Baviera.
1830 Nascita dell'imperatore Francesco Giuseppe.
1831 Nascita del duca Luigi in Baviera.
1834 Nascita della duchessa Elena in Baviera («Néné»).
1835 Morte dell'imperatore Francesco I e ascesa al trono del figlio Ferdinando.
1837 Nascita di Elisabetta, duchessa in Baviera («Sissi»).
1839 Nascita di Carlo Teodoro, duca in Baviera («Gackel»).
1841 Nascita di Maria Sofia, duchessa in Baviera.
1843 Nascita di Matilde, duchessa in Baviera («Spatz»).
1847 Nascita di Sofia Carlotta, duchessa in Baviera.
1848 Rivoluzioni in Ungheria e in Austria.
Abdicazione dell'imperatore Ferdinando e ascesa al trono del nipote Francesco Giuseppe.
1849 Nascita di Max Emanuele, duca in Baviera («Mapperl»).
Repressione della rivolta ungherese.
1853 Fidanzamento dell'imperatore Francesco Giuseppe con Elisabetta a Bad Ischl.
1854 Matrimonio dell'imperatore Francesco Giuseppe con Elisabetta.
1855 Nascita di Sofia, primogenita della coppia imperiale.
1856 Nascita di Gisella, secondogenita della coppia imperiale.
1857 Morte di Sofia, primogenita di Elisabetta.
1858 Francesco Giuseppe ordina la demolizione delle fortificazioni.
Matrimonio della duchessa Elena con il principe Massimiliano di Thurn und Taxis.
Nascita dell'erede al trono Rodolfo.
Nascita di Maria Luisa Mendel, figlia del duca Luigi.

1859 Matrimonio di Maria Sofia duchessa in Baviera con il principe Francesco di Borbone, che nello stesso anno diventa re di Napoli.
1860 Garibaldi conquista la Sicilia e marcia verso Napoli.
L'imperatrice Elisabetta si reca a Madeira.
1861 Matilde duchessa in Baviera sposa il principe di Borbone Luigi, conte di Trani.
1861 A maggio ritorno dell'imperatrice da Madeira, viaggio a Corfù.
Presa della fortezza di Gaeta e fine del regno di Napoli.
1862 Dopo due figlie femmine, nascita del principe Massimiliano Maria di Thurn und Taxis.
Ritorno dell'imperatrice da Corfù.
Matrimonio morganatico del duca Luigi in Baviera con Henriette Mendel, ora baronessa di Wallersee.
Gravidanza di Maria Sofia, regina di Napoli, e nascita di una figlia illegittima.
1866 Guerra austro-prussiana, sconfitta nei pressi di Königgrätz, perdita del Veneto.
1867 Compromesso con l'Ungheria, incoronazione di Francesco Giuseppe come re d'Ungheria.
Fine dell'impero messicano, morte di Massimiliano imperatore del Messico, fratello di Francesco Giuseppe.
Nascita del principe Alberto di Thurn und Taxis (1867-1952).
Morte del principe Massimiliano Antonio di Thurn und Taxis.
L'Ungheria regala alla coppia imperiale il castello di Gödöllö.
Nascita dell'arciduchessa Maria Valeria.
Matrimonio della duchessa Sofia Carlotta in Baviera con il duca d'Alençon.
1870-71 Guerra franco-tedesca. Proclamazione della repubblica francese e proclamazione del Reich tedesco.
1872 Morte dell'arciduchessa Sofia.
Matrimonio dell'arciduchessa Gisella con il principe Leopoldo di Baviera.
1873 Esposizione internazionale a Vienna.
Invito del duca Luigi e di Maria Luisa baronessa di Wallersee a Vienna e a Gödöllö. Maria Luisa diventa la confidente di Elisabetta.
1874-82 Viaggi di Elisabetta in Inghilterra e in Irlanda.
1875 Morte dell'imperatore Ferdinando. Francesco Giuseppe diventa erede universale.
1877 Matrimonio di Maria Luisa baronessa di Wallersee con il conte Georg Larisch.

1878 Congresso di Berlino e assegnazione della Bosnia ed Erzegovina.
1879 Duplice alleanza Austria-Germania, che nel 1882 diventa Triplice alleanza con l'Italia.
1880 Nozze del principe Rodolfo con Stefania del Belgio.
Nascita della figlia di Rodolfo, Elisabetta («Erzsi»).
1888 Morte del duca Max in Baviera.
1889 Morte del principe Rodolfo e di Mary Vetsera a Mayerling.
1890 Morte di Elena di Thurn und Taxis.
1892 Morte della duchessa Ludovica.
1896 Festeggiamenti per il millennio a Budapest.
Divorzio della contessa Larisch.
1897 Morte della duchessa Sofia Carlotta d'Alençon.
Divorzio e nuovo matrimonio della contessa Larisch con Otto Brucks.
1898 Morte dell'imperatrice Elisabetta, assassinata a Ginevra dall'anarchico Luigi Lucheni.
1900 Matrimonio morganatico dell'erede al trono arciduca Francesco Ferdinando con la contessa Sofia Chotek.
1908 Annessione della Bosnia e dell'Erzegovina.
1909 Morte del duca Carlo Teodoro.
1914 Morte del successore al trono Francesco Ferdinando e del duca von Hohenberg a Sarajevo.
Inizio della prima guerra mondiale.
1916 Morte dell'imperatore Francesco Giuseppe.
1920 Morte del duca Luigi in Baviera.
1924 Matrimonio di Maria Luisa Brucks con William Meyers negli Stati Uniti.
1925 Morte dell'ex regina di Napoli Maria Sofia e del conte di Trani a Monaco.
1940 Morte di Maria Meyers («ex contessa Larisch») a Monaco.

NOTE

Fidanzamento a Bad Ischl

[1] J.-P. Bled, *Franz Joseph: «der letzte Monarch der alten Schule»*, Wien 1988, pp. 88-89.

[2] F. Herre, *Francesco Giuseppe*, ed. it. a cura di Maria Teresa Giannelli, trad. it. di Argia Micchettoni, Milano, Rizzoli, 1982, p. 76.

[3] B. Hamann, *Sissi*, trad. it. di Giorgio Cuzzelli, Milano, Mondadori, 1986, p. 18.

[4] H. Andics, *Das österreichische Jahrhundert*, Wien 1974, p. 122.

[5] B. Hamann, *op. cit.*, p. 29.

[6] *Ivi*, p. 30.

[7] *Ivi*, p. 32.

[8] S.M. Größing, *Zwei Bräute für einen Kaiser*, Regensburg 1999, p. 86.

[9] «Neue Freie Presse», 26 aprile 1854.

[10] «Münchner Neueste Nachrichten», 27 aprile 1854.

[11] B. Hamann, *op. cit.*, p. 63.

[12] Principessa Stefania del Belgio, *Come non fui imperatrice. Memorie dell'ultima principessa ereditaria d'Austria-Ungheria*, trad. it. di Maria Albini, Milano, Treves, 1937, p. 93.

Il matrimonio morganatico

[1] B. Sokop, *Jene Gräfin Larisch*, Wien 1985, p. 15.

[2] *Ivi*, p. 18.

L'eroina di Gaeta

[1] B. Hamann, *op. cit.*, p. 109.

[2] *Ivi*, p. 68.

[3] *Ivi*, p. 97.

[4] *Ivi*, p. 127.

[5] *Ivi*, p. 128.

[6] «Münchner Neueste Nachrichten», 26 settembre 1860.

[7] *Ivi*, 4-9 settembre 1860.

[8] *Ivi*, 12 settembre 1860.

[9] *Ivi*, 7 febbraio 1861.
[10] *Ivi*, 18 febbraio 1861.
[11] *Ivi*, 14 febbraio 1861.

Un conte venuto dal Belgio

[1] F. Gregorovius, *Diari romani*, trad. it. a cura di A.M. Arpino, Roma, Avanzini e Torraca, 1967, p. 224.
[2] B. Hamann, *op. cit.*, p. 102.
[3] *Ivi*, p. 135.
[4] *Ibid.*
[5] *Ibid.*
[6] M.L. von Wallersee, *Die Heldin von Gaeta*, Leipzig 1936, pp. 88 e 92.
[7] B. Sokop, *op. cit.*, p. 29.

Sissi entra in politica

[1] S.M. Größing, *Kaiserin Elisabeth und ihre Männer*, Wien 1998, pp. 151-152.
[2] H. Andics, *op. cit.*, p. 192.
[3] J. Haslip, *Elisabetta d'Austria*, trad. it. di Antonio Cettuzzi, Milano, Dall'Oglio, 1967, p. 201.
[4] B. Hamann, *op. cit.*, p. 205.

Un altro matrimonio sfumato

[1] H. Gebhardt, *König Ludwig II, und seine verbrannte Braut*, Pfaffenhofen 1986, p. 71.
[2] *Ivi*, p. 73.
[3] *Ivi*, p. 85.
[4] *Ivi*, p. 112.
[5] *Ivi*, p. 139.
[6] *Ivi*, p. 140.
[7] B. Hamann, *op. cit.*, p. 299.
[8] H. Gebhardt, *op. cit.*, p. 144.

Il culto della bellezza

[1] H. Bankl, *Mal d'Asburgo: vizi, vezzi, malanni e manie della casa imperiale d'Austria*, trad. it. di Flavia Foradini, Trieste, MGS Press, 1999, p. 150.
[2] B. Hamann, *op. cit.*, p. 224.
[3] *Ivi*, pp. 223-224.
[4] *Ivi*, p. 230.
[5] *Ivi*, p. 68.
[6] *Ivi*, p. 231.
[7] *Ivi*, p. 225.
[8] *Ivi*, p. 226.
[9] *Ivi*, p. 237.

La nipote dell'imperatrice

[1] B. Sokop, *op. cit.*, p. 55.
[2] B. Hamann, *op. cit.*, p. 245.
[3] *Ibid.* [passo riportato solo parzialmente nella trad. it. cit.]
[4] B. Sokop, *op. cit.*, p. 87.
[5] *Ivi*, p. 92.

L'audace amazzone

[1] B. Hamann, *op. cit.*, p. 249.

L'oculista

[1] B. Hamann, *op. cit.*, p. 316.
[2] K.-H. Reger, *Bayerns verkaufte Prinzessinen*, Pfaffenhofen 1988.

La duchessa d'Alençon

[1] E.C. Corti, *L'imperatrice Elisabetta*, trad. it. di Luigi Emery, Milano, Mondadori, 1952, p. 168.
[2] H. Gebhardt, *op. cit.*, p. 167.
[3] H. Gebhardt, *op. cit.*, p. 181.
[4] M. Bourcet, *Le Duc e la duchesse d'Alençon. Un couple de tragédie*, Paris 1939.
[5] *Ivi*, p. 192.

La principessa di Thurn und Taxis

[1] S.M. Größing, *Zwei Bräute für einen Kaiser*, cit., p. 97.
[2] *Ivi*, p. 98.
[3] «Münchner Neueste Nachrichten», 26 agosto 1858.
[4] S.M. Größing, *Zwei Bräute für einen Kaiser*, cit., p. 130.
[5] *Ivi*, 137.
[6] *Ivi*, p. 176.
[7] *Ivi*, p. 214.
[8] *Ivi*, p. 216.
[9] Maria Valeria d'Austria, *La prediletta. Il diario della figlia di Sissi*, a cura di Martha e Horst Schad, trad. it. di Flavia Foradini, Trieste, MGS Press, 2001, p. 55.
[10] *Ivi*, pp. 182-183.

Un principe, evviva!

[1] B. Hamann, *Rudolf*, trad. it. di Giorgio Cuzzelli, Milano, Longanesi, 1984, p. 15.
[2] *Ivi*, p. 16.
[3] B. Hamann, *Sissi*, cit., pp. 144-145; E.C. Corti, *op. cit.*, p. 114.

[4] B. Hamann (a cura di), *Meine liebe, gute Freundin. Briefe Kaiser Franz Josephs an Katharina Schratt*, Wien 1992, p. 215.
[5] *Ivi*, p. 237.
[6] Maria Valeria d'Austria, *op. cit.*, p. 182.
[7] B. Hamann, *Rudolf*, cit., p. 87.
[8] *Ivi*, p. 86.
[9] *Ibid.*
[10] *Ivi*, p. 89.
[11] Principessa Stefania del Belgio, *op. cit.*, p. 70.
[12] B. Hamann, *Rudolf*, cit., p. 127.
[13] *Ibid.*
[14] B. Hamann, *Sissi*, cit., p. 270.
[15] Maria Festetics, colloquio del 6 marzo 1913.
[16] B. Hamann, *Rudolf*, cit., p. 130.
[17] *Ibid.*
[18] M.L. von Wallersee, *Meine Vergangenheit*, p. 91.
[19] Maria Valeria d'Austria, *op. cit.*, p. 34.
[20] Principessa Stefania del Belgio, *op. cit.*, p. 86.
[21] B. Hamann, *Rudolf*, cit., p. 131.
[22] Principessa Stefania del Belgio, *op. cit.*, pp. 91-93.
[23] B. Hamann, *Rudolf*, cit., p. 133.

Un casino di caccia nel Wienerwald

[1] Principessa Stefania del Belgio, *op. cit.*, p. 199.
[2] B. Hamann, *Rudolf*, cit., p. 290.
[3] H. Bankl, *op. cit.*, p. 169.
[4] B. Sokop, *op. cit.*, p. 151.
[5] *Ivi*, p. 165.
[6] *Ivi*, p. 168.
[7] B. Hamann, *Rudolf*, cit., p. 328.
[8] B. Hamann, *Sissi*, cit., p. 373.
[9] B. Sokop, *op. cit.*, p. 172.
[10] *Ivi*, p. 174.
[11] B. Hamann, *Rudolf*, cit., p. 327.
[12] G. Holler, *Mayerling, die Lösung des Rätsels*, Wien 1980, p. 96.
[13] B. Sokop, *op. cit.*, p. 178.
[14] *Ivi*, p. 174.
[15] B. Hamann, *Rudolf*, cit., p. 340.
[16] *Ivi*, p. 332.
[17] B. Sokop, *op. cit.*, p. 178.
[18] *Ivi*, p. 187.
[19] B. Hamann, *Rudolf*, cit., p. 337.
[20] *Ibid.*
[21] *Ivi*, p. 347.
[22] *Ivi*, p. 353.
[23] *Ivi*, p. 345.
[24] *Ivi*, p. 353.

[25] *Ibid.*
[26] B. Sokop, *op. cit.*, p. 212.
[27] *Ivi*, p. 190.
[28] B. Hamann (a cura di), *Meine liebe, gute Freundin...*, cit., lettera del 5 febbraio 1889.

La contessa di Trani

[1] B. Hamann, *Sissi*, cit., p. 323.
[2] *Ibid.*
[3] *Ivi*, p. 324.

La contessa Larisch e l'imperatore

[1] B. Hamann (a cura di), *Meine liebe, gute Freundin...*, cit., p. 256.
[2] Haus-, Hof- und Staatsarchivs, Wien.
[3] B. Sokop, *op. cit.*, p. 259.
[4] *Ivi*, p. 362.

Una fine in povertà

[1] B. Sokop, *op. cit.*, p. 409.

Gli ultimi anni

[1] B. Hamann, *Sissi*, cit., p. 401.
[2] J. Haslip, *op. cit.*, p. 456.
[3] B. Hamann, *Sissi*, cit., p. 402.
[4] Maria Valeria d'Austria, *op. cit.*, pp. 254-255.
[5] B. Hamann, *Sissi*, cit., p. 403.]
[6] H. Bankl, *op. cit.*, pp. 158-159.
[7] B. Hamann, *Sissi*, cit., p. 407.
[8] B. Hamann (a cura di), *Meine liebe, gute Freundin...*, cit., lettera dell'11 settembre 1898.
[9] H. Bankl, *op. cit.*, pp. 160-161.
[10] Maria Valeria d'Austria, *op. cit.*, p. 260.
[11] *Ivi*, p. 261.
[12] S.M. Größing, *Zwei Bräute für einen Kaiser*, cit., p. 246.
[13] S.M. Größing, *Kaiserin Elisabeth und ihre Männer*, cit., p. 216.
[14] Maria Valeria d'Austria, *op. cit.*, pp. 262-263.
[15] S.M. Größing, *Kaiserin Elisabeth und ihre Männer*, p. 232.
[16] Cfr. M. Martray e A. Krüger, *L'attentato. La morte dell'imperatrice Elisabetta e il delitto dell'anarchico Lucheni*, trad. it. di Chiara Bonetti, Trieste, MGS Press, 1998.

Il mito di Elisabetta

[1] H. Bankl, *op. cit.*, p. 162.

BIBLIOGRAFIA

Libri

Adalbert von Bayern, *Die Wittelsbacher*, München 1979.

Andics, Helmut, *Gründerzeit*, Wien 1981.

–, *Ringstraßenwelt*, Wien 1983.

–, *Luegerzeit*, Wien 1984.

–, *Die Frauen der Habsburger*, Wien 1985.

Bankl, Hans, *Woran sie wirklich starben*, Wien 1989.

–, *Mal d'Asburgo: vizi, vezzi, malanni e manie della casa imperiale d'Austria*, trad. it. di Flavia Foradini, Trieste, MGS Press, 1999.

Bourcet, Marguerite, *Le Duc e la duchesse d'Alençon. Un couple de tragédie*, Paris 1939.

Brook-Shepherd, Gordon, *Europas Monarchien*, Wien 1988.

Corti, Egon Caesar, *L'imperatrice Elisabetta*, trad. it. di Luigi Emery, Milano, Mondadori, 1952.

Crankshaw, Edward, *Der Niedergang des Hauses Habsburg*, Wien 1967.

Dallmeier, Martin e Schad, Martha, *Das fürstliche Haus Thurn und Taxis*, Regensburg 1996.

Dreyer, Alois, *Herzog Maximilian in Bayern*, München 1909.

Gebhardt, Heinz, *König Ludwig II, und seine verbrannte Braut*, Pfaffenhofen 1986.

Größing, Sigrid-Maria, *Kaiserin Elisabeth und ihre Männer*, Wien 1998.

–, *Zwei Bräute für einen Kaiser*, Regensburg 1999.

–, *Mord im Hause Habsburg*, Wien 2001.

–, *Amor im Hause Habsburg*, s.l., s.d.

Hamann, Brigitte, *Rudolf*, trad. it. di Giorgio Cuzzelli, Milano, Longanesi, 1984.

–, *Sissi*, trad. it. di Giorgio Cuzzelli, Milano, Mondadori, 1986.

– (a cura di), *Majestät, ich warne Sie*, München 1987.

– (a cura di), *Die Habsburger, Biographisches Lexikon*, Wien 1988.

– (a cura di), *Meine liebe, gute Freundin. Briefe Kaiser Franz Josephs an Katharina Schratt*, Wien 1992.

Haslip, Joan, *Elisabetta d'Austria*, trad. it. di Antonio Cettuzzi, Milano, Dall'Oglio, 1967.
–, *Die Freundin des Kaisers*, Stuttgart 1985.
Herre, Franz, *Francesco Giuseppe*, ed. it. a cura di Maria Teresa Giannelli, trad. di Argia Micchettoni, Milano, Rizzoli, 1982.
Holler, Gerd, *Mayerling, die Lösung des Rätsels*, Wien 1980.
–, *Sophie, die heimliche Kaiserin*, Wien 1993.
Lermann, Hilde, *Die Braut des Märchenkönigs, Sophie von Wittelsbach*, München 1995.
Loehr, Clemens, *Mayerling*, Frankfurt/Berlin 1989.
Maria Valeria d'Austria, *La prediletta. Il diario della figlia di Sissi*, a cura di Martha e Horst Schad, trad. it. di Flavia Foradini, Trieste, MGS Press, 2001.
Markus, Georg, *Katharina Schratt*, Wien 1982.
Matray, Maria e Krüger, Answald, *Die Liaison*, Bern 1973.
–, *L'attentato. La morte dell'imperatrice Elisabetta e il delitto dell'anarchico Lucheni*, trad. it. di Chiara Bonetti, Trieste, MGS Press, 1998.
Praschl-Bichler, Gabriele, *Gott gebe, daß das Glück andauere, Liebesgeschichten im Haus Habsburg*, Wien 1997.
Principessa Stefania del Belgio, *Come non fui imperatrice. Memorie dell'ultima principessa ereditaria d'Austria-Ungheria*, trad. it. di Maria Albini, Milano, Treves, 1937.
Redwitz, Marie von, baronessa, *Hofchronik 1888-1921*, München 1924.
Reger, Karl-Heinz, *Bayerns verkaufte Prinzessinnen*, Pfaffenhofen 1988.
Reiser, Rudolf, *Sisi*, München 1997.
–, *Die Thurn und Taxis*, Regensburg 1998.
Reisinger, Brigitte, *Elisabeth Kaiserin von Österreich*, St Pölten/Wien 1998.
Schiel, Irmgard, *Stephanie*, Stuttgart 1992.
Sexau, Richard, *Fürst und Arzt*, Graz 1963.
Sokop, Brigitte, *Jene Gräfin Larisch*, Wien 1985.
Wallersee, Marie Louise von, *Meine Vergangenheit*, Berlin 1913.
–, *Die Heldin von Gaeta*, Leipzig 1936.
Weissensteiner, Friedrich, *Frauen auf Habsburgs Thron*, Wien 1998.
–, *Liebeshimmel und Ehehöllen*, Regensburg 1999.

Quotidiani e periodici

«Münchner Neueste Nachrichten»
«Neue Freie Press» (Wien)
«Augsburger Zeitung»

«Fortschrittsglaube» (München)
«Wiener Salonblatt»
«Regensburger Morgenpost»
«Badeblatt Baden-Baden»
«Hohenzollernsche Zeitung» (Sigmaringen)
«Schwäbische Zeitung»

REFERENZE FOTOGRAFICHE

Akg-images: Massimiliano Giuseppe («Max»), duca in Baviera; Francesco Giuseppe, imperatore d'Austria; Francesco Giuseppe e Sissi; Carlo Teodoro, duca in Baviera.

Akg-images / Erich Lessing: Elisabetta ritratta da Franz Xaver Winterhalter.

Angerer: Sofia Carlotta, duchessa in Baviera.

Brigitte Sokop: Luigi, duca in Baviera, e Henriette Mendel.

Heinz Gauggel: Matilde, duchessa in Baviera; Maria Teresa, contessa di Trani; Luigi, conte di Trani.

Österreichischer National Bibliothek, Wien: Elisabetta d'Austria regina d'Ungheria; Rodolfo, principe ereditario; Mary Vetsera; Maria Luisa Larisch.

Stadtmuseum München: il castello di Possenhofen.

SV-Bilderdienst: Ludovica, arciduchessa in Baviera; la madre di Elisabetta; il padre di Elisabetta; Maria Sofia, regina di Napoli e delle Due Sicilie; Maria José di Braganza.

Zentralarchiv Thurn und Taxis, Regensburg: Elena («Néné»), duchessa in Baviera.

INDICE DEI NOMI